国宝中的国宝
195件
禁止出国展览文物

雷从云 编

江苏凤凰文艺出版社
JIANGSU PHOENIX LITERATURE AND ART PUBLISHING

图书在版编目（CIP）数据

国宝中的国宝 ： 195 件禁止出国展览文物 / 雷从云编. -- 南京 ： 江苏凤凰文艺出版社, 2025. 8. -- ISBN 978-7-5594-9848-9

Ⅰ. K87

中国国家版本馆 CIP 数据核字第 2025S2P788 号

国宝中的国宝：195 件禁止出国展览文物

雷从云 编

出 版 人　张在健

项目统筹　孙　茜

图书策划　墨染九州

责任编辑　周　璇

特约编辑　罗　湘　李越茹

装帧设计　宋　涛　呦　鹿

责任印制　杨　丹

出版发行　江苏凤凰文艺出版社

南京市中央路 165 号，邮编：210009

网　　址　http://www.jswenyi.com

印　　刷　天津睿和印艺科技有限公司

开　　本　889 毫米 × 1194 毫米　1/16

印　　张　32

字　　数　359 千字

版　　次　2025 年 8 月第 1 版

印　　次　2025 年 8 月第 1 次印刷

书　　号　ISBN 978-7-5594-9848-9

定　　价　278.00 元

守望文明根脉 开创数字未来

从“器”到“道”：文物成为文明基因的载体

每一件文物，都承载着文明记忆。传播文物知识，是对文化基因的敬畏与传承，是文化自觉的体现。当商周青铜器上的饕餮纹在博物馆中凝视众生时，我们面对的不仅是器物本身，更是先民对宇宙的思考、对美的虔诚和对生活的叩问。因此，青铜器、玉石器、陶瓷器、书画等古文物艺术品的价值，远超物质本身，它们承载着中华民族先民对世界的认知与表达。这些文物之所以不朽，是器物之美与文化精神价值的共同结果，它们是人类共同的物质与精神遗产。

在中国众多的文物中，有 195 件被列为禁止出国展览的文物，级别均为国家一级文物，堪称“国宝中的国宝”。这些文物不仅是中华文化的瑰宝，更是全人类共同的文化遗产。它们中的每一件都承载着独特的历史和文化价值，是中华民族文明的基因片段。

古文物艺术品数字化，是文化基因的永生密码

面对全球化冲击，数字化技术为文化保护与传承提供了革命性方案，给文物赋予了“双重生命”。通过高精度扫描，三星堆黄金面具的每一道铸造痕迹，都在虚拟空间中清晰可辨；当我们将敦煌莫高窟遗存转化为数字影像时，它展现的是一尊尊佛像雕塑，记录的是飞天衣袂的飘动轨迹。但数字化，并非冰冷的搬运工，也非简单的技术复制，而是文明的解

读者。同样，借助区块链技术，埃及法老图坦卡蒙金棺、金椅子的数字分身，就拥有了不可篡改的“基因图谱”，让世人分享它的全貌。现代技术，正在创造文明传承的平行宇宙，构建一个永不褪色的数字文明库，让文明基因获得永生。

我们现在正站在文化价值重估的历史节点上，必须恪守文化敬畏和文化平等的原则，必须尊重文化的神圣性，必须警惕将文化符号异化。还要警惕，文物艺术品数字产业沦为猎奇式的文化消费，避免其成为投机的筹码。

构建文明互鉴的数字共同体，让文明之光照耀新航程

《千里江山图》的青山绿水间，流淌着北宋文人“天人合一”的哲学思想；《兰亭集序》的虚拟现实体验，核心是让世界理解“仰观宇宙之大，俯察品类之盛”的东方宇宙观。如果我们能够建立起文物里的中华文明叙事体系，用文物讲述中华文明，实现文化资源传承；能够设立起云端逛展、指尖缩放的现代科技展览体系，让观众得以近距离领略文物之美；能够打造出“文物＋历史深阅览”的深度解读体系，让公众得以透彻理解文明的智慧之光。那么，人类早期的伟大文明就会自然地投射到大众面前，成为全民学习的课程。《国宝中的国宝：195 件禁止出国展览文物》这部图书，图像大气精致，文字准确清晰，与文物本体信息相对应。我们企望本图书在展示国之瑰宝风采的同时，读者能在阅读之中，增添文物知识，提升保护意识，并享受到阅读的愉悦。

文化的终极价值，在于激发人类对真善美的永恒追求。我们要以最当代的方式，完成最古老的文化使命——让文明的火种，永远照亮人类前进的道路。我们要用最先锋的技术，履行最古老的承诺——让七千年来的文明星光，依然照亮人类前行的方向。

雷从云

2025 年 4 月 22 日

凡例

一、本书所称“国宝”，是对具有历史、艺术、科学价值的珍贵文物的通俗称谓。“国宝中的国宝”系文学性修辞，旨在强调本书所收录文物的重要性与代表性，并非文物的等级表述，也非指其价值绝对高于其他未列入本书的珍贵文物。

二、本书章节结构依据国家文物局发布的相关文件规范进行编排：首批禁止出国（境）展览文物［1—64］、第二批禁止出国境展览文物（书画类）［65—101］、第三批禁止出境展览文物［102—195］。经文物专家及本书主编共同商议，书名和后记中以“禁止出国展览文物”统括。

三、书中所呈现的文物来自全国60余家文博考古单位。为本书出版提供帮助的单位，科研、摄影、团队及个人，均在书后统一致谢。

四、本书中文物的基本信息以名称、时代、尺寸、出土地点及现收藏单位为主，主要来源于各文物现收藏单位提供的官方档案资料。部分信息在学术研究基础上有所补充或修正时，均予以说明。

五、图版说明

1. 本书中刊载的文物图片（包括整体、局部、细节、线图等），主要由各文物收藏单位授权提供，或由专业团队在收藏单位的支持下拍摄完成。

2. 图版说明力求准确、清晰，与文物本体信息相对应。

3. 文物的归依按照其材质划分类别，部分文物材质种类丰富，参照文件归为“杂项类”。

4. 为方便读者查阅，对于文物所藏单位，更新为现行名称。

5. 书中少数几件文物因资料所限，缺少图片，特此说明。

六、本书旨在展示这批国之瑰宝的风采，普及文物知识，提升公众文化遗产保护意识。凡例中未尽事宜，请参阅书中具体说明或相关标注。

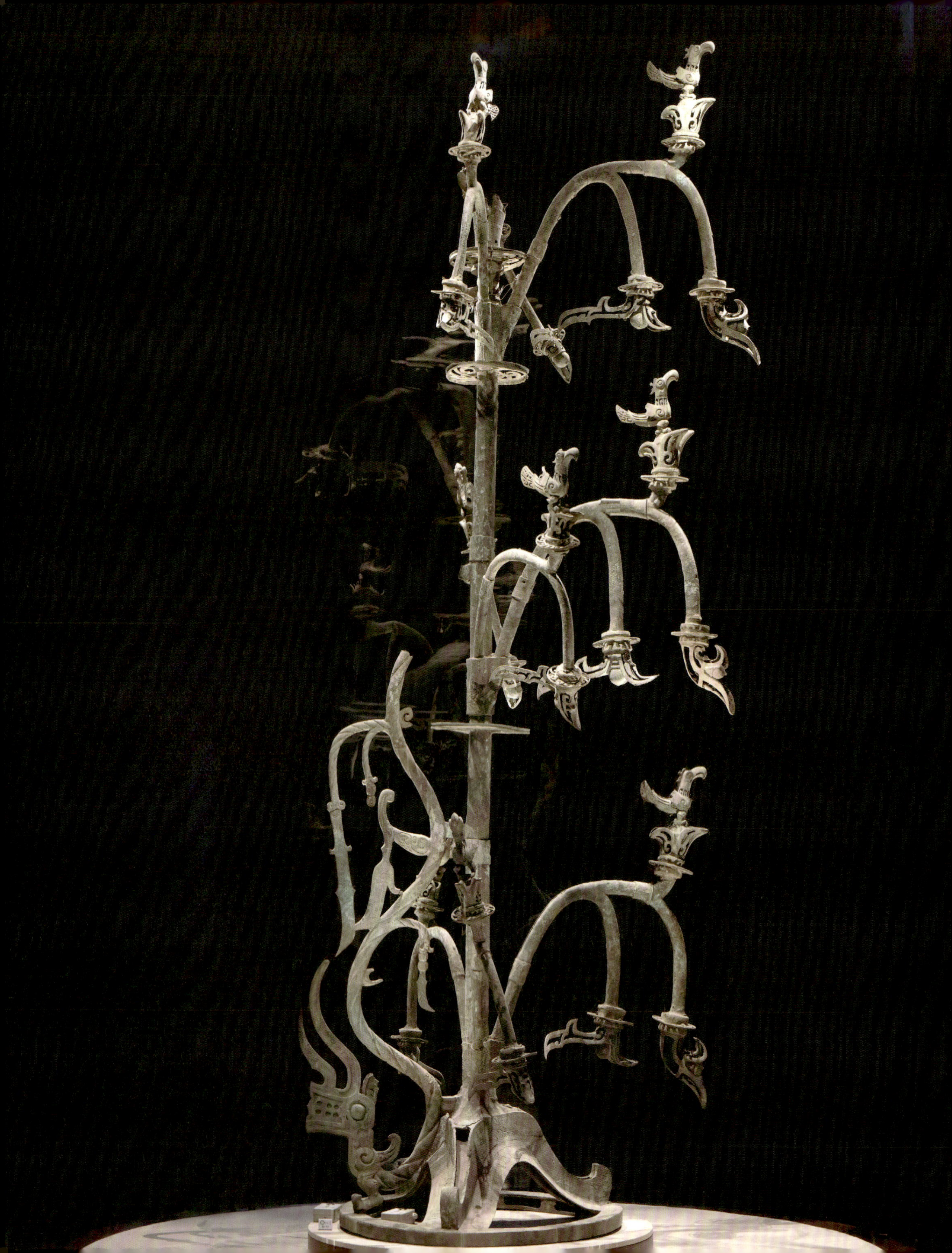

目录

第一章

首批禁止出国（境）展览文物

［1—64］

第一单元　文明源流

第二单元　文明礼赞

第三单元 多元文化交融

第二章

第二批禁止出国境展览文物（书画类）

［65—101］

第一单元　书法

第二单元　绘画

第三章

第三批禁止出境展览文物

［102—195］

第一单元 青铜器

第二单元 陶瓷

附录

后记

引

2002 年，中国国家文物局发布《首批禁止出国（境）展览文物目录》，将 64 件（组）一级文物列入保护名单。这些文物起自新石器时代至明代，涵盖陶器、青铜器、玉器、漆器、丝织品等多元类别，不仅是中国古代文明的巅峰之作，更是世界文化遗产中不可替代的瑰宝。

首批禁止出国展览文物中，90% 的文物为唐代及以前遗存，它们历经数千年沧桑，每一道裂痕、每一片锈迹都是时光的印记。它们沉默地矗立于博物馆中，却以最磅礴的力量诉说着“中国给世界的答案”。后母戊鼎的厚重、素纱禅衣的轻盈、玉琮王的神秘，这些文物共同编织出一部立体史诗，让今人得以触摸历史的温度，感悟文明的深度。

第一章

首批禁止出国（境）展览文物

［1—64］

第一单元

文明源流

1 彩绘鹳鱼石斧图陶缸

新石器时代·仰韶文化 陶器 壹级

原始社会的一页“无字史书”，中国史前绘画的瑰宝

高 47 厘米，口径 32.7 厘米，底径 20.1 厘米。
1978 年河南省临汝县（今汝州市）阎村出土，中国国家博物馆典藏。

彩绘鹳鱼石斧图陶缸是中国新石器时代仰韶文化的杰出代表，有着6000年左右的历史，因其独特的构图和丰富的文化内涵，被誉为“中国史前绘画的开山之作”，展现了原始先民卓越的艺术创造力与精神信仰。

◐陶缸以夹砂红陶制成，器形为直口深腹平底。其最突出的价值在于外壁绘制的图案——左侧一只白鹳昂首挺立，喙衔一尾僵直的鱼；右侧竖立一柄装饰考究的石斧，斧柄缠绕绳索并刻画网状纹饰。画面采用勾线平涂技法，鹳鸟以白色颜料绘制，鱼和石斧的细节（如绑绳、斧刃）用黑色线条精细描绘，色彩对比鲜明，线条简练有力，体现了原始绘画的写实性与象征性结合的特点。

石斧可能象征部落首领的权力或氏族图腾，鹳鸟衔鱼则可能反映原始渔猎生活。有学者认为这是中国最早的“权力叙事图像”，通过视觉符号传递社会等级观念。其构图布局已具备“以形写神”的中国绘画雏形。

作为中国迄今发现最早、保存最完整的史前陶画，该陶缸突破了原始彩陶几何纹饰的传统，开创了叙事性绘画的先河，为研究史前社会结构、宗教艺术及绘画起源提供了珍贵实物资料，堪称中华文明童年时期的艺术瑰宝。

2 陶鹰鼎

新石器时代·仰韶文化　陶器　壹级

史前雕塑的巅峰之作

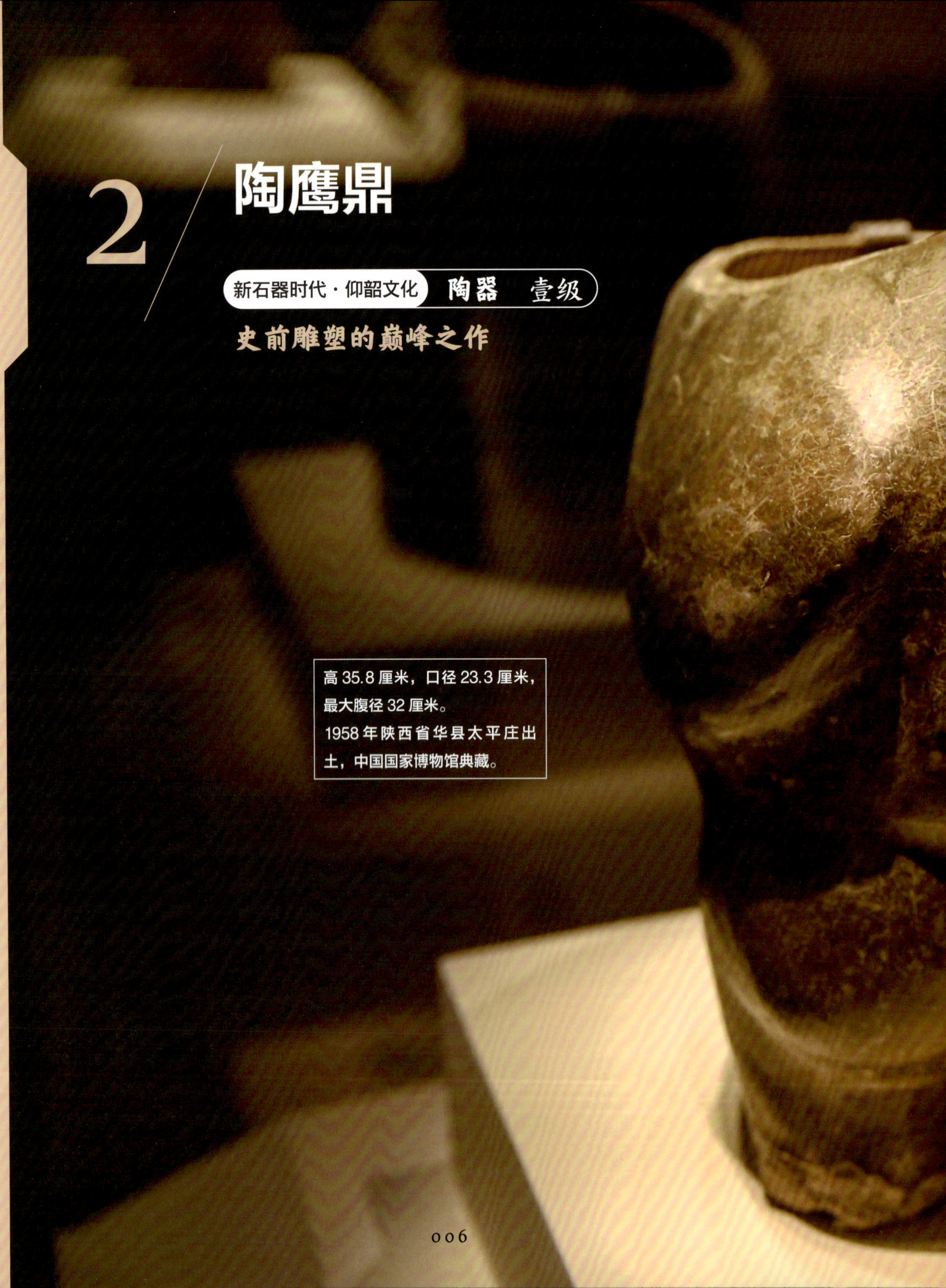

高 35.8 厘米，口径 23.3 厘米，最大腹径 32 厘米。
1958 年陕西省华县太平庄出土，中国国家博物馆典藏。

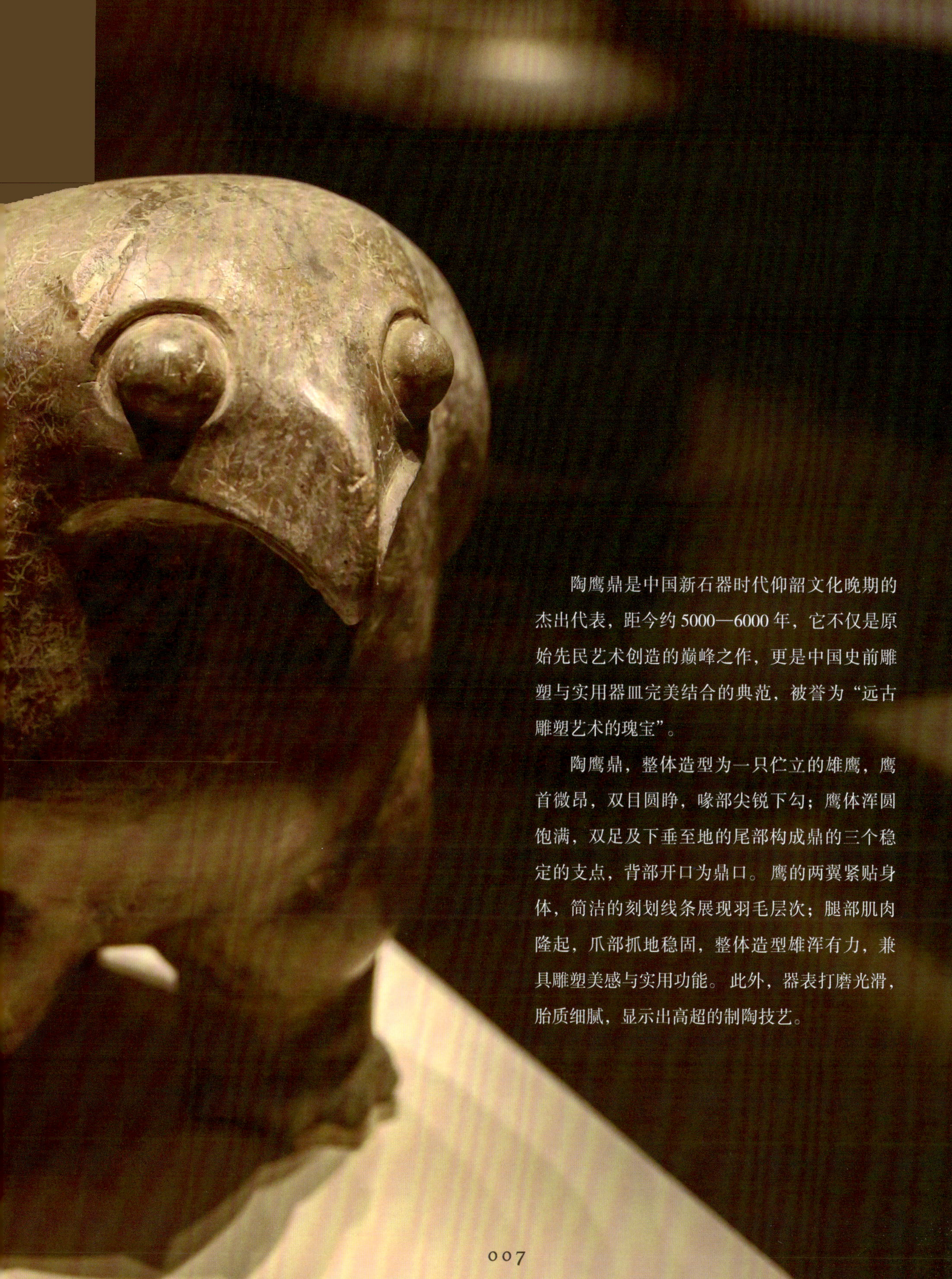

陶鹰鼎是中国新石器时代仰韶文化晚期的杰出代表，距今约5000—6000年，它不仅是原始先民艺术创造的巅峰之作，更是中国史前雕塑与实用器皿完美结合的典范，被誉为“远古雕塑艺术的瑰宝”。

陶鹰鼎，整体造型为一只伫立的雄鹰，鹰首微昂，双目圆睁，喙部尖锐下勾；鹰体浑圆饱满，双足及下垂至地的尾部构成鼎的三个稳定的支点，背部开口为鼎口。鹰的两翼紧贴身体，简洁的刻划线条展现羽毛层次；腿部肌肉隆起，爪部抓地稳固，整体造型雄浑有力，兼具雕塑美感与实用功能。此外，器表打磨光滑，胎质细腻，显示出高超的制陶技艺。

◐ 整体呈站立的雄鹰形态，圆目钩喙，双翅收拢，表面无繁复彩绘，仅以浅刻线表现羽毛纹理，凸显古朴粗犷的美感。

鼎的三足由下垂至地的鹰尾及两只鹰足构成，背部开口为鼎口，腹部中空可盛放物品。

鹰在远古文化中可能象征力量、权威，或者是部落图腾，而鼎作为祭祀重器，暗示其可能用于宗教仪式或首领权力象征。其造型突破了普通陶器的几何形态，将动物形象与实用器皿巧妙融合，体现了原始先民对自然界的观察力和艺术抽象能力。有学者认为，这种写实与象征结合的手法，为后世商周青铜器（如鸮尊）的动物造型提供了艺术雏形。

作为中国史前雕塑艺术的代表作，陶鹰鼎不仅展现了仰韶文化先民的审美追求，更揭示了原始宗教与社会权力的关联，其独特的艺术价值与历史意义，使之成为中华文明早期辉煌成就的重要见证。

3

后母戊鼎

商 青铜器 壹级

迄今世界上出土最大、最重的青铜礼器

通高 133 厘米，口长 112 厘米，宽 79.2 厘米，重达 832.84 千克。
1939 年河南省安阳市殷墟王陵区商代大墓出土，中国国家博物馆典藏。

后母戊鼎（原称“司母戊鼎”）是中国商代晚期青铜器的巅峰之作，约铸造于公元前 14 世纪至前 11 世纪，作为迄今世界上出土最大、最重的青铜礼器，它被誉为“青铜文明之王”，集中体现了商代高超的铸造技术、王权象征与祭祀文化。

该鼎，形制为长方形深腹、立耳、柱足，整体恢宏厚重。鼎身饰有繁复的兽面纹（饕餮纹）、夔龙纹和云雷纹，纹饰层次分明，线条刚劲凌厉，彰显神秘威严的宗教氛围。鼎耳外侧浮雕双虎噬人纹样，可能与商人的“人神沟通”信仰相关。鼎腹内壁铸有“后母戊”三字铭文，证实其为商王武丁或祖甲时期祭祀母戊（商王配偶）的宗庙重器，是研究商代王室世系的重要物证。

◐ 主纹饰：鼎腹四面饰兽面纹（饕餮纹），象征神秘力量；侧边饰夔龙纹，线条刚劲。兽面纹（饕餮）可能用于沟通神灵，强化祭祀的庄严性。

云雷纹：细密的云雷纹填充主纹间隙，形成“三层花”装饰（地纹＋主纹＋浮雕），增强立体感。

◐ 鼎足装饰：柱足上部亦饰兽面纹，与鼎身纹饰呼应，体现整体设计感。

后母戊鼎的铸造技术堪称奇迹。据研究，其鼎身为一体浇铸成型，再用分铸法把鼎耳与鼎身结合，“一体浇铸”对工艺的要求极高，需上百名工匠协同完成，这反映了商代成熟的青铜工业体系。鼎身合金比例科学，硬度与光泽历经三千年未衰，展现了古代工匠惊人的金属工艺智慧。

作为商代“国之重器”，后母戊鼎不仅是王权与神权的象征，更是华夏礼乐文明的物质载体。它的出土改写了世界青铜文明史，是中华文明“多元一体”格局的永恒见证。

4

利簋

西周 **青铜器** 壹级

“西周第一青铜器”，铭文记载牧野之战发生时间

高 28 厘米，口径 22 厘米，方座长宽 20.2 厘米。

1976 年陕西省临潼县（今临潼区）周代窖藏出土，中国国家博物馆典藏。

利簋（guǐ）（又称“武王征商簋”）是中国西周早期青铜器的珍贵代表，约铸造于公元前 1046 年武王伐纣时期。作为迄今发现的唯一一件明确记载武王伐纣史实的青铜器，利簋以其铭文的重大历史价值被誉为“西周第一青铜器”，为商周断代提供了不可替代的实证材料。

该簋造型为典型的西周早期方座簋样式：侈口鼓腹，双兽首耳垂珥，圈足下连铸方座。器身饰有兽面纹、夔龙纹等纹饰，纹样庄重古朴。其核心价值在于器内底部铸有的 4 行 32 字铭文，明确记载了“甲子日”武王伐纣的牧野之战，与《尚书·牧誓》等文献记载完全吻合。铭文中“岁鼎，克昏夙有商”一句，证实了“岁星当空”的天象记载，为确定武王克商的具体年份（公元前 1046 年）提供了关键依据。

利簋的出土具有划时代意义：它不仅以实物印证了《史记》等文献关于商周更替的记载，更通过“青铜器—天象—碳十四测年”的多重证据链，为夏商周断代工程确立了重要时间坐标。其铭文书法浑厚古朴，是研究西周早期金文演变的重要标本。利簋作为“九大镇国之宝”之一，不仅是西周礼乐文明的物质载体，更是中华文明五千年信史的有力见证。

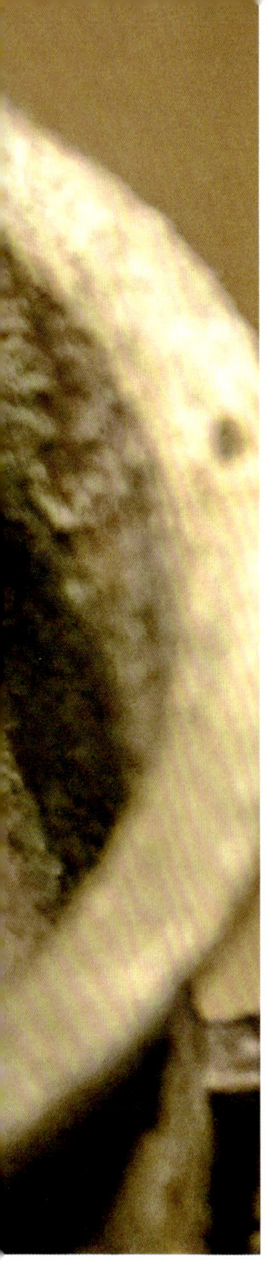

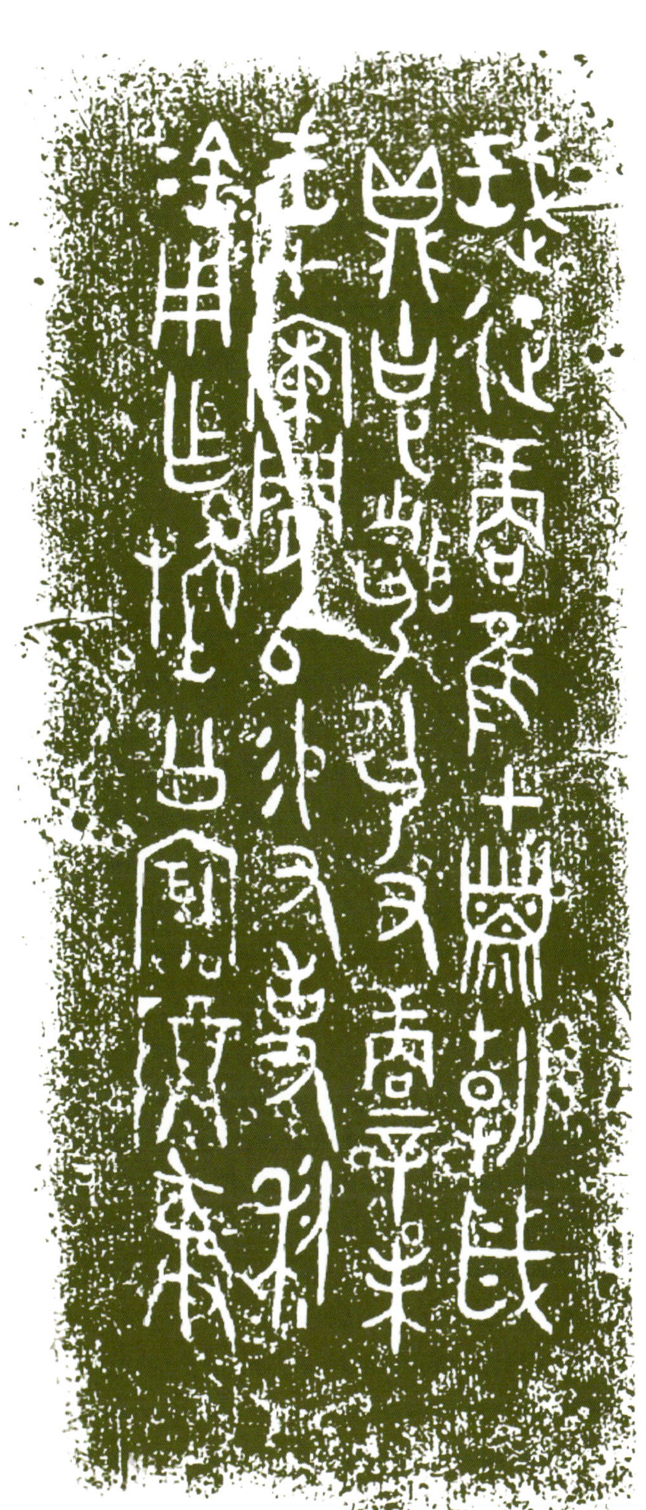

◐铭文：簋内底铸有4行32字铭文，记载了甲子日武王克商后赏赐功臣“利”的事件。利簋的铭文翻译如下：“珷（武）征商，唯甲子朝，岁鼎，克昏夙有商。辛未，王在阑师，赐右史利金，用作䄠公宝尊彝。”

◐译文：甲子日清晨，周武王在牧野之战中击败商纣王（“岁鼎”即木星中天，天文学家通过岁星纪年法结合考古证据，推证牧野之战发生于公元前1046年）。八天后的辛未日，武王在阑师赏赐了随军的史官“利”青铜（“金”），利为纪念其先祖“䄠公”铸造此簋。

5 / 大盂鼎

西周 **青铜器** 壹级

一部镌刻在青铜上的西周史诗

大盂鼎铸造于周康王二十三年（公元前 998 年），是中国西周早期青铜礼器的杰出代表。鼎腹内壁铸有 19 行 291 字铭文，记载了周康王对贵族盂的册命和训诰。作为西周青铜器中铭文最长、内容最重要的青铜鼎之一，它被誉为"海内三宝"之一（与毛公鼎、大克鼎并称），是研究西周政治制度、军事体制和社会结构的"青铜史书"。

高 101.9 厘米，口径 77.8 厘米，重 153.5 千克。
清道光初年，传陕西岐山礼村（一说眉县礼村）出土，中国国家博物馆典藏。

◐ 该鼎造型宏伟厚重，立耳微外撇，深腹圜底，兽蹄形足。器身饰有典型的西周饕餮纹、夔龙纹和扉棱，纹饰庄重威严。

铭文内容可分为三部分：追述文王、武王建周立业的功绩；记载康王任命盂继承祖职，掌管军事；详细罗列赏赐给盂的鬯（chàng）酒（祭祀用酒）、礼服、车马及大量奴隶（“人鬲”）。

铭文开篇提到“丕显文王受天有大命”，明确其与祭祀祖先、沟通天地的功能相关。其记载的“授民受疆土”分封制度，印证了《诗经》《尚书》中的相关记载，宣示周王对土地与人口的支配权。提到的“六师”“八师”军队编制，揭示了西周的军事组织。鼎的铭文强调“效法祖先”，要求盂效法其先祖南公辅佐周王室。

大盂鼎铭文拓片

◐ 周康王训诫贵族盂：引商纣王酗酒亡国为鉴，须恪守职司，朝夕进谏，慎祀典，勤王事，畏服天命。

大盂鼎出土后经士绅宋金鉴、首富周庚盛收藏。清末左宗棠赠予潘祖荫，抗战时期潘氏家族历经战乱埋鼎守护。1951 年，潘祖荫孙媳潘达于捐赠国家，1959 年入藏中国国家博物馆。其流散与回归，彰显民间藏家与国家的文物保护精神，大克鼎（现藏上海博物馆）与之并称“潘氏双鼎”，成为文化遗产保护典范。

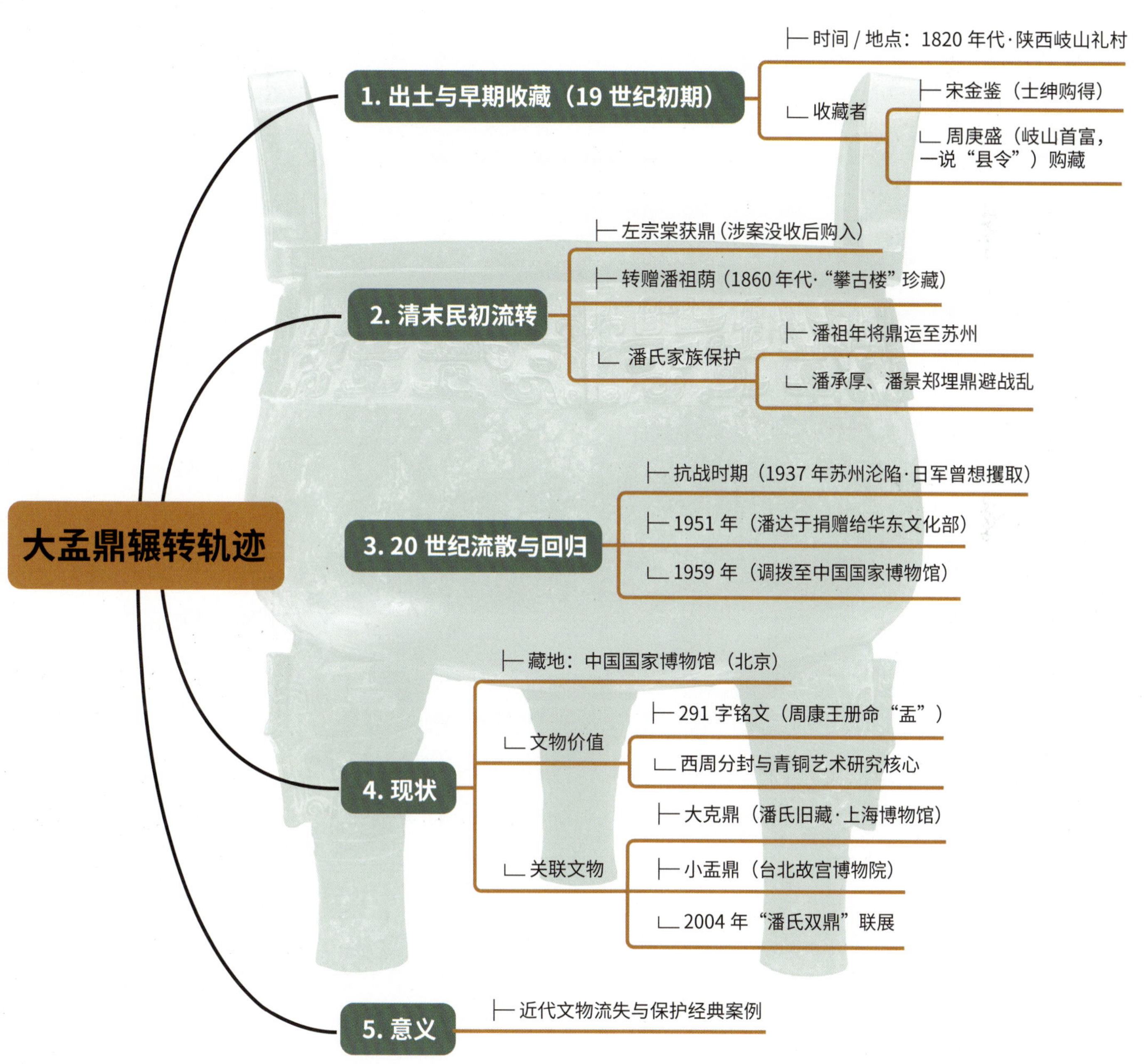

6 虢季子白盘

西周 青铜器 壹级

铭"诗"封印西周王朝的武功与文治

虢季子白盘是中国西周晚期青铜器的旷世杰作，铭文记述了周宣王十二年（公元前 816 年）虢国的子白的一件战功。作为现存商周时期体量最大的青铜盘，它不仅以恢宏的形制冠绝古今，更因盘内 111 字的铭文被誉为“金文之冠”，是研究西周军事制度、册命礼仪和文学发展的重要物证。

长 137.2 厘米，宽 86.5 厘米，高 39.5 厘米，重 215.3 千克。清道光年间陕西宝鸡虢川司（今属宝鸡陈仓区）出土，中国国家博物馆典藏。

该盘造型呈长方形，四壁各饰一对衔环兽首耳，四足作矩形足。器身满布精美的环带纹、窃曲纹等西周典型纹饰，纹样流畅华美。

其核心价值在于盘底铸就的8行111字铭文，记载虢季子白受周王命征伐匈奴先祖獫狁（xiǎn yǔn）立功受赏之事——虢国贵族子白在洛河北岸大胜獫狁，获得斩敌首500、俘虏50人的战功，周王设宴庆功、赏赐车马弓矢。铭文中“搏伐獫狁，于洛之阳”的记载，与《诗经·小雅·六月》“薄伐獫狁，至于太原”相互印证，成为研究西周王朝与北方民族关系的重要史料。

铭文排列整齐，字距、行距开阔，与商代密布铭文风格迥异，反映西周礼制的庄重性，是西周金文向石鼓文过渡的代表作。

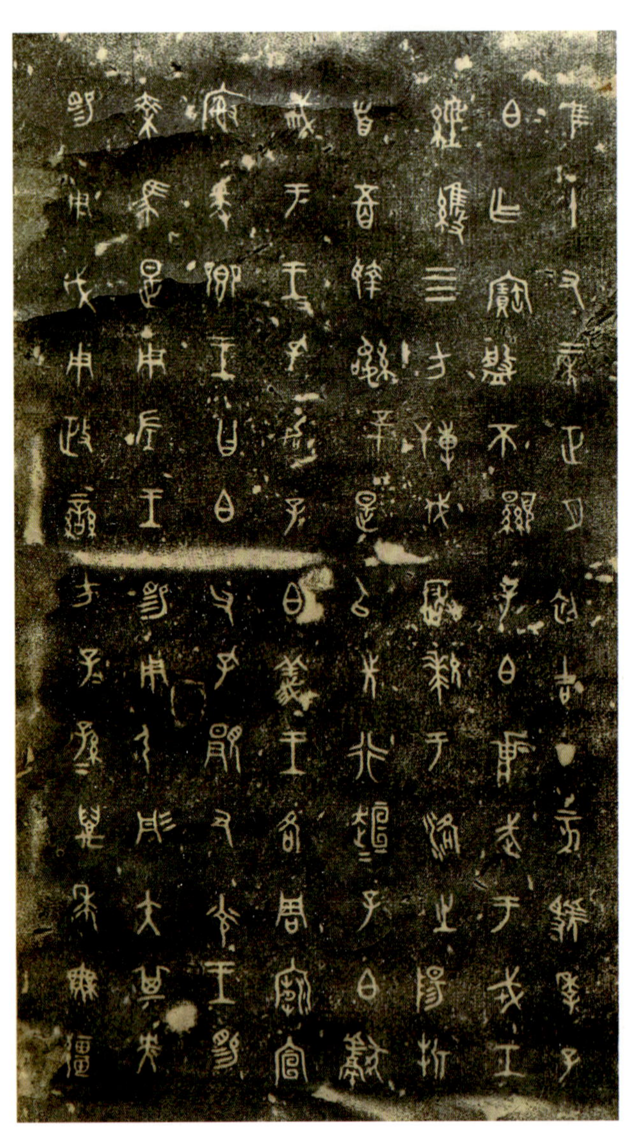

◐ 铭文大意：

虢季子白奉周宣王之命，在洛水之阳大败猃狁，斩敌首500、俘虏50人。周王在周庙举行献俘礼，嘉奖子白勇武，赐予车马、弓矢、斧钺，并令其铸盘以纪功勋。

铭文所记数据是研究西周军事规模的一手资料。“王赐乘马，是用佐王”反映车战仍是主要作战方式，“赐用弓，彤矢其央”显示远程武器配置标准，战功记载方式体现早期军功爵制雏形，证实周宣王时期（公元前827年—前782年）对西北游牧民族的持续用兵。

虢季子白盘在多个领域具有里程碑意义：其一，铭文采用四字韵文体，开创了青铜器“史诗铭文”的先河，被视为《诗经》战争的实物注脚；其二，记载的“献俘”礼制，完整呈现了西周军事仪典的流程；其三，其金文书体清秀修长，笔道圆润，是西周晚期“玉箸体”的典型代表。作为首批禁止出国（境）展览的国宝，该盘不仅是西周青铜铸造工艺的巅峰体现，更以“青铜铸史”的特殊方式，为中华文明保存了2800年前的真实战争记忆。

7 凤冠

明代 金银器 壹级

明代皇权礼制的物质化象征与工艺文化的巅峰

通高 48.5 厘米，冠高 27 厘米，径 23.7 厘米，重 2320 克。1957 年北京明定陵出土，中国国家博物馆典藏。

这件九龙九凤冠是明孝端皇后的礼冠，以漆竹为帽胎，丝帛作面料，采用花丝、点翠、穿系、镶嵌等复杂工艺制成。其主体饰有九条金龙和九只金凤，龙口衔珠滴，凤首朝下展翅，冠上共镶嵌宝石 115 块、珍珠 4414 颗，金翠交辉，富丽堂皇。尤为突出的是点翠工艺，以翠鸟羽毛装饰出翠云、翠叶、翠花及展翅的翠凤，色彩艳丽且永不褪色。

明定陵地宫同期还出土了几件凤冠，分别是三龙两凤冠、十二龙九凤冠、六龙三凤冠，明中后期高度发达的物质文化水平得以充分展现。

九龙九凤冠严格遵循《周礼》“天子九龙，后九凤”的典制，通过视觉化的龙凤数量确立帝后等级秩序。它不仅是明代皇权礼制的物质化象征，更是中国古代工艺文化的巅峰代表。

冠胎骨架：以金丝编织成轻薄的半球形网状结构，采用“花丝堆垒”工艺形成镂空基底；前部略低、后部高耸，符合明代贵族女性发髻的佩戴方式；内部有暗扣和丝帛衬里，既稳固冠体又保护佩戴者。

上层九龙：九条金丝镂空龙盘踞冠顶，龙首均作昂首状，龙身采用“弹簧丝”工艺，行走时会微微颤动。

中层九凤：点翠凤凰展翅环绕，凤尾采用“缉珠”工艺，用细金线串联珍珠形成流苏。

底层博鬓：两侧垂挂珍珠宝石流苏帘，共缀有 128 颗南海珍珠。

龙凤眼部均镶嵌红宝石，龙舌为薄金片，凤喙包翠羽；每片龙鳞都经过单独錾刻，共计数千片。

龙凤之间缀满百余颗宝石和千余颗珍珠，以“点翠”装饰。

点翠工艺的争议：翠鸟羽毛的采集需活鸟取毛，工艺虽美但残忍，清代后逐渐被烧蓝工艺替代。

冠后设有六扇“金翟”（金制凤尾），可像步摇一样随着步伐轻轻摆动。
整顶冠冕通过榫卯式活扣连接各部件，既保证整体稳固又便于拆卸维护。

作为定陵考古最重要的出土文物之一，它见证了20世纪中国考古学的探索历程，其保护过程直接推动了现代文物保护规范的建立。同时，这件冠冕所蕴含的文化基因仍在当代延续，从国礼设计到传统工艺复兴，持续激发着人们对中华美学与工匠精神的重新发现。作为全球现存唯一完整的明代皇后礼冠，具有不可替代的文化主权象征意义。

8 嵌绿松石象牙杯

商 骨器 壹级

迄今发现最完整的商代象牙镶嵌器物

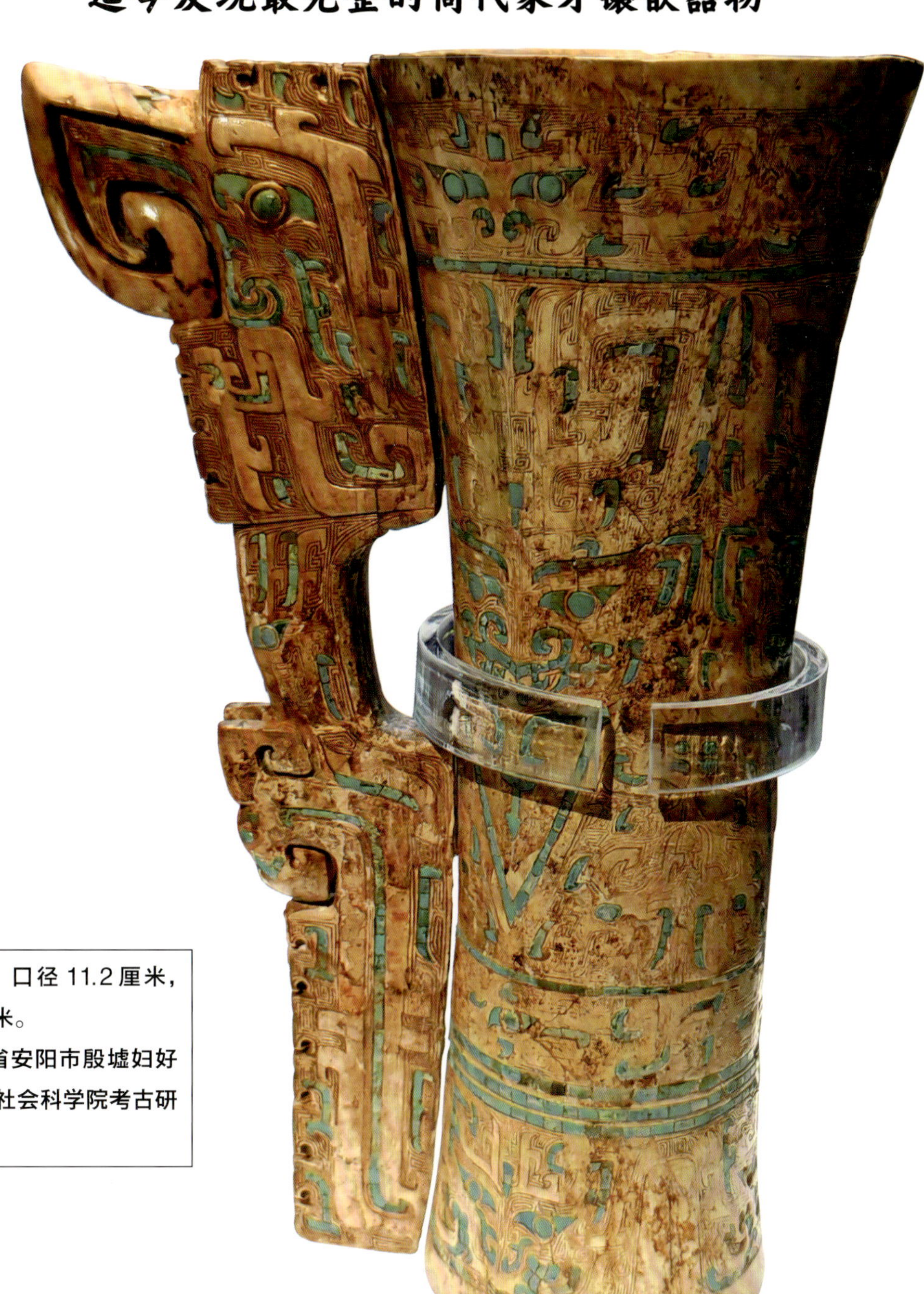

高 30.5 厘米，口径 11.2 厘米，口壁厚 0.1 厘米。
1976 年河南省安阳市殷墟妇好墓出土，中国社会科学院考古研究所典藏。

这件嵌绿松石象牙杯是商代晚期（约公元前 1300 年—前 1046 年）殷墟文化鼎盛期的代表作，属于当时的饮酒器，其主体为象牙雕刻，杯身细长，呈筒形，口沿微外撇。表面镶嵌绿松石，器身饰以兽面纹（饕餮纹）、夔龙纹等商代典型纹饰，部分区域还饰以朱砂；杯身分段雕刻，结合镂空、浮雕、镶嵌、朱砂彩绘等多种工艺，技术精湛。

作为迄今发现最完整的商代象牙镶嵌器物，该杯实证了文献中记载的“殷人贵象牙”传统，展示了公元前 13 世纪中国手工业的巅峰成就。作为妇好墓出土的珍贵随葬品，它打破了“商代女性不预祭祀”的传统认知，揭示了贵族女性在礼仪体系中的特殊地位；其标准化的饕餮纹饰系统与青铜礼器一脉相承，反映了商王朝通过礼器建构政治认同的制度化努力。

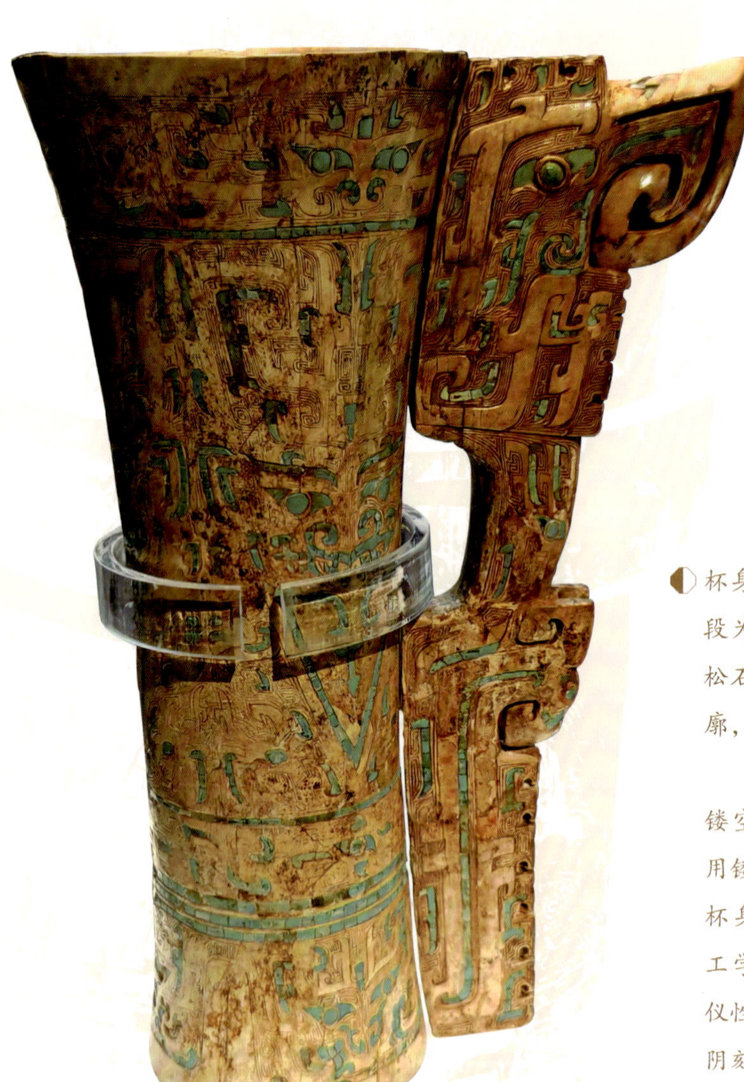

杯身分三段装饰：上段为带状饕餮纹，中段为素面，下段为兽面纹与几何纹。绿松石被切割成细小薄片，贴合杯身纹饰轮廓，形成兽面、夔龙等图案。

镂空与浮雕：杯鋬（pàn），即把手，采用镂雕技法，上部为兽首造型，下部连接杯身，兽首鋬既美观又实用，符合人体工学，推测使用时需双手持握，体现礼仪性。

阴刻与阳刻结合：纹饰线条流畅，部分区域采用浅浮雕，增强立体感。

杯鋬顶端的兽首雕刻尤为精细，兽口大张，露出镶嵌绿松石的獠牙，与杯身纹饰形成呼应。鋬身装饰着鳞状纹，可能象征龙蛇等神异动物，进一步强化了器物的神圣属性。

该杯是殷墟妇好墓出土的“孤品”，没有相同工艺、形制的替代品存世。其完整保存了商代象牙雕刻、宝石镶嵌的精湛工艺。这件商代孤品材质特殊，作为实证商代礼制、工艺和贸易网络的“三重物证”，其学术价值无可替代，是解读中华早期文明的文物。

9 晋侯苏钟（一套 14 件）

西周 青铜器 壹级

西周“礼乐治国”的文化密码

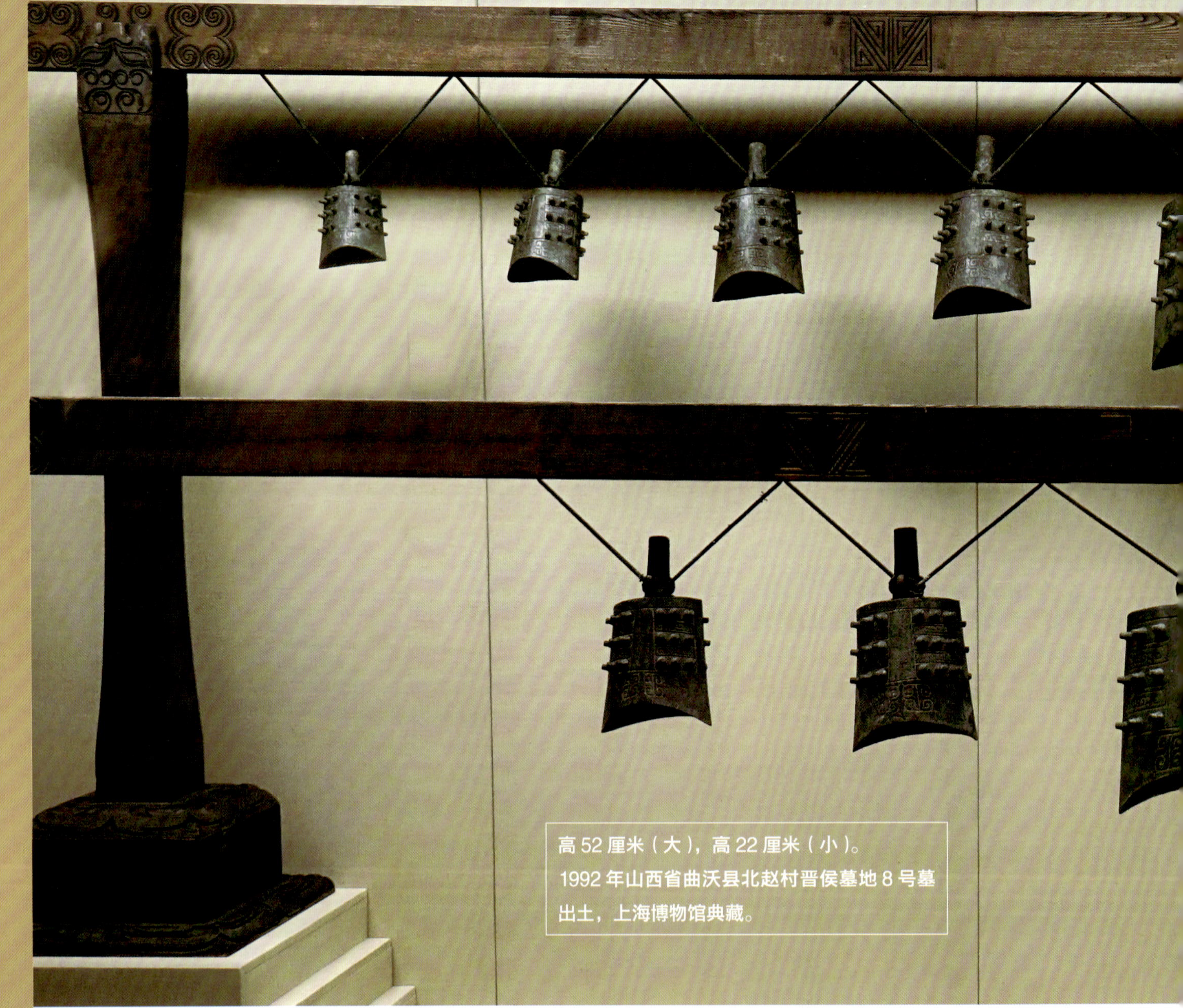

高 52 厘米（大），高 22 厘米（小）。
1992 年山西省曲沃县北赵村晋侯墓地 8 号墓出土，上海博物馆典藏。

晋侯苏钟是西周晚期晋国国君的青铜编钟，共16件，可分为两组，8大8小，为甬钟结构，其中14件藏于上海博物馆，另外2件藏于山西博物院。编钟被精心排编成两列，音阶与音律相和谐，展现出古代音乐的魅力。

它作为西周晚期的青铜重器，其上錾刻355字的长篇铭文，首尾相连分布于16件钟体上，完整记载了周厉王时期征伐东夷的史实。铭文“王亲命晋侯苏率师伐夙夷”，揭示了西周王室与诸侯的军事协作关系，填补了文献空白，证实了晋国早期为周王室重要藩屏，修正了晋国“弱于西周”的传统认知；作为晋国早期历史的实物见证，展现了西周“铭功纪烈”的政治传统。

◐ 双音钟技术：敲击钟体正鼓部与侧鼓部可发出两个不同音高（如“宫—徵”），符合西周编钟“一钟双音”的声学原理，跟钟体厚度与弧度有关。

编列组合：16 件钟分两组（8 大 8 小），音域跨度约三个八度，可演奏复杂旋律，推测为西周高级贵族“乐悬”制度（天子四组，诸侯三组）的体现。

◐ 甬钟结构：钟体上部为长“甬”（钟柄），中空与钟腔相通，下部为合瓦形钟身，这种结构使声音衰减快，适合演奏快速的旋律，避免余音混杂。

纹饰布局：钟体饰有夔龙纹、云雷纹等典型西周纹样，钲部（钟面正中）和篆部（纹饰带）分区明确，既庄重又富有节奏感。

刻铭而非铸铭：多数西周青铜器铭文为铸造时一体成型，但晋侯苏钟铭文为后期錾刻，刀痕清晰。学者推测可能是因战役记录紧急，铸成后补刻，或为晋侯家族后期追记。

这组编钟的规模符合西周高级贵族的用乐规格，反映了当时严格的等级礼制。其精确的音律设计展现了西周青铜乐器的声学成就，为研究古代音乐史提供了重要依据。编钟分为两组，形制和纹饰各不相同，且并非同时铸造，但音律却极为和谐，充分展现了西周青铜铸造与音律科学的精湛水平。此外，编钟上的铭文錾刻工艺暗示西周时期已掌握了高硬度工具技术。

文字布局严谨：铭文 355 字分刻于 16 件钟上，内容连贯，分布合理，体现西周晚期金文的成熟章法。
铭文“惟王卅又三年”，明确记载周厉王三十三年（公元前 9 世纪）晋侯苏（晋献侯）奉王命率军征讨夙夷（东夷部族）的史实，详细叙述了晋军连克六座城池的作战过程，以及周王亲临战场、赏赐晋侯的经过。铭文采用典型的西周金文记事体例，包含时间、地点、人物、事件等要素，文末还特别强调“子子孙孙永宝用”的宗法传承意识。

这套编钟不仅是中国早期文字、音乐、礼制研究的重要物证，其被盗掘后成功追索的经历更成为当代中国文物保护的代表性案例。它的流传过程较为曲折，14 件编钟曾被盗流失香港，后经上海博物馆抢救购回，并通过铭文缀合验证了其与山西博物院 2 件编钟的同源性，成为考古学与文物保护的经典案例。

作为分藏两馆的成套文物，任何单件出国（境）都会破坏其作为完整礼乐器的研究价值，国家对其采取最严格的保护措施，以确保这一记载西周历史的关键物证得以永续传承。

10 大克鼎

西周 青铜器 壹级

守护文明根脉的千年密钥

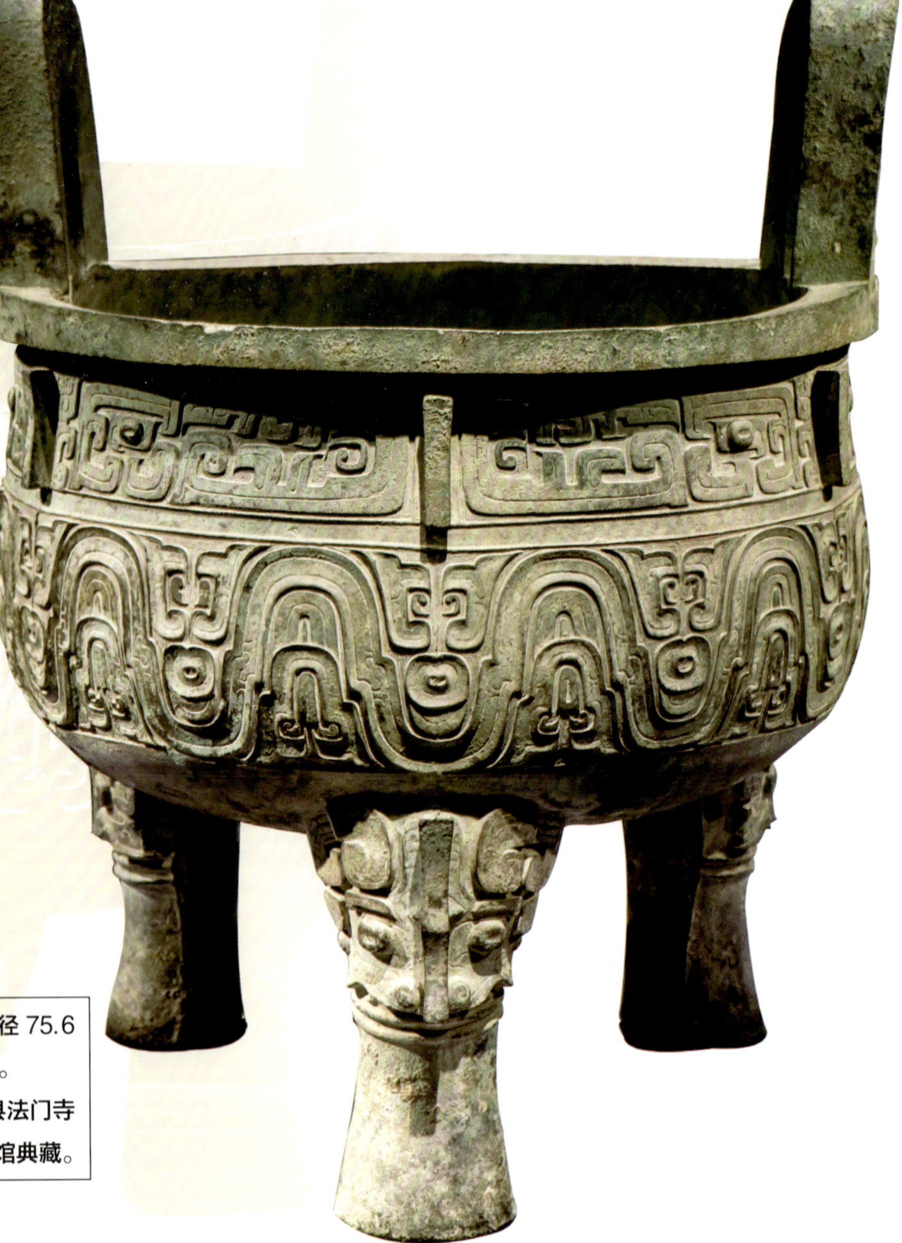

鼎高 93.1 厘米，口径 75.6 厘米，重 201.5 千克。
1890 年陕西省扶风县法门寺任村出土，上海博物馆典藏。

大克鼎是西周晚期青铜礼器，为贵族膳夫克所铸，双立耳、腹略鼓，口沿饰兽面纹，腹部以流畅的波曲纹为主体纹饰，气势雄浑。

鼎内壁铸有290字铭文，分两段记载周王对克的册命与赏赐，以及克追颂先祖功绩、感恩周王的内容，包括“王格穆庙”“即位”“宣命”等环节，为研究西周宗法制度、土地经济及册命仪式提供了第一手资料；这种仪式的规范化表明西周政权已形成成熟的职官管理制度。克继承其祖师华父的官职，印证了《尚书·酒诰》“惟殷先人，有册有典”的记载，说明西周高级官职存在世袭现象；这种血缘政治与官僚体系的结合，正是早期国家形态的典型特征。铭文记载赏赐“田于野”等七处土地，结合同期青铜器铭文可知，西周晚期土地赏赐已从早期的“授民授疆土”转变为特定地块的封赐，反映土地私有化趋势的萌芽；这些地名对复原西周王畿地理具有重要价值。赏赐名单中的“史、小臣、霝（líng）、龠（yuè）”等，既有管理文书的小吏，也有乐师等专业人员，显示西周社会已发展出复杂的社会分工，这种“物化人”的赏赐方式，是奴隶社会生产关系的重要体现。

腹内铸有28行290字铭文可分为前后两段：

前段记载膳夫克（鼎的主人）追述其祖师华父辅佐周王的功绩，颂扬周王的恩德。

后段详细记录了周王在宗周（今西安附近）的穆庙举行册命仪式，任命克继承祖父的官职，并赏赐他礼服、土地和奴隶等。其中特别提到赏赐“田于野”“田于淖（pì）”等七处土地，以及“史、小臣、霝、龠、鼓、钟”等各类职官和乐师。

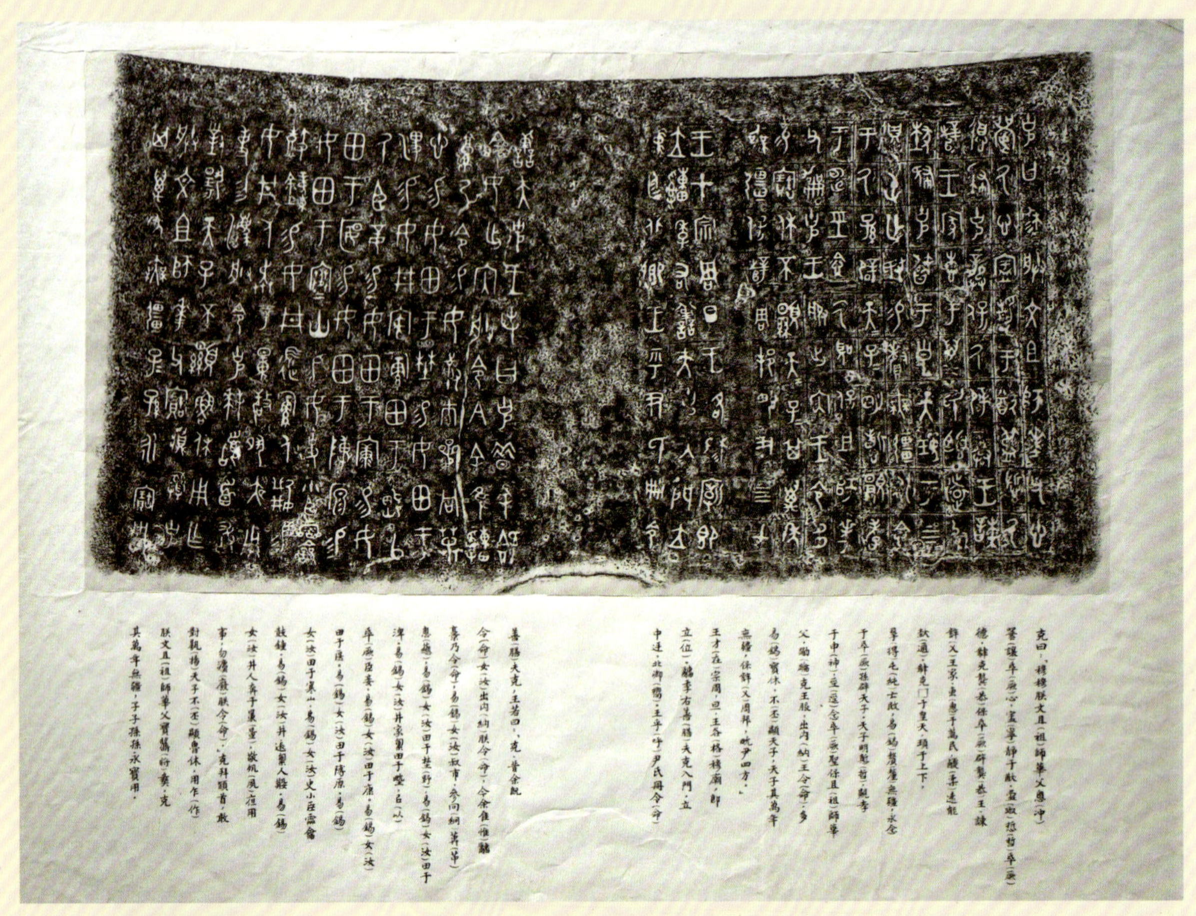

铭文大意：铭文开篇提到鼎的主人“克”首先颂扬其祖师华父（克的祖父）的功绩，称其辅佐周王，“淑哲厥德”“克恭保厥辟”使周王室安定，反映了西周世官制度，贵族子孙常通过歌颂祖先功绩来强调自身地位的合法性。

“王若曰：克，昔余既命汝出纳朕命……赐汝田于野，赐汝田于渒……”记载了西周册命制度和土地赏赐的流程，表明周王通过授予土地和官职来巩固贵族支持。

大克鼎铭文呈现出西周晚期金文的典型特征：字形趋于方正，笔画均匀，章法整齐，已初步显现向大篆过渡的趋势，在汉字发展史上具有承前启后的重要地位。

从潘祖荫保护文物到新中国成立后捐献国家，大克鼎的流传经历本身就成为中国人守护文化根脉的象征。

这件重器以物质形态凝固了西周晚期的政治变革（王权与世族关系）、经济转型（土地制度演变）和文化传承（金文—书法传统），堪称解读华夏文明基因的密码本。

11 太保鼎

西周 青铜器 壹级

“梁山七器”中少数留存国内的珍品

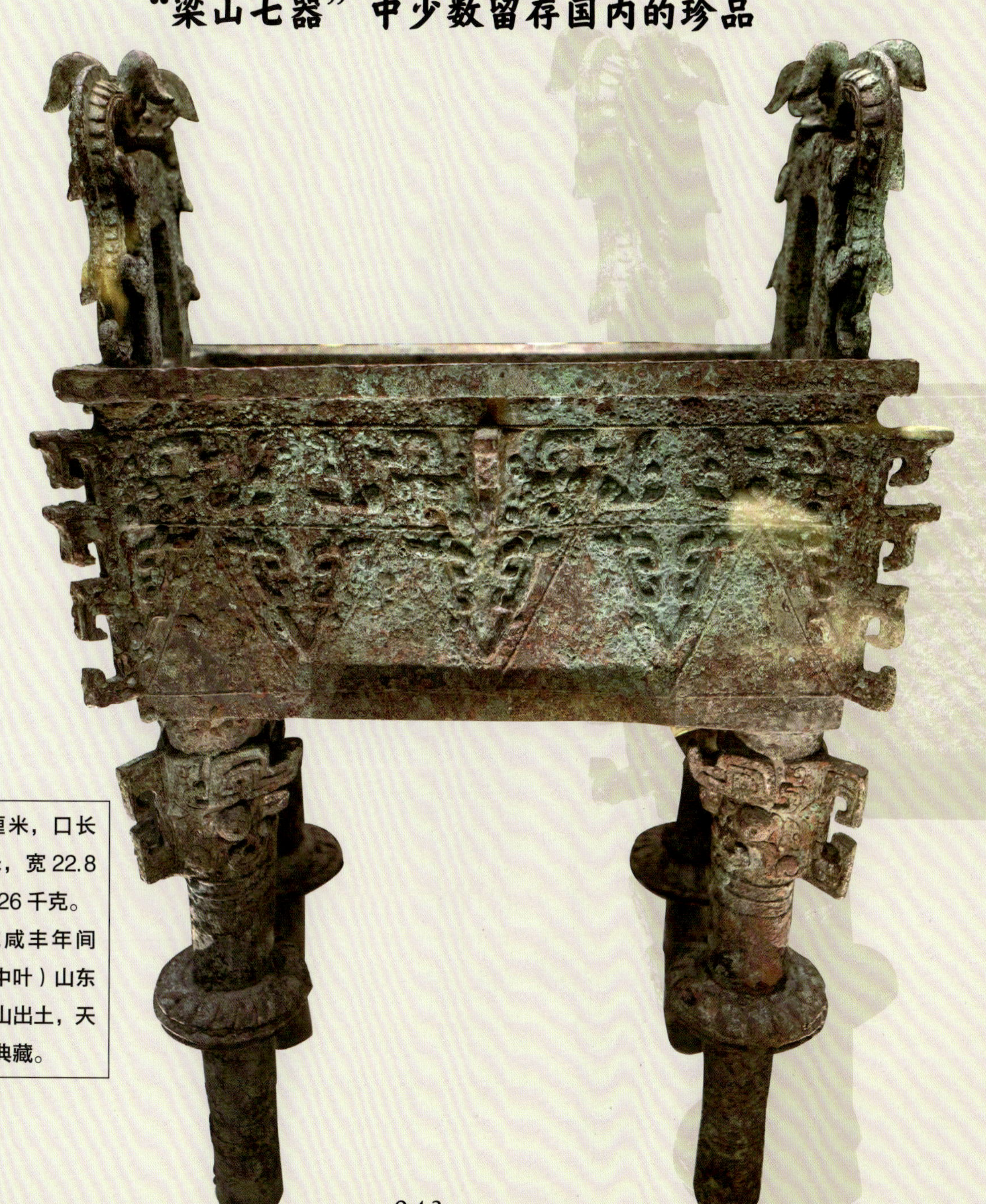

高 57.6 厘米，口长 35.8 厘米，宽 22.8 厘米，重 26 千克。清道光或咸丰年间（19 世纪中叶）山东寿张县梁山出土，天津博物馆典藏。

太保鼎是西周初期青铜礼器，为西周重臣召公奭（shì）所铸，它与一同出土的六件青铜器合称“梁山七器”。该鼎为方形，四柱足，口沿铸双立耳，耳上浮雕攀附状垂角双兽，腹部四面饰饕餮纹与蕉叶纹，四角及柱足均饰扉棱，其中柱足中部装饰的圆盘为商周青铜器所罕见，造型独特，工艺精湛。鼎腹内壁铸有“太保铸”铭文。“太保”即辅佐周成王的召公奭，其官职显赫，此鼎为其身份与权力的象征。

太保鼎作为西周早期带有“太保”铭文的青铜重器，印证了西周重要官职“太保”的设置，它是研究周初政治制度的关键物证，其铭文内容与形制特征具有不可替代的史料价值。此鼎与《尚书》《史记》中关于“太保”的记载相互印证，尤其佐证了召公奭辅佐周王室、受封燕国的史实，填补了西周早期政治史与家族史的细节空白。

双耳伏虎装饰

方鼎形制：与常见的圆鼎不同，方鼎在商周时期更为稀有，多用于高等级礼仪场合，可能象征“四方天下”或王权威严。

局部写实与抽象结合：双耳上的伏虎装饰较为写实，而兽面纹则高度图案化，体现了西周早期纹饰从商代神秘风格向周代秩序化风格的过渡。

延伸知识

太保鼎所属的青铜器组合称“梁山七器”。

梁山七器：太保鼎（天津博物馆藏）、太保鼎 2（据传在瑞典斯德哥尔摩远东艺术博物馆）、太保簋（美国弗利尔美术馆藏）、伯宪鼎（日本白鹤美术馆藏）、小臣艅犀尊（美国旧金山亚洲艺术博物馆藏）、太史友甗（日本泉屋博古馆藏）、伯宪盉（下落不明）。

鼎内壁的“太保铸”三字为青铜器铭文的早期形式，字体古朴，笔画刚劲，采用铸铭（非刻铭）工艺，与器身一次铸成，表明其官方属性。

该鼎融合商周青铜艺术精华，其方鼎形制、兽面纹饰和铸造工艺，展现了我国青铜文明鼎盛时期的最高艺术成就，纹饰风格兼具商代的威严与周代的秩序化特征，是商周青铜艺术过渡阶段的典型代表，展现了中华文明连续性与创新性的统一。

作为“梁山七器”中唯一留藏国内的珍品，它承载着特殊的文化记忆，其命运折射出近代文物流散的屈辱史，而今作为禁止出国（境）展览文物，更成为守护中华文明根脉的象征。

12 河姆渡出土朱漆碗

新石器时代·河姆渡文化 **木雕　壹级**

最早的漆器之一，将中国漆器史推至约 7000 年前

河姆渡出土朱漆碗是中国新石器时代河姆渡文化的代表性文物，由整块木头挖凿而成，外壁雕刻成瓜棱形，敛口、扁鼓腹、矮圈足，造型古朴。其最显著特征是外壁及圈足涂有一层朱红色天然生漆，经化学分析和光谱鉴定，确认漆中掺有朱砂颜料，尽管出土时涂层剥落严重，但仍能辨识出光泽与色彩。

这件直径 10 厘米左右的木碗的出土证明了长江流域的文明发展程度不亚于黄河流域，打破了“中华文明单一起源于中原”的传统观点，改写了工艺史教科书，证明中国长江流域是漆器技术的发源地之一，比黄河流域更早成熟。

高约 5.7 厘米，小口径 9.2 厘米，大口径约 10.6 厘米，底径约 7.6—7.2 厘米，壁厚 2 厘米。1977 年浙江省余姚市河姆渡遗址 T231 探方出土，浙江省博物馆典藏。

◐木质胎体：由整块木材手工挖凿而成，胎壁较厚，表面经过细致打磨，有天然光泽。

口沿与圈足：口沿稍内收，圈足低矮且略外撇，增加放置稳定性。

◐朱红色漆层：碗内外壁均涂有天然生漆调制的朱红色涂料，色泽暗红偏褐（因氧化褪色），局部残留光泽感，显示当时漆艺的高超水平。

漆膜状态：漆层厚薄不均，部分区域剥落，露出木质胎体，但大部分仍附着牢固，证明河姆渡人已掌握漆液固化技术。

在7000年前，长江流域的先民已经创造出兼具实用功能与精神内涵的精致器物，朱漆碗与河姆渡遗址出土的稻谷、干栏式建筑等共同印证了长江下游地区先进的农耕文明和手工业水平，展现了先民对自然材料的创造性利用。

作为中国现存最早的漆器之一，它为研究漆艺从实用到审美的演变提供了关键实物证据，后世楚汉漆器的辉煌技艺均可追溯至此。河姆渡遗址还出土了类似的黑漆木筒，说明当时的漆器技术已趋多样化。

日本、韩国早期漆器被认为可能受到中国长江流域漆艺的影响，朱漆碗为东亚漆器交流史提供了参照，其价值不仅在于器物本身，更在于它打开了理解史前文明复杂化进程的一扇窗口。

13 河姆渡出土陶灶

新石器时代·河姆渡文化 陶器 壹级

开创了“灶釜分离”的炊事系统

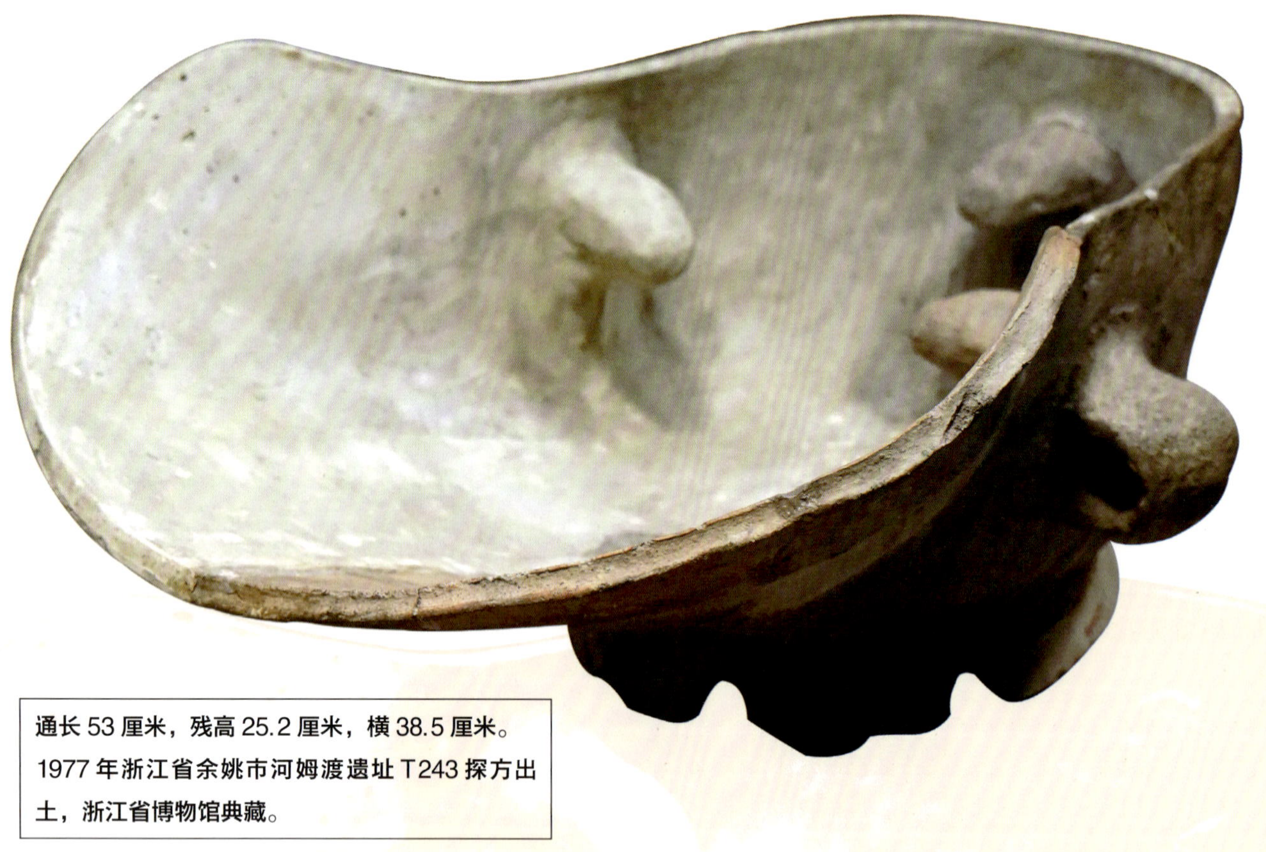

通长 53 厘米，残高 25.2 厘米，横 38.5 厘米。1977 年浙江省余姚市河姆渡遗址 T243 探方出土，浙江省博物馆典藏。

河姆渡出土陶灶是中国新石器时代河姆渡文化的代表性文物。该陶灶以夹砂灰陶制成，俯视呈鞋底形或簸箕形，火门上翘，椭圆形圈足，内壁横附三个粗壮支丁（两侧对称、后侧居中），外壁两侧设半环形耳，兼具提携与支撑功能。其设计科学，灶底、灶壁与炊具间留有空隙以便通风控火，解决了木构房屋或船上烹饪的防火难题，火门上翘和圈足镂孔设计可能用于船体摇晃时固定灶体、防止火种洒落，推测为渔猎为主的河姆渡人水上生活的重要用具。

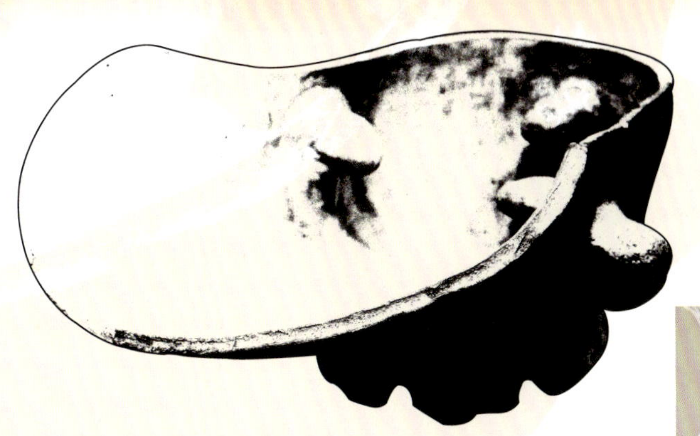

船形结构

整体呈长椭圆形，两端略上翘，类似小船，可能便于通风和灰烬清理。

灶面设有支丁（凸起的陶纽），用于支撑陶釜等炊具，使其稳定放置并提高热效率。

使用方法

一般与陶釜（深腹罐）配套使用，构成“灶＋釜”的炊具组合，类似现代“锅＋炉”系统。

将盛放食物和水的陶釜架设在灶面的支丁上，使釜底与火膛保持适当距离以确保充分受热。点火后，两头上翘的灶体结构能有效促进空气流通，使火焰集中向上燃烧，提高热效率。炊煮过程中，可以通过添加或减少燃料来控制火候，而灶体的船形设计便于清理燃烧后的灰烬。这种“灶釜分离”的设计不仅方便更换不同大小的炊具，还能避免陶釜因直接接触火焰而破裂。

作为中国迄今发现最早的专用炊灶，河姆渡出土陶灶开创了“灶釜分离”的炊事系统，标志着人类从露天篝火迈向固定灶具的关键转折。其独特的船形设计和夹砂陶工艺，不仅展现了河姆渡人适应江南水乡环境的智慧，更为商周印纹硬陶和原始瓷的发展奠定了技术基础。与大量炭化稻谷共出的考古实证，使这件陶灶成为长江流域稻作农业和“饭稻羹鱼”饮食传统的重要见证。作为新石器时代“南灶北鼎”文化格局的核心代表，它确立了中华文明多元起源的物证链，堪称东亚农业文明炊煮技术的第一座里程碑。

河姆渡出土陶灶是国家一级文物和中华文明起源的“国宝级”物证，作为中国最古老的炊具实物和长江流域稻作文明的标志性见证，它不仅承载着新石器时代的关键历史信息，更是研究中华饮食文化起源的“活化石”。

14 良渚出土玉琮王

新石器时代·良渚文化 玉器 壹级

中国新石器时代玉器制作的最高成就

通高 8.9 厘米，上射径 17.1—17.6 厘米，下射径 16.5—17.5 厘米，孔外径 5 厘米，孔内径 3.8 厘米。1986 年浙江省余杭市反山遗址 12 号墓出土，浙江省博物馆典藏。

良渚出土玉琮王作为新石器时代良渚文化的代表文物，是迄今已知良渚玉琮中体积最大、雕工最精美的一件，被誉为“琮王”。该玉琮外方内圆，器形硕大，其四面直槽内以浅浮雕和阴线刻技法雕琢 8 组“神人兽面纹”，主体为头戴羽冠的神人骑跨于虎形神兽之上，线条细密繁复，每毫米内刻有 5 至 6 根互不重叠的线条，展现了良渚先民登峰造极的微雕技艺。

◐ 外方内圆

外壁：呈四棱柱形，四面平整，边角分明，象征“地方”。

内孔：为规整的圆柱形，上下贯通，象征“天圆”，符合中国古代“天圆地方”的宇宙观。

◐ 分节与纹饰

节数：共4节（每节高约2厘米），每节均雕刻完整的神人兽面纹（“神徽”）。

纹饰布局：每面由2组神徽组成，共8组，纹饰对称分布，线条细密如发丝。

◐ 上部（神人部分）

羽冠：呈倒梯形，饰以细密放射线，象征羽毛或太阳光芒。

面部：双眼圆睁，鼻梁宽平，双臂张开，双手扶住下方的兽目。

◐ 下部（兽面部分）

兽目：巨大圆眼，眼眶突出，瞳孔清晰。

獠牙：口部露出上下交错的獠牙，狰狞威严。

这件玉琮王代表良渚文化的巅峰之作，它以惊人的工艺水准改写了世界对中国史前文明的认知——其细如发丝的微雕技艺证明，早在距今5300—4300年前，长江流域就已出现了高度复杂化的玉器手工业体系。意义更深远的是，它揭示了良渚社会已形成“神权政治”的统治模式：玉琮内圆外方的形制暗合“天圆地方”的宇宙观，神人兽面纹饰可能象征着“君权神授”的政治理念。其影响绵延后世，商周礼器中的琮、璧组合及青铜器上的饕餮纹，都可能承袭自良渚玉器的文化基因，成为中华文明“多元一体”格局的重要源流。

作为全球唯一完整的良渚“王级”玉琮，其8组神人兽面纹代表着不可复制的文明密码，且与反山12号墓出土的玉钺王等文物构成完整礼仪体系，是中华五千年文明史的重要实证。

15 水晶杯

战国 水晶器 壹级

改写历史认知的工艺孤本——“穿越的玻璃杯”

通高 15.4 厘米，口径 7.6 厘米，底径 5.2 厘米，圈足高 2 厘米，重量约 400 克。
1990 年杭州市半山镇石塘村战国 1 号墓出土，杭州博物馆典藏。

战国水晶杯是战国中晚期一件精美的水晶器皿，也是迄今为止在我国出土的早期水晶制品中器形最大的一件（通过碳十四和热释光两种科学测年方法，其年代被确凿地定为战国中晚期）。

杯体呈淡琥珀色，表面有自然形成的絮状纹理（水晶内部包裹体），在光照下呈现柔和的光泽。其造型与现代玻璃杯极为相似，口沿微敞，腹部斜收，底部为喇叭形圈足。其制作推测采用“管钻法”（类似玉器加工中的钻孔技术），即用砣（打磨玉器的砂轮）配合研磨砂（又称解玉砂）反复旋转掏挖；另一种可能是“砂绳切割法”，即用麻绳蘸湿研磨砂，反复拉锯式打磨内壁。

腹部：斜直向下内收，线条流畅，无明显凹凸或变形。

底部：带有矮圈足，略微外撇，增加稳定性，可能模仿同时期青铜器的足部设计。

战国水晶杯的出土，彻底颠覆了学术界对中国古代工艺水准的传统认知，这件距今2500余年的战国中晚期水晶容器，以规整的造型与精湛的打磨工艺，证明先秦工匠已掌握先进的水晶加工技术。其形制类似现代玻璃杯，不仅代表了先秦“金石加工”技术的巅峰成就，更可能蕴含早期东西方文化交流的信息。作为罕见的天然水晶礼器，它反映了楚越地区独特的玉礼文化与精神信仰，填补了中国玉器工艺发展史的空白。这件孤本级文物为研究战国时期的科技水平、审美观念和文明交流互鉴提供了不可替代的实物证据，成为连接古代智慧与现代认知的重要桥梁。

16 淅川出土铜禁

春秋时期 青铜器 壹级

十二龙足镂空结构改写了世界冶金史

纵长 131 厘米，横长 67.6 厘米，高 28.8 厘米，身宽 46 厘米，重 94.2 千克。
1978 年河南省淅川县下寺春秋楚墓出土，河南博物院典藏。

这件淅川出土铜禁是春秋中期的青铜礼器，又名云纹铜禁，是承置酒器的几案。其形为长方形案体，四周饰多层透雕云纹，纹饰繁复精美。器身由数层铜梗相互套接支撑，结构复杂，禁面平整，边缘有围栏，禁体上部攀附 12 条龙形怪兽，下部由 12 只虎形兽支撑。

它以失蜡法铸造的十二龙足镂空结构改写了世界冶金史，证实中国早在公元前 6 世纪已掌握精密熔模技术。

龙形附饰（核心特色）：禁体四周攀附 12 条立体龙形兽，龙首向外探出，龙尾向内卷曲。龙身呈“S”形，鳞片刻画细腻；龙口衔咬禁沿，前足抓握禁体，后足蹬踏禁面，仿佛正从云中翻腾而出，极具动感。

龙形兽造型夸张（如龙角分叉、眼球凸出），云纹卷曲流动，充满超现实色彩，与《楚辞》中的神话意象一脉相承。

据《仪礼·士冠礼》记载，“禁”是周代贵族祭祀、宴饮时放置酒器（如卣、壶、爵等）的器座，象征礼仪秩序。作为周礼与楚巫文化融合的物证，其突破性的三维造型和繁复云龙纹饰标志着青铜艺术从庄重礼器向浪漫表现的转折，既承接了商周青铜器的古典传统，又开创了战国奇幻美学新风；更通过龙足数量等细节，展现了楚国在礼制、科技与文明中的独特历史角色，被誉为青铜时代技术绝唱与跨文明对话的“活化石”。

正如考古学家张光直所言：“淅川铜禁的龙足，不仅支撑着礼器的重量，更架起了华夏文明从青铜时代走向铁器时代的桥梁。”

17 新郑出土莲鹤铜方壶

春秋时期 青铜器 壹级

中国青铜文明从“神性”到“人性”的重要转折点

通高 117 厘米，口长 30.5 厘米，口宽 24.9 厘米，重 64.28 千克。1923 年河南省新郑县（今新郑市）李家楼郑国国君墓出土，河南博物院典藏。

这件新郑出土莲鹤铜方壶是中国青铜艺术史上划时代的杰作，又名莲鹤方壶。1923年，在河南新郑郑国国君墓出土了一对莲鹤方壶，现分藏于北京故宫博物院和河南博物院。莲鹤方壶是中国古代“分铸法”技术的集大成者，全器由壶身、双耳、圈足、莲瓣、立鹤等数十个部件分铸后焊接组装而成。

方壶最引人注目的是其双层镂空莲瓣壶盖，盛开的莲瓣中央傲然挺立一只展翅欲飞的仙鹤，壶身满布精细的蟠螭纹，这些相互缠绕的小龙纹饰繁而不乱，与壶体两侧的龙形耳饰和底部的伏虎承托相得益彰。这种将植物与动物完美结合的创意设计，彻底突破了商周青铜器威严神秘的风格，展现了春秋时期人文精神的觉醒。

莲心伫立一只展翅青铜仙鹤，鹤首昂扬，双足微曲似欲腾空，鹤喙张开如鸣，将“飞升成仙”思想首次具象化于礼器。

◐龙耳衔环，龙首怒目獠牙，足部抓握壶身，动态感打破商周青铜器的静态威严。

◐伏虎承托壶体，虎身肌肉线条写实，体现楚地崇虎信仰。

莲鹤方壶以惊人的工艺创新，将青铜铸造成欲飞的鹤与盛开的莲，成为战国人文精神兴起的标志。其纹饰体现了工匠与思想的结合，是中国青铜文明从“神性”到“人性”的重要转折点。

莲鹤方壶不仅是中国青铜艺术的典范，更以生动的造型与精湛工艺，成为春秋社会变革的见证，因此被专家称为是我国“青铜时代的绝唱”。

18 齐王墓青铜方镜

汉代　青铜器　壹级

迄今发现的最大古代铜镜

长 115.1 厘米，宽 57.7 厘米，厚度仅 1.2 厘米，重 56.5 千克。
1980 年山东省淄博市临淄区大武镇西汉齐王墓陪葬坑出土，淄博市博物馆典藏。

齐王墓青铜方镜出土于西汉齐哀王刘襄墓。刘襄是汉高祖刘邦之孙，西汉初年重要的诸侯王，曾参与平定“诸吕之乱”，在汉初政治中具有重要地位。

此镜以罕见矩形制式打破传统圆镜范式，背饰龙纹，五钮布局庄重，彰显诸侯王“拟同天子”的尊贵地位。镜体巨大，需借助柱架固定（镜背面和边上的钮可能就用于与柱子和座子固定），无法用于日常照容。推测为墓葬中专设的礼仪重器，象征墓主生前权力与死后尊荣。

此镜将工艺、礼制与政治隐喻融为一体，既是汉代诸侯丧葬等级的实证，也是朝廷与地方权力博弈的物化体现。

镜背饰浅浮雕夔龙纹，五枚凸弦纹环形钮分布均衡，钮周饰柿蒂纹，镜缘连弧纹。龙纹线条灵动，龙身蜷曲吐舌，融合战国至西汉风格，与矩形镜体巧妙呼应。

这件青铜方镜是迄今发现的最大古代铜镜。齐王墓青铜方镜的发现，不仅改写了学界对秦汉铜镜以圆形为主的认知，也引发了对汉代贵族生活与礼仪的重新探讨。其巨型尺寸可能暗示了特殊的礼仪用途，或与汉代“视死如生”的厚葬观念密切相关，为研究西汉政治、冶金技术及礼仪文化提供了关键物证。

19 铸客大鼎

战国 **青铜器** 壹级

从“楚国青铜器之王”到国家公祭鼎原型

通高 113 厘米，口径 87 厘米，腹围 290 厘米，足高 67 厘米，重约 400 千克。
1933 年安徽省寿县朱家集李三孤堆楚王墓出土，安徽博物院典藏。

铸客大鼎是战国晚期楚国的青铜礼器代表，体积在全国目前所有出土的铜鼎中是最大的，体量恢宏，气势雄浑，被誉为“楚国青铜器之王”。

其形制为圆口、方唇、鼓腹、圜底，附耳外侈，三蹄足粗壮有力，足根部饰高浮雕兽首纹，腹部环绕突起的羽翅纹圆箍，耳部与颈部则以变体鸟首几何纹装饰，整体纹饰繁复而充满张力。

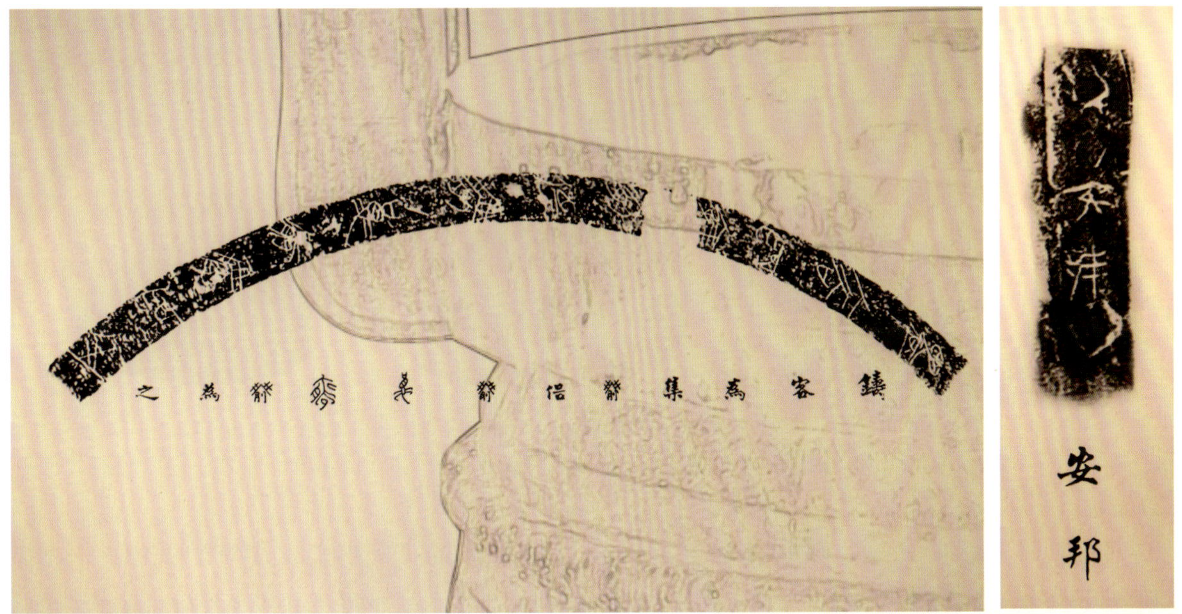

鼎口沿阴刻铭文十二字：“铸客为集腏、伸腏、褱腋腏为之”，另有“安邦”二字刻于足部与腹下，铭文中的“铸客”可能是负责铸造的工匠名或官职，表明楚国可能存在“客卿”制度。此鼎由楚国从其他诸侯国聘请的自由工匠参与制作，反映了战国时期的人才流动与技术交流情况。

[国宝流转经过]

该鼎 1933 年出土于安徽省寿县李三孤堆楚王墓，墓主推测为楚幽王（公元前 237 年—前 228 年在位）。此鼎出土后历经动荡：先由盗墓者私掘，部分文物被安徽省政府收缴；抗战期间为避战火转运至四川，后存于南京；新中国成立前夕险被运往台湾，最终于 1950 年代回归安徽，成为安徽博物院镇馆之宝。2014 年，其造型被选为国家公祭鼎原型，象征民族历史的铭记与和平之愿。

作为礼器，铸客大鼎兼具政治与宗教功能：其纹饰融合兽面、鸟首等元素，彰显楚地巫文化特质；铭文“安邦”二字直抒治国理想，体现楚王权威，是战国时代楚国政治雄心、文化特质与技术成就的浓缩体现。它见证了楚人在历史之中的身份变化，为中华文明多元一体的形成提供了生动注解。其历史价值与意义，早已超越器物本身，成为解读楚国礼制、社会结构与文化交融的一把关键钥匙。

20 朱然墓出土漆木屐

三国吴 漆器 壹级

木屐起源在中国

长 8 厘米，宽 20.5 厘米，高 0.3 厘米，重 50 克。
1984 年安徽省马鞍山市郊朱然墓出土，马鞍山市三国朱然家族墓地博物馆典藏。

朱然墓出土的漆木屐是中国三国时期的重要文物，墓主为东吴名将朱然（公元 182 年—249 年），他因参与擒杀关羽、夷陵之战等重大历史事件而闻名。尽管朱然墓墓葬早年曾被盗，但仍出土了 140 余件文物，其中漆木屐最为引人瞩目，被视为中国目前发现的最古老漆木屐。

这对漆木屐以木胎为基，整体呈椭圆形，趾部设一穿孔，根部有二穿孔，原用于固定绊带，绊带均朽无存。屐板表面原为髹黑红双色漆，但已剥落严重，未见纹饰。此物展现了三国时期吴地从木胎成型到多层髹漆的成熟的漆工艺。

朱然墓漆木屐的出土，曾轰动日本，因为它与日本镰仓平安时代古画上的木屐相似度极高。在朱然墓漆木屐出土前，学界普遍认为木屐为日本发明，此文物证明木屐最早源于中国，三国时期中国人已使用木屐，并通过唐代文化交流传入日本，成为日本传统服饰的一部分。这颠覆了“木屐日本起源说”，因其独特性与历史价值，被列入《首批禁止出国（境）展览文物目录》。

21 朱然墓出土贵族生活图漆盘

三国 漆器 壹级

漆彩定格千年吴地风华

口径24.8厘米，高3.5厘米，重200克。1984年安徽省马鞍山市郊朱然墓出土，马鞍山市三国朱然家族墓地博物馆典藏。

朱然墓出土的贵族生活图漆盘是三国时期东吴漆器艺术的杰出代表，是三国时期贵族宴饮的盛食器。这件贵族生活图漆盘以木胎为基，平沿直口，浅腹平底，沿口与腹下饰鎏金铜扣，内壁髹红漆、外壁施黑红漆，是迄今罕见的彩绘叙事漆器珍品。

◐ 盘面漆彩分三层绘 12 人场景，浓缩了三国吴地贵族的生活场景：

上层宴兵：五人列席，展现宴饮仪礼。

中层对弈：两男子隔盘博弈，前置盛食圆盘，细节鲜活。

下层出游：一人策马前行，一人随行，山岳点缀其间。

画面兼有梳妆、娱乐等元素，堪称一部漆上“风俗长卷”。

墓主朱然为东吴名将（官至左大司马），其墓是迄今发现等级最高的吴墓。此盘与朱然墓同出的 80 余件漆器（如季札挂剑漆盘、童子对棍漆盘等）构成三国漆艺巅峰之作。漆盘底部刻“蜀郡造作牢”铭文，实证其为蜀地官造贡器，这一发现揭示了三国时期吴蜀两国的文化交流或贸易往来，图中陈列的可能是战利品、外交赠品或商品。该漆盘是迄今唯一可明确断代的三国绘画实物，填补了汉末至魏晋艺术史的空白，画面内容与史书中对三国贵族生活的记载相印证，是研究当时社会风俗的珍贵资料。

22 司马金龙墓出土漆屏

北魏 漆器 壹级

《列女传》朱漆屏上的南北朝对话

每块长 82 厘米、宽 20 厘米，厚约 2.5 厘米。1965 年山西省大同市石家寨司马金龙墓出土，山西博物院典藏。

司马金龙墓出土漆屏是北魏时期的重要文物，系漆画屏风中的两块，中间由榫卯拼接。木胎漆绘，画面分四层绘制了西汉刘向所著《列女传》中的故事，人物轮廓以黑线勾勒，面部涂铅白，服饰施黄、青绿、白、灰蓝等矿物彩。缀以黄漆题记墨书，书体介于隶、楷之间。此屏是现存最完整的北魏叙事性漆画实物。

山西博物院馆员蒙治坤在《山西博物院藏北魏司马金龙墓木板漆画赏析》中说："木板漆画上承汉代之遗风，下开隋唐之先河，绚丽多彩、气韵生动、技法纯熟，其绘画风格、技法、设色都富有强烈的时代特征，代表着当时最高的艺术水平，成为南北朝时期我国古代漆器的一件代表作。"

墓主司马金龙为东晋皇族后裔，因政治斗争投奔北魏，封琅琊王，其墓中既有游牧文化器物，也有江南风格的漆屏，成为南北朝时期民族融合的缩影。作为北朝唯一存世的漆画屏风，为研究魏晋绘画史、漆器工艺及书法演变提供了珍贵资料。

23 娄睿墓鞍马出行图壁画

北齐　壁画　壹级

北朝壁画的千年回响

现存 200 余平方米。
1979 年至 1981 年间山西省太原市王郭村的娄睿墓出土，山西省考古研究所典藏。

◐ 中国美术家协会前主席吴作人曾感叹："这些壁画让模糊的北齐绘画史陡然清晰，如同在艺术长河中打捞起失落的文明坐标。"

娄睿墓鞍马出行图壁画是北齐时期的重要墓葬壁画。墓主娄睿是北齐外戚重臣，鲜卑贵族，其墓葬规模宏大，其墓中现存的200余平方米壁画堪称“北齐百科全书”，鞍马出行图是最具代表性的部分。墓中壁画分上下两层：下层的墓道、天井部分描绘宴饮、仪仗、鞍马出行等世俗场景，上层甬道至墓室勾勒仙人引路、羽人飞升的奇幻世界。

鞍马出行图位于墓道西壁，以长卷式构图展开，前有二骑执旗开道，后随八骑缓行。马匹或奔驰，或停顿，肌肉线条流畅；骑士面容长脸高鼻，既有鲜卑人的雄健，又着汉式宽袍，腰间蹀躞带悬挂箭囊、算袋，胡汉交融的细节跃然壁上。

北齐传世绘画极少，娄睿墓壁画是迄今保存最完整的北齐壁画群，这些壁画让模糊的北齐绘画史变得清晰，此外，还与中亚粟特人墓葬图像相呼应，体现了中原、草原与西域美学的交融。

娄睿墓壁画生动展现了公元6世纪丝路文化交流情景。此壁画2002年被列入《首批禁止出国（境）展览文物目录》，成为解读民族融合与艺术嬗变的“地下国史”。

24 涅槃变相碑

唐 石刻 壹级

武则天的政治图腾与盛唐佛教艺术的巅峰

众弟子护持须弥山

螭首龟趺碑兽

荼毗

摩耶哭棺

送葬

为母说法

涅槃

临终遗诫

正面

造塔供养

八王分舍利

弥勒三尊像

背面

高 302 厘米，宽 87 厘米，厚 25 厘米。山西省临猗县大云寺遗物，1957 年移至山西省博物馆（今山西博物院）收藏，现藏于山西省艺术博物馆（纯阳宫）。

涅槃变相碑是中国唐代佛教艺术的杰出代表，刻于唐武周天授二年（公元691年），原存山西临猗大云寺。碑座为螭首龟趺，碑身通体布满浮雕，两侧有天王、狮子、童子等。此碑以佛祖涅槃为主题，分层雕刻“涅槃”“临终遗诫”“荼毗（火化）”“送葬”“造塔供养”等场景。

公元690年，武则天为巩固统治借《大云经疏》宣称“弥勒转世”，以佛教神权颠覆儒家正统，涅槃变相碑正是这一运动的产物。碑中“佛祖涅槃”暗喻李唐王朝终结，“弥勒下生”则对应武周新朝天命。然而，随着公元705年武则天退位、李唐复辟，天下大云寺多遭毁弃。此碑因地处偏远或艺术价值卓绝，奇迹般躲过劫难，成为武周兴佛运动罕见的实物遗存。

正面中央，众弟子恸哭送别佛祖，衣袂翻卷、神情悲怆。唐代工匠以刀为笔，将人物的哀痛刻画得淋漓尽致。

碑额处众弟子护持须弥山，背面“造塔供养”画面，反映了唐初造像的一般风格。

历经1300余年风雨，石碑表面已现风化剥蚀，但其艺术与历史价值无可替代。2002年，它被列入《首批禁止出国（境）展览文物目录》，成为国家文物保护的“顶级珍品”。这一决策不仅因其材质脆弱、难以承受运输风险，更因其承载的独特历史信息——它既是盛唐艺术的缩影，也是中国唯一女皇权力博弈的见证。

25 常阳太尊石像

唐 **石雕** 壹级

盛唐道教艺术的璀璨遗珍

高 2.56 米。
山西古建筑博物馆典藏。

常阳太尊石像（又称常阳天尊石像）是一尊唐代道教石造像，以老子（李耳）为原型雕刻而成。老子被奉为道家始祖，道教尊作“太上老君”或“常阳天尊”。唐代因皇室姓李，追认李耳为先祖，尊封其为玄元皇帝。由此，道教在唐代备受推崇，宫观林立，造像盛行，推动了道教造像艺术的繁荣发展。这件常阳太尊石像，正是唐代道教的艺术瑰宝，刻于唐开元七年（公元 719 年），属景云观遗珍。景云观毁于战火，唯此像因乡民保护幸存，虽表面略有风化，但主体完好。

底座正面铭文

石像以汉白玉精雕太上老君像，底座和基座以青灰色石灰岩制成。天尊头戴莲花冠冕，身着道袍，左手扶案，右手执扇和拂尘，端坐方形石座上，面容丰润含笑；衣纹流畅如云，线条圆润柔和中见力道，彰显盛唐“以形写神”的艺术理念。底座正面镌刻天尊铭文及序，共计二十二行；两侧及背面以线刻手法，细腻地描绘出弟子、道士的形象，并附上供养人的姓氏。

常阳太尊石像作为“开元盛世”的文化遗存，反映了唐代社会对道教的推崇以及宗教艺术的高度成就，是盛唐文明的“石上史诗”。

第二单元

文明礼赞

26 大玉戈

商 玉器 壹级

商代玉器中罕见，堪称“玉戈之王”

长 94 厘米，宽 11 厘米，厚度仅 0.5 厘米。1974 年湖北省武汉市盘龙城李家嘴 3 号墓出土，湖北省博物馆典藏。

◐玉戈呈扁长形，由刃和柄组成。刃部单侧弧曲，双面开刃，头部尖锐；柄部接近长方形，上下两侧有凸起的脊。刃柄交界处设穿绳孔，使用时用绳子穿过，将其固定。玉戈的形制融合了兵器威仪与玉的神圣性，象征持有者的军事权威与神权统治地位。

大玉戈（gē）是中国古代商周时期的一种重要玉制礼器。玉戈脱胎于青铜戈，但并非实战兵器，而是作为祭祀、丧葬或权力象征的礼器。

玉器被人们划分成佩玉、礼玉、葬玉等多种类别。其中，礼玉是指在古代祭祀、朝贡以及交聘等仪式中所使用的玉器，这种玉器在实行奴隶制度的殷商、周等朝代尤为盛行。根据《周礼》的记载，礼玉包括玉璧、玉琮、玉圭、玉璋、玉璜、玉琥这六种，它们被统称为“瑞玉”。

这件商代大玉戈以蛇纹石打造，属商代南方地区罕见的大型礼玉。

盘龙城作为商代南方核心据点，此戈的出土颠覆“殷墟中心论”——长江流域是拥有独立高端玉作体系的文明高地。对比殷墟妇好墓、三星堆遗址出土的玉戈，此器长度是目前已知最大者，堪称“玉戈之王”。

27 曾侯乙编钟

战国 青铜器 壹级

青铜文化的坐标，世界艺术品八大奇迹

钟架长 7.48 米、高 2.65 米。
1978 年湖北省随县（今随州）擂鼓墩曾侯乙墓出土，湖北省博物馆典藏。

战国曾侯乙编钟是战国早期曾国国君的一套大型礼乐重器，它的出土改写了世界音乐史，是中国迄今发现数量最多、保存最好、音律最全、气势最宏伟的一套编钟，它代表了中国先秦礼乐文明与青铜器铸造技术的最高成就，属于国家一级文物，是湖北省博物馆“镇馆之宝”。这套沉睡2400余年的青铜编钟以65件青铜钟、3755字错金铭文、五个半八度的宽广音域，颠覆了人们对先秦文明的认知，被誉为“世界第八大奇迹”，2002年列入《首批禁止出国（境）展览文物》，2025年更荣登《世界记忆名录》。

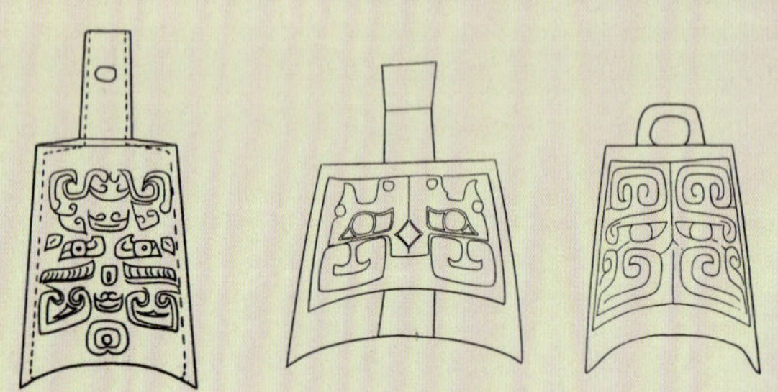

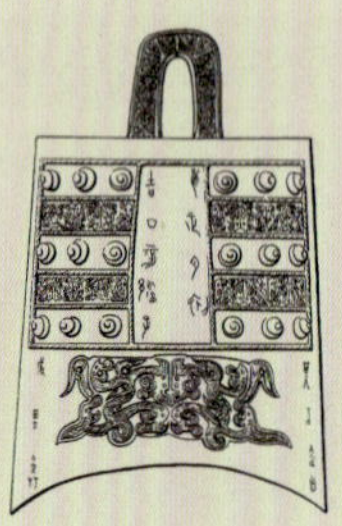

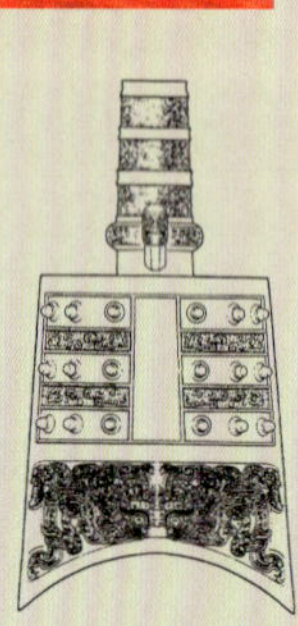

全套编钟共65件，分三层八组悬挂于曲尺形钟架，上层19件钮钟清越悠扬，中层33件、下层12件甬钟浑厚深沉，另有1件楚惠王特赠镈钟镇守核心。每件钟皆能奏出呈三度音程的双音，中心音区十二个半音俱全，整套编钟音域可跨五个半八度，能演奏五声、六声或七声音阶的乐曲。

自1978年出土以来，曾侯乙编钟原件仅有三次奏响：1978年，首次以《东方红》唤醒千年绝响；1979年，在北京举办的“湖北随县曾侯乙墓出土文物展览”上现场演奏。1997年香港回归之际，用曾侯乙编钟原件完成了交响乐《1997：天·地·人》编钟部分的演奏。

◐ 铭文：曾楚盟约的见证

“惟王五十又六祀返自西阳，楚王酓章作曾侯乙宗彝”——公元前433年，楚王特制作了一件镈钟祭奠曾侯乙，并将其悬挂于编钟最显要位置，取代原最大甬钟。这一举动揭示了曾楚两国超越等级的密切关系：曾国作为周王室宗亲，却与南方霸主楚国结盟，镈钟的“越位”陈设，实为楚文化强势渗透的象征。而钟体“曾侯乙乍持用终”的铭文，则宣告着曾国在礼乐制度上对周王朝的恪守，形成“楚器周制”的文化叠层。

曾侯乙编钟承载三重文明对话：其一，中原礼乐与楚地巫音的融合，编钟铭文记载的“姑洗”“妥宾”等律名，与《管子》《吕氏春秋》乐律体系呼应，展现跨地域文化整合；其二，艺术与科技的共生，青铜冶铸、声学计算、音乐实践在此达成完美平衡；其三，古代智慧与当代价值的共鸣，其模块化设计、环保合金配比如今仍启迪着材料科学。

作为先秦礼乐文明的最高物质表达，曾侯乙编钟超越了乐器范畴：它是诸侯政治的盟书、青铜科技的丰碑、宇宙秩序的隐喻。当它的声音穿越时空，在香港回归盛典中再度鸣响时，青铜的震颤已不仅是音符的流淌，更是中华文明对“和而不同”的永恒诠释。

28 曾侯乙墓外棺

战国 漆木器 壹级

战国葬仪的恢宏史诗

长 3.2 米， 宽 2.1 米， 高 2.19 米，重约 7 吨。
1978 年湖北省随县（今随州）擂鼓墩曾侯乙墓出土，湖北省博物馆典藏。

这件巨型外棺，是战国早期曾国国君乙的葬具，故名曾侯乙墓外棺。棺盖与棺身均以青铜框架嵌厚木板制成，采用榫卯、焊接等工艺固定，棺内套有更精美的内棺，共同构成双层葬具结构，是我国迄今发现年代最早、体量最大的古代漆木器，2002 年被列入《首批禁止出国（境）展览文物目录》。

外棺形制恢宏，工艺精湛

◐ 棺盖铸有 12 个铜钮，底部以 10 根兽蹄形铜足支撑，立柱间嵌装木板。

◐ 棺外髹黑漆为地，以朱、黄二色绘就二十组纹饰：中央阴刻涡纹象征宇宙轮回，周边朱绘龙形卷云纹蜿蜒流转，铜柱饰花瓣纹，棺足刻鳞纹，龙凤、神兽、怪鸟穿插其间，线条流畅如虹，尽显楚地神秘浪漫的艺术风格。

◐ 尤为独特的是棺体一侧开有高 34 厘米的门洞，学者推测为墓主灵魂出入的通道，折射出战国“灵魂不灭”的生死观。

此棺集透雕、浮雕、圆雕、漆绘于一体，既彰显诸侯威仪，又暗藏升天祈愿。外棺庄重浑朴，内棺则极尽奢华，金箔神怪满饰，形成“外朴内奢”的鲜明对比，契合周代礼制“藏礼于器”的规范。其青铜框架与漆木结合的工艺，开创先秦丧葬器具先例，而历经 2000 余年仍色泽明艳的漆层，更印证战国漆艺之卓绝。

作为曾侯乙墓“地下乐宫”的核心遗存，其外棺的铜木结构填补了战国时期大型复合材质漆器的空白，其设计理念（如门洞）和纹饰题材不仅是研究战国楚文化葬俗、工艺的“三维文献”，更是中华文明生死观与艺术精神的永恒见证。

29 曾侯乙青铜尊盘

战国 青铜器 壹级

56道精密铸件，青铜铸就的哲学

尊高30.1厘米，口径25厘米，底径14.2厘米，重9千克。盘通高23.5厘米，口径58厘米，重19.2千克。
1978年湖北省随县（今随州）擂鼓墩曾侯乙墓出土，湖北省博物馆典藏。

曾侯乙青铜尊盘是迄今发现的先秦时期最复杂的青铜器之一，由尊（盛酒器）与盘（盛水器）两件器物组成，尊置于盘内，二者浑然一体。尊形似酒壶，颈部修长，腹部圆鼓，通体饰以多层镂空纹饰，盘为承托尊的容器，盘口外折，浅腹，底部有四个龙形蹄足，以极致的铸造工艺和繁复的装饰纹样闻名，被誉为“青铜时代的巅峰之作”，2002 年被列入《首批禁止出国（境）展览文物目录》。

盘内底铸“曾侯乙作持用终”七字，表明器物归属。铭文字体为典型战国鸟虫篆，笔画间穿插龙蛇纹饰，与青铜纹样形成呼应。

◐ 尊的口沿是多层套合的镂空附饰，远看像云朵，实际是由无数条龙蛇所组成的镂空花纹。它们相互盘旋环绕，宛如在空中游动。

◐ 尊的颈部攀附四只反首吐舌、向上爬行的豹，豹身也以镂空的龙蛇装饰，尊的腹部和圈足满是蟠螭纹和浮雕的龙。

◐ 盘的制作更为复杂，除口沿有和尊一样的镂空纹饰外，盘身的四个抠手也是由无数条龙蛇组成的镂空花纹，曾侯乙尊盘是商周青铜器的巅峰之作。

尊盘组合印证《周礼·天官》中“春祠夏礿，祼用鸡彝、鸟彝，皆有舟”的礼器使用制度。与同墓出土的九鼎八簋、编钟构成完整的诸侯级礼乐体系，反映曾国的政治地位。

曾侯乙青铜尊盘与同墓出土的编钟、建鼓底座构成“青铜艺术三重奏”。这件器物不仅是工艺奇迹，更是战国时代“百家争鸣”精神的物质化表达，堪称“青铜铸就的哲学”。

30 彩漆木雕小座屏

战国　漆器　壹级

战国楚漆器的艺术瑰宝

通长51.8厘米，高15厘米，屏宽3厘米，座宽12厘米。1965年湖北省江陵望山1号墓出土，湖北省博物馆典藏。

◐小座屏以透雕与浮雕结合，将蛇、鹿、凤等动物交织成对称而灵动的画面。

透雕之妙：屏心双凤昂首相对，喙爪擒蛇，羽翼舒展；四只飞鸟俯冲而下，利爪紧扣蛇身，展现搏击之态；双鹿腾跃如飞，流线型身躯似疾驰原野，充满张力。

浮雕之巧：底座浮雕群蛇盘结，扭曲游动，立体感呼之欲出。动物姿态或威猛、或挣扎，线条流畅如生，繁而不乱。

这件彩漆木雕小座屏以木为胎，雕刻成形后以黑漆为底，红、蓝、黄、银灰等色绘饰，方寸间浓缩了 55 只鸟兽生灵，穿插于花草纹饰中，堪称先秦雕刻与髹漆工艺的巅峰之作。

2002 年，它被列入《首批禁止出国（境）展览文物目录》；2013 年被评为湖北籍一级文物。作为战国楚文化图腾信仰与工艺智慧的结晶，这件小座屏不仅是研究古代漆器技术的“活教材”，更是中华文明早期造物美学的不朽见证——方寸之间，千年文明跃然如生。

31 红山文化女神像

新石器时代·红山文化　陶塑　壹级

将中华文明前推二千年

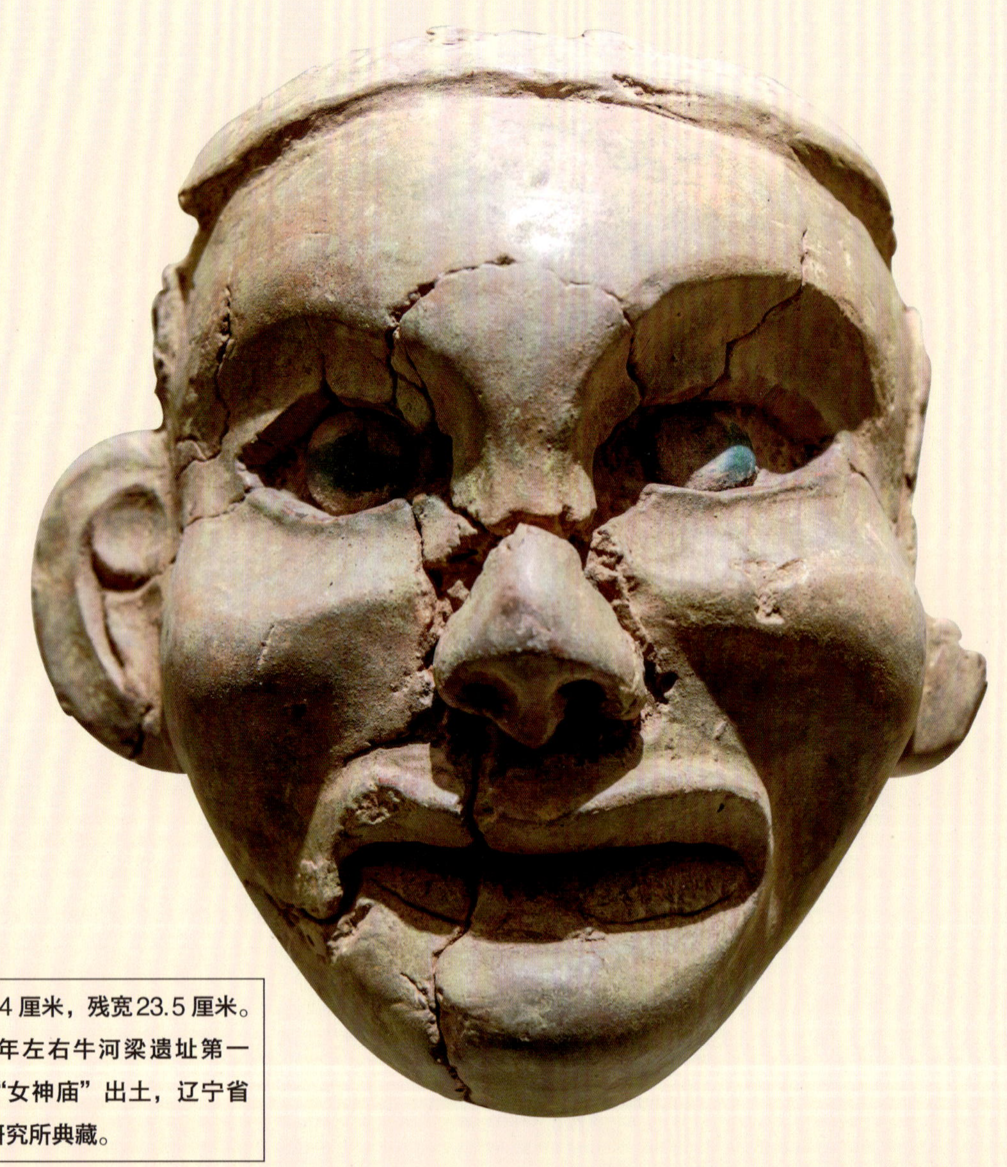

残高24厘米，残宽23.5厘米。1980年左右牛河梁遗址第一地点“女神庙”出土，辽宁省考古研究所典藏。

红山文化女神像是新石器时代晚期红山文化最震撼的考古发现之一。这尊女神像出土于女神庙主室西侧，头部整体以黄泥掺草塑就，大小与真人头像相仿，头顶有编织纹，面部磨光，颧骨微突，眼嵌青玉，唇贴蚌片，嘴角似在微笑，整体造型写实；有学者认为“她是红山人的女祖，也就是中华民族的共祖”。

红山女神像的发现，为中华文明起源研究提供了重要线索。考古学家推测，该遗址是红山先民祭祀活动的核心场所，包括女神庙、祭坛、积石冢等规模宏大的祭祀建筑群，构成了完整的祭祀体系；红山文化处于母系氏族社会鼎盛期，女神像具有“人神同形”的特征，象征着地母神，体现了母系氏族社会的生殖崇拜向神灵信仰的转变，红山文化已具备高度社会组织能力和精神信仰体系，比良渚文化更早建立了人神沟通的宗教体系。其玉石嵌目技法、蚌齿装饰及庙宇群落，将中国礼制建筑起源前推二千年，是商周造像传统的先声。

这尊女神像，不仅是最早的中国神祇塑像，更是一座连接史前与文明的桥梁，证明在黄河流域甲骨文出现前，辽河文明已孕育了中华精神基因，颠覆了传统的中原中心论，成为多元一体文明起源的有力实证。

32 鸭形玻璃注

北燕　玻璃器　壹级

草原丝绸之路的见证物

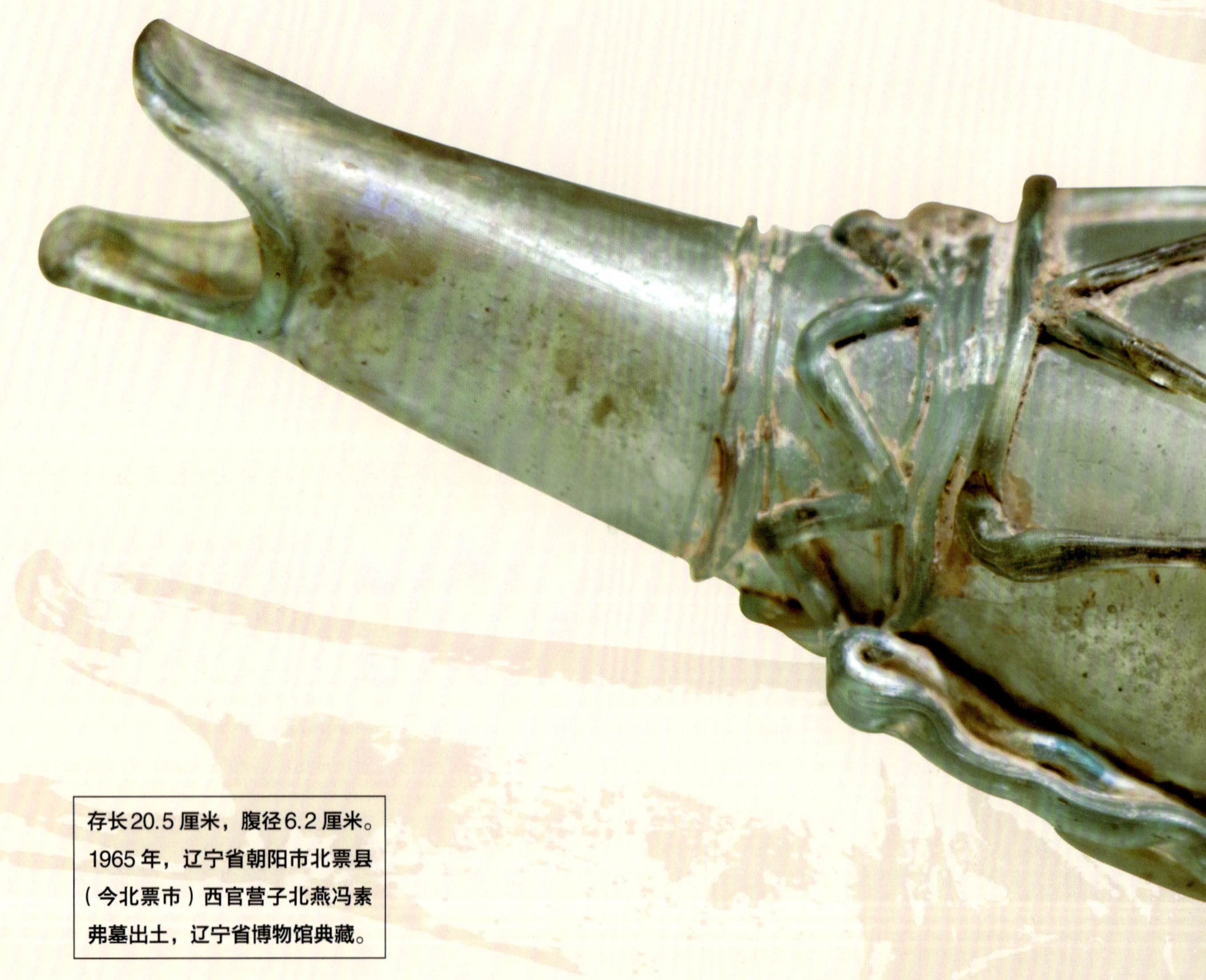

存长20.5厘米，腹径6.2厘米。1965年，辽宁省朝阳市北票县（今北票市）西官营子北燕冯素弗墓出土，辽宁省博物馆典藏。

此器通体淡绿，呈半透明状，表面银锈斑驳，属钠钙玻璃材质，是从当时的罗马帝国输入的玻璃制品，为古代欧亚文明交融的罕见实证。其造型独特，为鸭形（吹塑技艺），长颈曲项如引吭之鸭，鼓腹似舟，细长尾羽以玻璃条盘卷装饰，背附双翅，腹下两侧有波状折线纹拟双足，腹底贴饼状圆玻璃以平衡重心。此器设计蕴藏古人智慧：未注水时前倾，满水则覆，唯半水可稳立，暗合《荀子》“虚则欹，中则正，满则覆”的中庸之道，或为警示君王“戒满持盈”的礼器。

此器出土墓葬墓主冯素弗是北燕开国君主冯跋的弟弟，墓葬规格极高，其墓共出土 5 件罗马玻璃器，系经草原丝绸之路从罗马传入中国。

鸭形玻璃注目前全球仅此一件，其造型之独特、工艺之精湛，在现存罗马玻璃器中亦属罕见，它以轻盈之躯承载着“胡风汉韵”碰撞的史诗，静述着 1500 年前东西方文明在辽西大地上的奇幻相遇，对研究古代丝绸之路和玻璃工艺史具有不可替代的意义。

33 青铜神树

商 青铜器 壹级

九枝十日、龙蛇绕柱，看古蜀人如何铸造通天阶梯

一号神树

二号神树

三星堆青铜神树，被誉为“古蜀文明的神话象征”与“青铜时代的宇宙树”。1986年，青铜神树于四川省广汉县（今广汉市）三星堆遗址二号祭祀坑出土，出土时已严重损毁，碎片达数千片，文物修复专家团队历时十年（1986年—1996年）完成修复工作。现在一号神树作为镇馆之宝陈列于三星堆博物馆。

商代共有八棵青铜神树，其中修复完整的一棵高达396厘米，是全球最大单件青铜文物，得名“一号神树”；另一棵仅存下半部，名为“二号神树”。

一号神树由基座与主体构成，树顶虽残缺，但基座形似三山相连，主干分三层，树枝三层，每层三枝，果枝分上下，果托硕大，全树有九只鸟栖息于向上果枝，一条龙沿主干蜿蜒而下。二号神树基座三面各有一跪坐铜人像，前臂残缺。

枝头站立青铜鸟（现存9只，原应有更多），鸟喙尖锐，羽翼镂空，部分学者认为象征“十日神话”中的太阳神鸟。

盘龙缠绕树干而下，龙首朝下，龙身饰有菱形纹，龙爪紧抓山形基座，象征天地贯通。

树枝末端悬挂镂空铜铃、铜叶，部分枝干可见桃形果实，或与古代“不死树”传说相关。

此神树与《山海经》中“扶桑”“若木”等神树记载相呼应，如《山海经·海外东经》所述“汤谷上有扶桑，十日所浴，……九日居下枝，一日居上枝”。这棵神树可能融合了古蜀文明的太阳崇拜、通天观念与“十日轮值”神话，成为人神沟通的媒介。

青铜神树构建起中国早期文明的宇宙认知体系，其融合神话、天文与工艺的特征，是研究古蜀文明、宗教神话及社会结构的珍贵实物，揭示了三星堆文化与中原文明的差异性与独特性，被誉为“青铜铸就的史诗”。

34 三星堆出土玉边璋

商 玉石器 壹级

中国迄今唯一刻画完整祭祀场景的古蜀玉礼器

通长 54.4 厘米，宽 8.8 厘米，厚 0.8 厘米。1986 年四川省广汉县（今广汉市）三星堆遗址二号祭祀坑出土，四川省考古研究所典藏。

作为中国古代“六器”之一，玉璋承载着“礼南方”的天地祭祀功能。此件边璋是中国迄今唯一刻画完整祭祀场景的商周玉礼器，其两面阴线刻绘的“山陵之祭”图景，清晰呈现了古蜀国插璋祭山、巫觋通神的仪式流程，与《山海经》“群巫上下”记载形成实物—文献互证，为重构长江上游青铜时代宗教体系提供了不可替代的视觉档案。

这件玉边璋整体呈扁平长条形，上端为斜刃，下端有柄，两侧边缘有对称的齿状突起（“边璋”名称的由来）；玉边璋的形制与纹饰不同于中原商文化，体现了古蜀文明独特的信仰体系和工艺技术。

三星堆博物馆介绍说：“器身两面线刻有祭祀图案，表现了庄严隆重的祭祀场面，为研究古蜀宗教祭祀礼仪提供了珍贵的资料。

璋身图案分上下两幅，正反相对呈对称布局，每幅图案由五组构成：下方一组有两座山，两山外侧各插有一枚牙璋；第二组是三个跪坐的人像，头戴穹窿形帽，佩双环相套的耳饰，身着无袖短裙，两拳相抱，置于腹前；第三组是几何形图案；第四组又是两座山，两山中间有一略似船形的符号，两山外侧似有一人手握拳将拇指按捺在山腰；最上面的一组为三个并排站立的人像，人像头戴平顶冠，佩铃形耳饰，身着无袖短裙，双手作与第二组人像相同的动作。”

这件三星堆出土玉边璋为国家一级文物中的顶级孤品，兼具历史断代标尺、古代艺术巅峰和早期宗教图解三重价值，脆弱玉质与不可复制的微雕技艺使其成为长江文明核心象征，于 2002 年入选《首批禁止出国（境）展览文物目录》。

35 摇钱树

东汉 青铜器 壹级

巴蜀大地的永生神树

座高 47 厘米，通高 198 厘米。1990 年四川省绵阳市何家山二号汉墓出土，绵阳市博物馆典藏。

东汉蜀地“天府之土”的富庶与南方丝绸之路的商贸繁荣，催生了豪族厚葬之风，蜀人将财富与永生之愿铸入青铜神树。1990年，四川绵阳何家山汉墓的黄土之下，一株高达1.98米的东汉铜摇钱树破土重生。这座摇钱树由红陶基座、青铜树干及29组枝叶构件拼合而成，以近两千枚方孔钱纹为叶，饰有西王母、飞龙、凤鸟等图案。

此树以失蜡法分段铸造，钱纹细若游丝，枝叶榫卯精密，树干五对飞龙或暗合“五丁开山”传说，第四层枝片尤为绝妙——龙首回衔其身，凤鸟栖尾振翅，龙身饰钱币、灵芝，构成“钱生龙、龙育凤”的循环宇宙。树干鎏金工艺与三星堆“以金通神”一脉相承，揭示蜀地千年铸技传承。

红陶基座塑层叠仙山，灵猿献桃、羽人持丹，与青铜树共构“地载灵山—树通三界—枝悬九天”的立体宇宙。

东汉时期的摇钱树是一种极具特色的陪葬青铜器，摇钱树的千枚钱纹既是蜀地货币崇拜的映射，亦契合汉代“事死如事生”的丧葬观念。作为首批禁止出国（境）展览的国宝，它静立绵阳市博物馆，以璀璨金辉讲述着东汉蜀地的精神史诗。

36

铜奔马

东汉　青铜器　壹级

"马踏飞燕"的东方传奇

通高 34.5 厘米，长 45 厘米，宽 13.1 厘米，重 7.3 千克。1969 年甘肃省武威市雷台东汉墓出土，甘肃省博物馆典藏。

铜奔马，又称“马踏飞燕”或“天马行空”，是中国东汉时期（约公元25年—220年）的一件青铜艺术珍品。出土此文物墓葬之墓主为东汉镇守张掖的军事将领。铜奔马是墓中数十件青铜车马仪仗俑的“领头”之作。

◐细看马首，朱砂点染的口鼻仿佛喘息未定，墨线勾勒的眉眼仍存征战风霜。它原型或是丝路之上“天马”的化身，承载着汉武帝“凿空西域”的壮志。

凝视这件文物，仿佛能听见塞外长风呼啸：骏马昂首嘶鸣，三足凌空，右后蹄轻踏飞鸟，飞鸟惊惶回首，振翅欲逃。这一瞬的动态被永恒定格，马身肌肉紧绷如弓，马尾飞扬似鞭，每一寸线条都迸发着雷霆万钧之力。汉代工匠以鬼斧神工之术，将整件雕塑的重量精准落于马蹄与飞鸟接触的方寸之间，用青铜写就了一部力学的诗篇。两千年后，当现代科学家用三维建模技术分析时，仍惊叹于其重心计算的毫厘不差——这匹铜马不仅是艺术品，更是一份来自东汉的“科学密卷”。

◐马蹄下的飞鸟，有人说是象征速度的“龙雀”，有人视为代表自然的“风神”，但无论如何解读，马踏飞鸟的刹那，早已超越胜负，成为中华民族开拓进取的精神写照。

1983年，铜奔马被选定为中国旅游标志，从此这匹铜奔马驰骋在无数城市地标与方寸邮票之间。1996年，它成为国宝级文物；2002年，被列入《首批禁止出国（境）展览文物目录》。它从历史深处奔来，跨越千年，依然以飞扬的姿态向世界讲述着中国古代的辉煌与智慧。

37 铜车马

秦 青铜器 壹级

解码秦帝国制度文明的"活化石"

秦陵二号铜车马

秦铜车马，被誉为"青铜之冠"，是中国考古史上出土的体型最大、结构最复杂、系驾关系最完整的古代车马。

深埋地宫两千载，这对通体彩绘的青铜车马，按秦代真人车马1∶2比例还原了秦始皇御驾东巡的威仪。两乘铜车马一前一后置于一木椁内，木椁已经腐朽，填土塌陷压碎了铜车马。好在未遭盗扰，基本居于原位，构件尚且完整。两乘车出土时碎成3000余片，经考古工作者近8年精心修复，再现了“立车”肃立、“安车”雍容的帝辇风范。1989年陈列展出。

1978年6月陕西省西安市临潼县（今临潼区）秦陵封土西侧出土，秦始皇帝陵博物院典藏。

秦陵一号铜车马

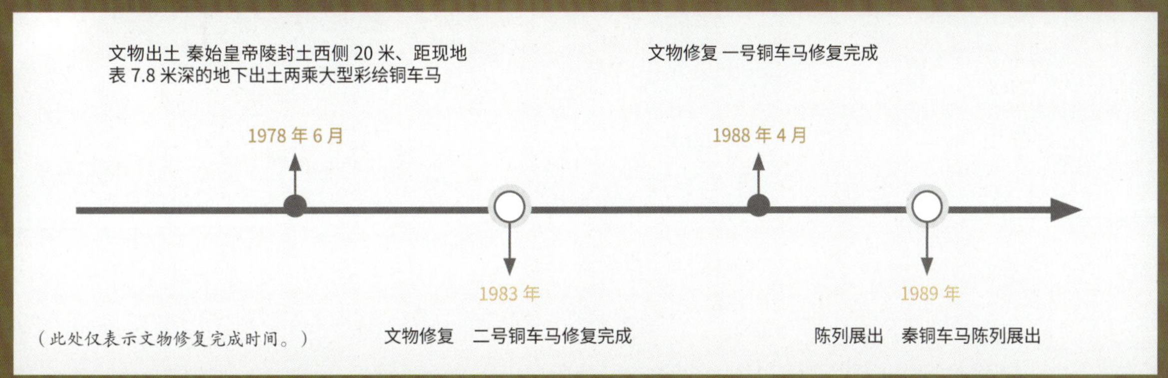

秦陵一号铜车马

◐ 秦陵一号铜车马（立车），通长 225 厘米，重 1061 千克，为秦代皇家仪仗前导车。车舆呈开放式，配备青铜伞盖。车上配有兵器，如铜弩、铜箭镞、铜盾等。

秦陵二号铜车马

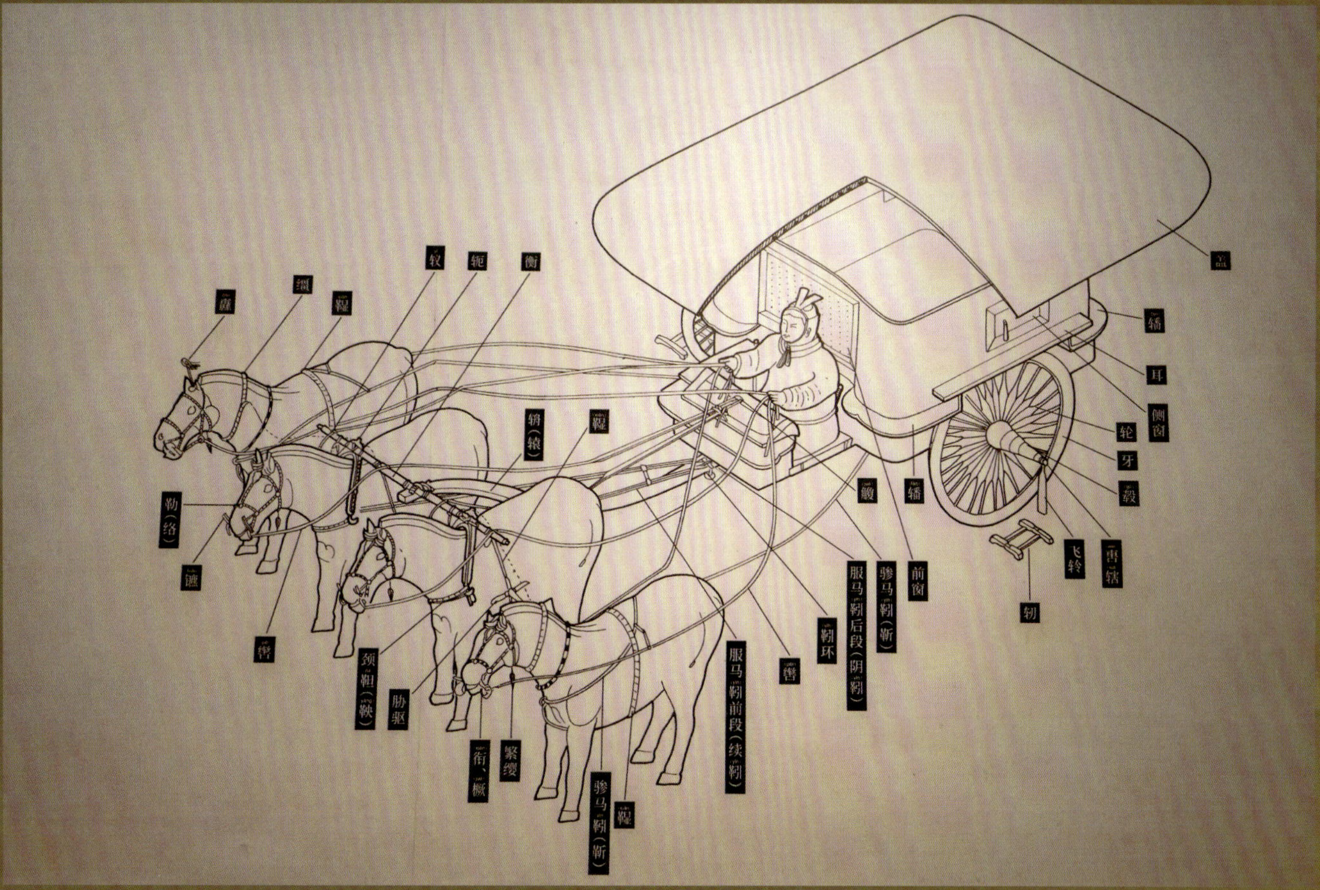

◐秦陵二号铜车马（安车），通长 317 厘米、重 1241 千克，为帝王专属“辒车”。车顶为穹窿式。车分前后两室，前室仅容御手，后室为主乘厢，设可开闭后门、菱格镂空推拉窗及穹顶篷盖。

全车 3500 余个零部件、超 14 千克金银饰件，凝铸造、焊接、镶嵌、活铰连接等多种顶尖工艺。铜车马的表面施有彩绘，装饰有云纹、几何纹和夔龙纹等图案，使用的颜色包括红、绿、紫、蓝等，色彩丰富鲜艳，生动地展现了秦代皇家车马的豪华与尊贵。

2002 年，它被列为首批禁止出国（境）展览文物，它不仅是古代科技与艺术的结晶，更是解码秦帝国制度文明的“活化石”。

38 墙盘

西周 青铜器 壹级

284字铭文铸就半部西周史诗

通高16.2厘米，口径47.3厘米，深8.6厘米。1976年陕西省扶风县庄白村窖藏出土，周原博物馆典藏。

墙盘，又称史墙盘，是中国西周中期的一件重要青铜器，系一位名叫墙的人为纪念先祖而铸，因此得名。盘为圆形，浅腹，双附耳，圈足，器形端庄厚重，是西周青铜盘的典型样式。盘底铸有284字的铭文，是现存西周青铜器中较长的铭文之一，也是中国最早的家族纪传体文献，被誉为青铜版的《史记》。

铭文内容既颂扬了从文王到共王的德政，也通过史官墙的家族训诫，展现了古代的廉政思想。例如，铭文说，文王初政，以和谐治理国家，天赐美德，庇佑四方，万邦来服。这体现了文王以德服人的理念。周王受天命而拥有美德，以此护佑百姓，这种“德政”观念是西周廉政文化的核心，要求统治者道德自律，公正施政，反对贪腐。

铭文还记载了微氏家族祖先的事迹，说先祖辛光明磊落，养育子孙；史墙日夜不敢懈怠，勤勉努力。这种清正立身、勤勉立业的观念，仍值得弘扬。

盘的两侧有双耳，腹部装饰着凤鸟纹饰。凤鸟的冠羽修长而华丽，尾羽的长度是鸟体的二至三倍，且与鸟体分离。

墙盘因其详细记载的周王政绩与司马迁《史记·周本纪》高度契合，而微氏家族发展史部分则为首次发现，填补了西周国史中微氏家族的一段空白，对断代研究具有标志性意义。

39 淳化大鼎

西周 **青铜器** 壹级

迄今发现的西周最重、最大圆鼎

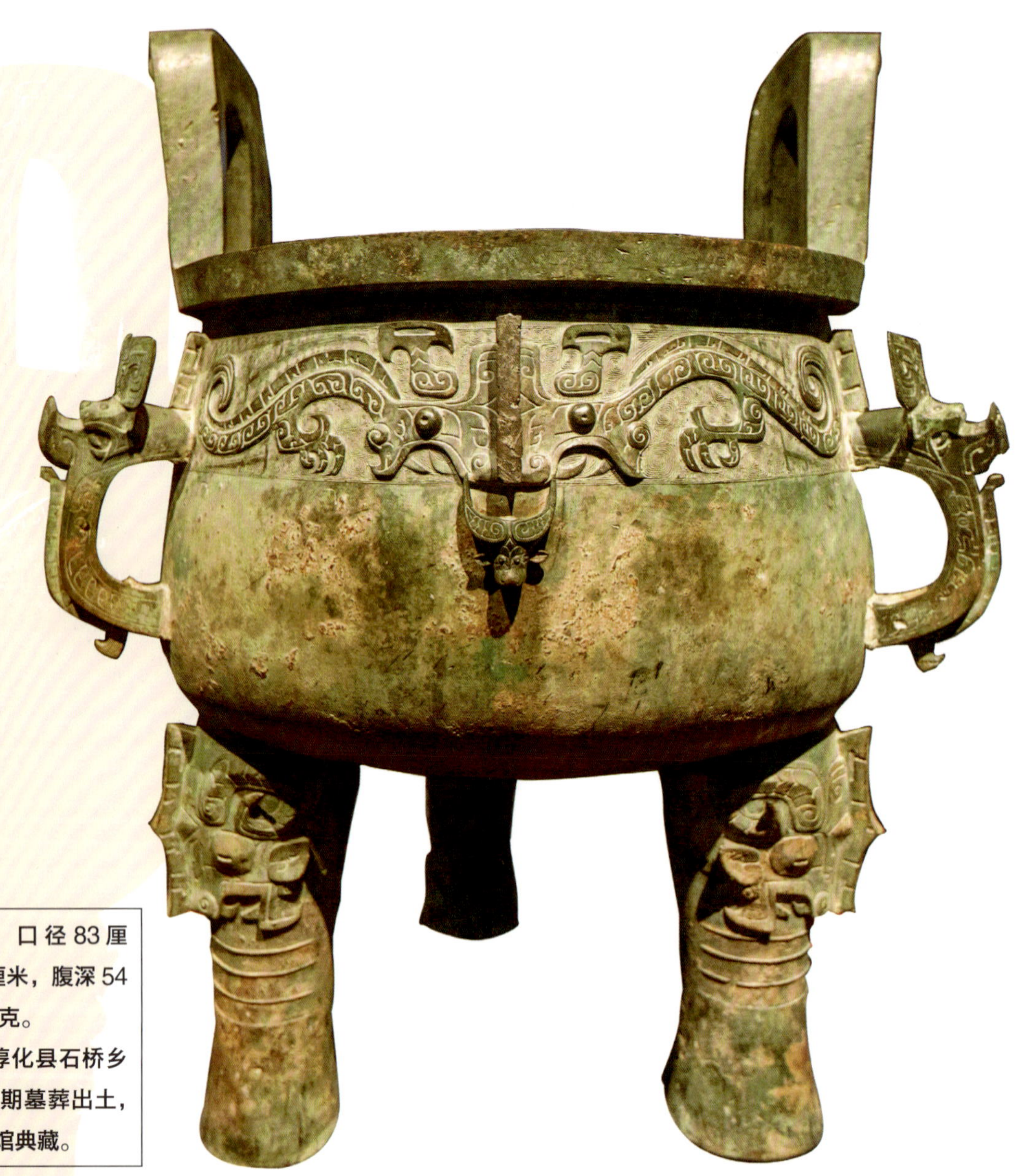

通高 122 厘米，口径 83 厘米，耳高 28.6 厘米，腹深 54 厘米，重 226 千克。
1979 年陕西省淳化县石桥乡史家塬村西周早期墓葬出土，陕西淳化县博物馆典藏。

淳化大鼎是西周早期的青铜器代表，是迄今已知西周最大、最重的圆鼎。淳化大鼎最引人注目的，是它“五耳”的奇特造型。普通青铜鼎通常只在口沿两侧铸有双耳，但这件大鼎的腹部还额外增加了三个半环形兽首耳，形如巨大的把手。这一特殊结构在历代出土的鼎器中仅此一例，因此它也被称为“五耳兽面纹鼎”。

◐ 在鼎的口沿下方，六条龙两两相对。鼎耳外侧各有两条龙，彼此相向。鼎身的主要图案是牛头蜴身的龙纹，牛头两侧延伸出蜥蜴般的龙身，龙身有四肢，分出四趾，全身覆盖鳞片，尾巴向上卷曲。此外，每个龙头下方还有一个写实的牛头。鼎口上方各雕有四条鳄鱼状的夔龙。这些造型高大威武，纹饰庄重奇诡，充分展现了古代劳动人民杰出的艺术才华。

◐ 淳化大鼎的三足呈柱状，两端较粗，中间渐细。上部中空形成直径 17 厘米的圆窝，这种设计体现了商周鼎足形制的承上启下。最早的商鼎，足上粗下细；到了西周中后期，以上细下粗的兽蹄足居多。淳化大鼎正好处于这两者之间。

鼎在西周是“明尊卑、别上下”的核心礼器，与“列鼎制度”直接关联。淳化大鼎的庞大体积远超一般贵族用鼎规格，可能属于诸侯或王室重器，反映了墓主人的显赫地位。淳化大鼎作为出土于墓葬而非窖藏的传世名鼎，为研究西周贵族丧葬制度提供了独特视角。

40 何尊

西周 青铜器 壹级

“中国”一词最早的文字记载

高 38.8 厘米，口径 28.8 厘米，重 14.6 千克。
1963 年陕西省宝鸡市贾村镇出土，宝鸡青铜器博物院典藏。

这件文物是由西周宗室贵族“何”制作的青铜酒器，故名何尊。其极具价值之处在于内底铸有12行、122字（现只存119字，有3字破损不可见）铭文，记载了周成王营建成周（今洛阳）、迁都洛邑的历史事件，其中“宅兹中国”四字是“中国”一词最早的文字记载。这里的“中国”指当时的天下中心——新建的都城成周。铭文还包含成王对宗室子弟的训诰，强调继承先辈功业、效忠王室的重要性。

何尊的出土与收藏，颇具传奇色彩。1963年出土后，它曾被当作废铜以30元的价格卖到收购站，幸被博物馆工作人员慧眼识珠。1975年，专家在清理锈迹时意外发现了内底铭文，使其身价倍增，成为国家一级文物，并于2002年被列入《首批禁止出国（境）展览文物目录》。

何尊的造型庄重典雅，器身为圆口棱方体，长颈，腹微鼓，高圈足。腹部和圈足装饰着精美的高浮雕兽面纹，巨目利爪，栩栩如生。器身两侧的钩状扉棱更增添了立体感，体现了西周早期青铜器的高超工艺水平。

作为中华文明的重要见证，何尊不仅展现了西周青铜艺术的巅峰成就，更以“中国”一词的最早记载，成为解读国家概念起源的珍贵实物。2022年北京冬奥会火种台的设计灵感便来源于此，彰显了其跨越三千年的文化生命力。

41 茂陵石雕

西汉 石雕 壹级

西汉霍去病墓前大型石雕群，大汉雄风的永恒印记

西汉茂陵石雕，是我国迄今发现的最早、最大、保存最完整的大型石雕群，现由陕西省茂陵博物馆典藏，2002 年被列入《首批禁止出国（境）展览文物目录》。

茂陵博物馆是以汉武帝茂陵、霍去病墓及大型石雕群而蜚声中外，融文物、古建、园林为一体的西汉断代史博物馆。西汉时，茂陵地属槐里县茂乡，汉武帝在此建陵，故称茂陵。茂陵乃汉陵之冠，现为全国重点文物保护单位。

目前，茂陵石雕共 16 件，包括圆雕、浮雕、线刻三种形式，其中以当时在霍去病墓前发现的“马踏匈奴”最为著名。

◐马踏匈奴（高 1.68 米）：战马昂首屹立，腹下踩踏持弓匈奴武士，象征征服匈奴的功业。

◐跃马（长 2.4 米）：前肢腾空作跃起状，肌肉线条充满张力。

◐伏虎（长 2 米）：虎身蜷曲，尾卷于背，双目圆睁，展现伺机而动的野性。

◐卧牛（长 2.6 米）：憨厚沉稳，雕刻刀法简练，体现“因石造型”的写意特色。

◐怪兽食羊（长 2.74 米）：神秘主义题材，反映草原文化影响。

石雕群整体象征祁连山战场，马踏匈奴等作品具纪念碑性质，开创中国纪念性雕塑传统。茂陵石雕以洗练的刀法凝固了大汉雄风，其“天人合一”的创作理念与雄浑质朴的美学品格，成为中华文明精神气质的永恒象征，被郭沫若称为“汉代艺术的石质史诗”，鲁迅称其“气魄深沉雄大”，是举世无双的雕刻艺术杰作。

42 大秦景教流行中国碑

唐 石刻 壹级

闻名世界的“四大名碑”之一

碑身高 193 厘米，宽 96 厘米。楷书 32 行，汉字 1780 个。唐建中二年（公元 781 年）立于长安大秦寺中。明熹宗天启五年（公元 1625 年）陕西省西安市城西崇仁寺（金胜寺）附近出土。西安碑林博物馆典藏。

大秦景教流行中国碑是唐代景教在华传播的珍贵物证，也是闻名世界的“四大名碑”之一。此碑由波斯传教士景净撰文、唐代官员吕秀岩书并题额，碑文记述了贞观九年（公元635年）至建中二年（公元781年）景教在华传播的历程，反映了唐朝的包容气象，称“道无常名，圣无常体”，彰显多元文化并存的气度，兼具史学与艺术价值。

1907年丹麦探险家何乐模（Holm）企图盗运此碑，复制后欲偷梁换柱，幸被清朝陕西当局制止，原碑最终迁入西安碑林博物馆保存。

此碑是中西交流的里程碑，映射出盛唐兼容并蓄的气度，为研究古代丝绸之路文明及唐代社会提供了不可替代的实证。

43 舞马衔杯仿皮囊式银壶

唐 金银器 壹级

一壶盛唐的荣光与悲鸣

通高 14.8 厘米，口径 2.3 厘米，提梁高 3.7 厘米，重 0.549 千克。1970 年陕西省西安市南郊何家村窖藏出土，陕西历史博物馆典藏。

舞马衔杯仿皮囊式银壶是盛唐时期工艺与文化的杰出代表，制作于唐玄宗开元、天宝年间，当时正值唐代国力鼎盛、文化开放的时期。舞马祝寿的奢华场景，体现了宫廷生活的繁荣与艺术的世俗化倾向。银壶造型仿契丹皮囊壶，壶身扁圆浑厚，将游牧民族的豪迈与中原匠人的精巧完美融合。整器以一整块银板捶揲成型，壶腹两面模压出两匹衔杯俯拜的鎏金舞马，马鬃飞扬，尾如流云。壶盖帽为捶揲成型的覆式莲瓣，提梁弓形如剑，以银链与壶身相连。

【历史风云】

壶身两匹鎏金舞马扬蹄衔杯，正是《明皇杂录》所述舞马“屈膝，衔杯赴节，倾心献寿无疆”场景的物证。玄宗每年八月五日千秋节，命西域进贡良马披锦缎、佩金铃，经三年训练可随《倾杯乐》起舞，巅峰时能跃上三层“舞榻”旋转如飞。

安史之乱后，部分舞马流落叛将田承嗣军中。某日宴饮时，战马闻鼓乐起舞，士卒视作妖孽，竟将这批价值千金的“天马”活活鞭杀。随着银壶主人仓皇埋宝逃难，一个时代的华美乐章骤然而止。

2002年，舞马衔杯仿皮囊式银壶被列入《首批禁止出国（境）展览文物目录》。它以“唐代唯一舞马形象实物”填补了舞马传统的历史空白，是唐由盛转衰的无声见证，将“万国来朝”的辉煌与“渔阳鼙鼓”的悲怆凝练于方寸之间。当灯光映照壶身，那昂首奋蹄的鎏金骏马，仍在诉说一个关于辉煌、迷失与重生的东方寓言。

44

兽首玛瑙杯

唐 玉石器 壹级

永恒·凝望丝路的鎏金眼眸

高 6.5 厘米，长 15.6 厘米，口径 5.6 厘米。

1970 年陕西省西安市南郊何家村窖藏出土，陕西历史博物馆典藏。

这件兽首玛瑙杯堪称唐代玉器中的绝世珍品。它是用一块极为罕见的纹理细腻、色彩斑斓的五彩缠丝玛瑙雕琢而成的。工匠依据玛瑙的自然纹理与形状“依色取巧，随形变化”，将细微之处刻画得惟妙惟肖、栩栩如生。

杯体整体造型模仿兽角，前部雕刻成牛形兽首，双眼圆睁，炯炯有神，神形兼备。兽嘴处镶金，既是装饰，更是酒杯的塞子，取下后酒可从这里流出。其头上一对羚羊角呈螺旋状弯曲与杯身相连，杯口沿下还装饰有两条圆凸弦，线条流畅自然。

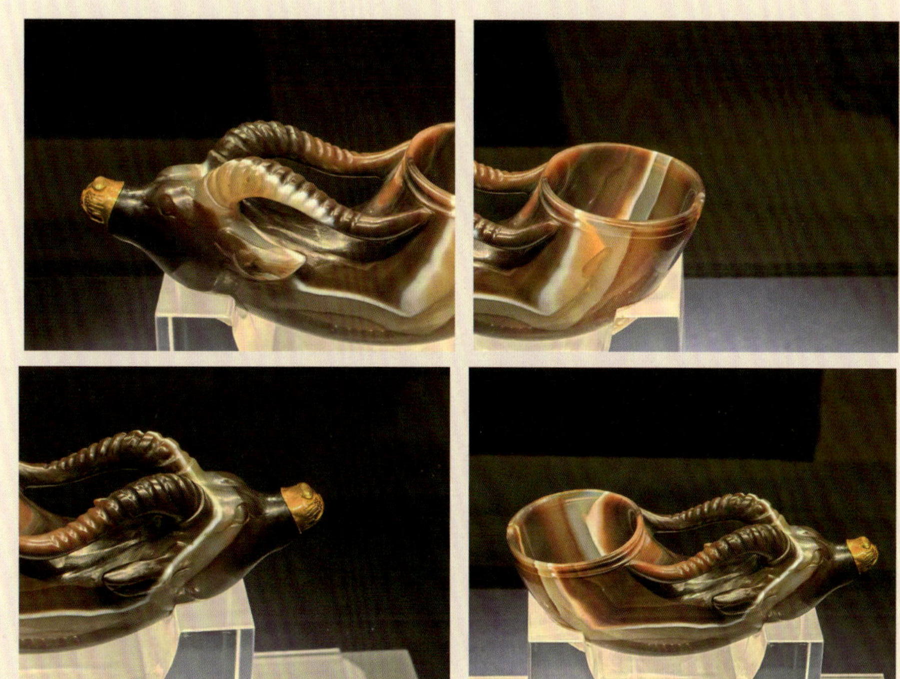

此杯造型源自中亚“来通”（意为流出），通常做成兽角形，底部有孔，液体可从孔中流出，功能类似漏斗，用于注酒，人们相信用它注酒能防止中毒，举起“来通”一饮而尽则是向神致敬，常用于礼仪祭祀活动。这种酒具在中亚、西亚，尤其是萨珊波斯（今伊朗）十分常见，中亚等地的壁画中也有出现。公元 8 世纪，随着丝路贸易兴盛，此类胡风酒具风靡长安。史载唐玄宗千秋节宴饮时，胡姬持“来通”献酒，兽口流琼浆，满座皆惊叹。唐朝贵族崇尚新奇，追求时尚，这件玛瑙杯的出土，便是唐朝贵族模仿胡人新奇宴饮方式的有力见证，它展现了当时多元文化交流融合的盛况。

这件兽首玛瑙杯不仅因材质绝世、工艺空前而成为唐代俏色玉雕唯一存世之作，更因承载着文明交融的历史底蕴，而于 2002 年被列入《首批禁止出国（境）展览文物目录》。

45 景云铜钟

唐 青铜器 壹级

被誉为“天下第一名钟”

钟高 2.47 米，腹围 4.86 米，口径 1.65 米，重约 6 吨。1953 年入藏西安碑林博物馆。

景云铜钟铸造于唐睿宗景云二年（公元711年），据记载，唐睿宗李旦巡游周至时夜梦霞光祥云，视为吉兆，遂下令铸造此钟以作纪念。钟最初悬挂于长安城景龙观的钟楼上，因年号得名“景云钟”。这口青铜巨钟不仅展现了唐代高超的铸造工艺，还承载着道教文化与帝王权力的深刻印记。

它由25块铜模铸成，铜铸弥合的痕迹仍清晰可见。钟口呈六角弧形，顶端以“蒲牢”（传说中龙的第四子，性好音律）为钮，钟身分为三层三格，下段中格为铭文，其余分层以八棱花瓣为饰，有飞天、翔鹤、腾龙、走狮、朱雀呈现其间，四角缀以祥云，纹饰繁复而和谐。

钟身正面的铭文共18行、292字，由唐睿宗李旦撰文并书写，内容如“风严韵急，霜重音新”，赞扬景云钟声之清越。

钟身分布 32 枚钟乳（凸起乳钉），既为装饰，亦用于调节音律，使钟声洪亮悠远。其音域宽广，音质纯净，唐代即被誉为“声震百里”。

流传与传奇经历

唐代至明代：此钟初悬于景龙观，后迁至西安钟楼。万历十年（公元 1582 年）钟楼扩建，景云钟迁至新址后却“失声”，遂被移回旧址，后长期存放于西安亮宝楼。

近代波折：抗战期间为避战火埋藏乡间，1953 年此钟入藏西安碑林博物馆。1964 年赴日参展世界名钟大赛，凭借音质与造型获第二名，其钟声被中央人民广播电台录制为新年钟声，沿用至今。

景云钟是盛唐兼容并蓄精神的缩影，是研究唐代政治、宗教、科技的综合载体，堪称中华文明“金声玉振”的永恒见证。现代以来，其仿制品悬挂于西安钟楼。原钟作为文化象征登上《中国古钟》邮票。

46 银花双轮十二环锡杖

唐 金银器 壹级

法门寺地宫出土国宝级银杖

长 196.5 厘米，杖杆径 2.25 厘米，重 2.39 千克。
1987 年陕西省扶风县法门寺地宫出土，法门寺博物馆典藏。

银花双轮十二环锡杖是唐代佛教法器的巅峰之作，由唐懿宗下令制作，用于迎奉佛指舍利。此杖以白银 58 两、黄金 2 两铸造成型，杖体分三段，杖头垂直相交的银丝盘曲成桃形双轮，双轮每股各套錾花涂金银锡环 3 枚，共计 12 环，通体鎏金，纹饰繁复。杖身铭文详载其制作信息——“文思院准咸通十四年三月二十三日敕令，造迎真身银金花十二环锡杖一枚”——并刻有工匠安淑郧及监造官员姓名。

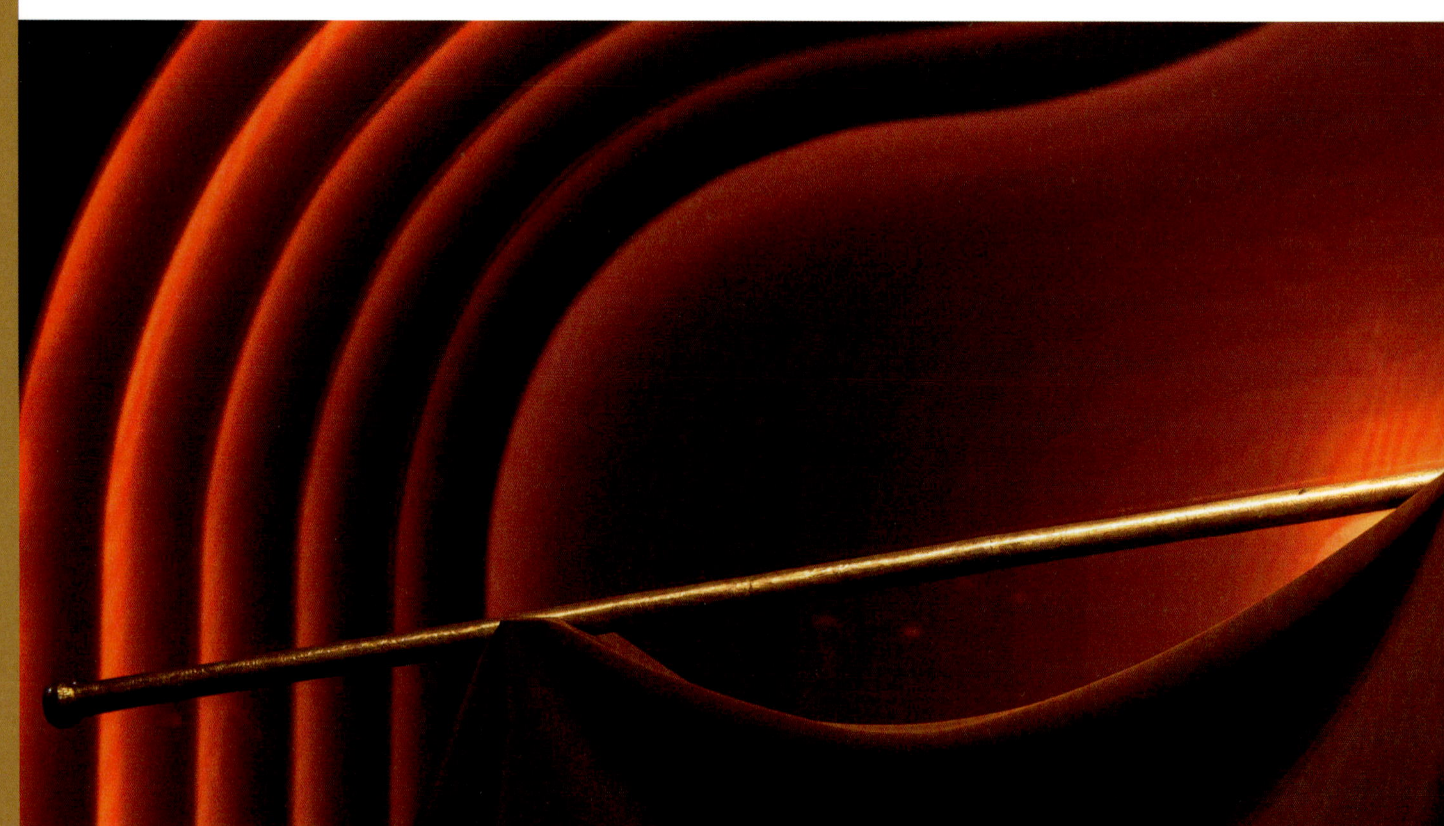

此杖以其整体造型的精美、形制的宏伟、工艺的精巧和等级的最高，堪称奇宝。2002年，国家文物局将其列入《首批禁止出国（境）展览文物目录》，进一步彰显了其珍贵的历史和文化价值。

47 八重宝函

唐 金银器 壹级

金筐宝钿中的丝路文明圣殿

八重宝函，唐代咸通十五年（公元 874 年）制造，供奉佛指骨舍利的礼器，体现唐代皇室“迎送佛骨”的盛大仪式；晚唐皇室在咸通年间（公元 860 年—874 年）组织制作并供奉，后随佛指舍利封藏地宫，直至 1987 年重现，它不仅是舍利容器，更是皇家崇佛的象征。

宝函集中唐代金银细工的“炸珠”“掐丝”“錾刻”“铆接”等八大工艺，单件器物集多种技法于一身。金筐宝钿珍珠装工艺为存世孤例，代表盛唐装饰美学巅峰。

1987 年陕西省扶风县法门寺地宫出土，法门寺博物馆典藏。

八重函匣层层嵌套，自内而外依次为：

第一重　宝珠顶单檐四门纯金塔（内藏佛指舍利），最内层纯金塔高 7.1 厘米，重 184 克。

第二重　金筐宝钿珍珠装珷玞石宝函

第三重　金筐宝钿珍珠装纯金宝函

第四重　六臂观音纯金宝函

第五重　鎏金如来说法盝顶银宝函

第六重　素面盝顶银宝函

正面

背面

第七重　鎏金四天王盝顶银宝函

第八重　银棱盝顶檀香木宝函（已朽，仅存鎏金铜饰件）；最大外函边长 30 厘米，通高 29.5 厘米。

函体宝石包含波斯绿松石、印度珍珠、西域青金石，反映公元 9 世纪欧亚贸易网络。八重宝函与法门寺地宫出土的鎏金银捧真身菩萨、秘色瓷等共同构成唐代“皇家供佛宇宙”。其精微工艺背后，是长安工匠将印度佛教象征、波斯装饰美学与中原王朝礼制熔铸一体的文化创造力，堪称“丝绸之路上的微型文明博物馆”。

48 铜浮屠

唐 金银器 壹级

中华文明兼容并蓄精神的见证

通高 53.5 厘米，座宽 28.5 厘米，刹高 23.5 厘米。
1987 年陕西省扶风县法门寺地宫出土，法门寺博物馆典藏。

铜浮屠，以青铜为胎，通体鎏金，故而得名鎏金浮屠。它是唐代金银器中的巅峰之作，更是中国首批禁止出国（境）展览的珍贵文物之一。

此浮屠以方形基座为根基，其上依次构建三层递升的月台。底层月台呈方形，其围栏之上装饰着宝珠、如意云头以及葫芦等精美的纹样；中层月台采用四级叠涩结构，即呈现出逐层向内收缩的阶梯式样，在围栏的两侧矗立着望柱，柱顶所蹲之狮威严庄重；上层月台则于四面各开设四个桃形壶门，壶门之上饰有火焰状的门饰。其攒尖顶部分，顶部逐渐收束为锥形，覆盖着须弥座，最上方承托着宝刹。

这件铜浮屠将宗教象征、建筑美学以及工艺技术完美融合于一体。它不仅是唐代佛教艺术中的一颗璀璨瑰宝，更是中华文明兼容并蓄精神的有力见证。铜浮屠的出土，为深入研究唐代的政治制度、宗教信仰以及物质文化等方面，提供了独一无二且不可替代的实物证据，具有极为重要的历史与艺术价值。

第三单元

多元文化交融

49 “五星出东方”护膊

汉晋 丝织品 壹级

“丝路瑰宝”与“20世纪中国考古最伟大发现之一”

长 18.5 厘米，宽 12.5 厘米。1995 年新疆维吾尔自治区尼雅遗址（古精绝国属地）出土，新疆维吾尔自治区博物馆典藏。

“五星出东方”护膊，质地为蜀锦，以五色经线织错落有致地织就“五星出东方利中国”篆体八字，伴有云纹、星纹，间饰白虎、麒麟、鸾鸟、凤凰等瑞兽，并嵌“金木水火土”五星符号，纹饰精美繁复，其色彩历经两千年仍鲜艳夺目，展现了汉代纺织技术的巅峰。

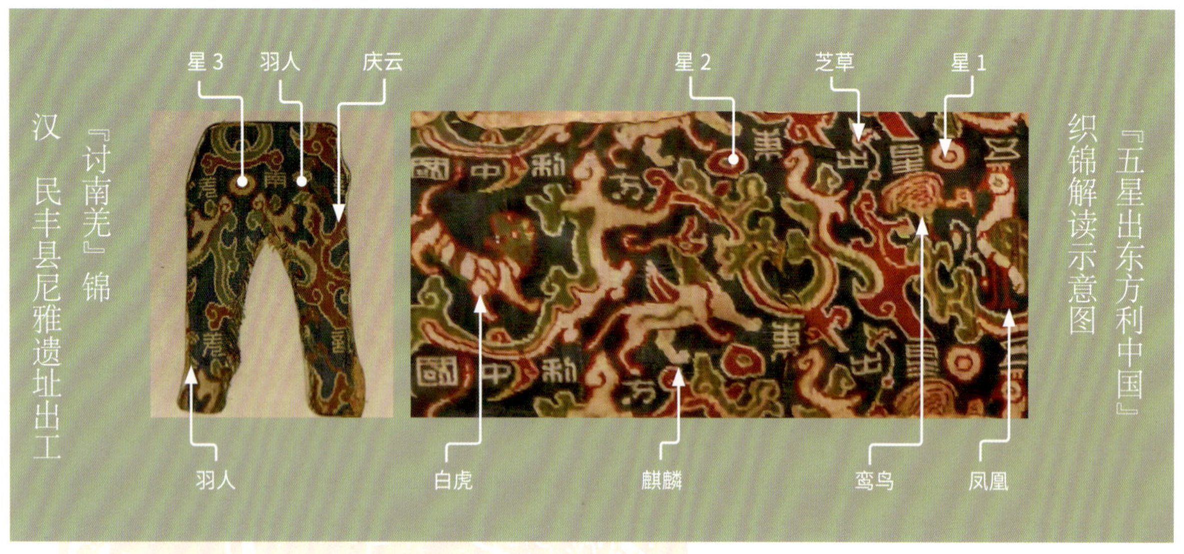

汉 『讨南羌』锦 民丰县尼雅遗址出土

『五星出东方利中国』织锦解读示意图

作为射箭护臂，它不仅实用，更承载着汉代“天文分野”理论与军事占卜思想——铭文与同墓“讨南羌”锦连读，可补全占辞“五星出东方利中国，讨南羌，四夷服”，印证东汉对羌战争的背景。

“讨南羌”锦残片

作为现存最早含“中国”二字的织锦文物，它实证了汉代中原王朝的疆域观念，亦是研究汉字隶变的重要实证。

如今，这件国宝级文物藏于新疆维吾尔自治区博物馆，以其0.02平方米的锦缎，浓缩天文、军事、工艺、外交等多重文明密码，被誉为“丝路瑰宝”与“20世纪中国考古最伟大发现之一”。

50 铜错金银四龙四凤方案

战国 青铜器 壹级

惊艳千年的艺术杰作

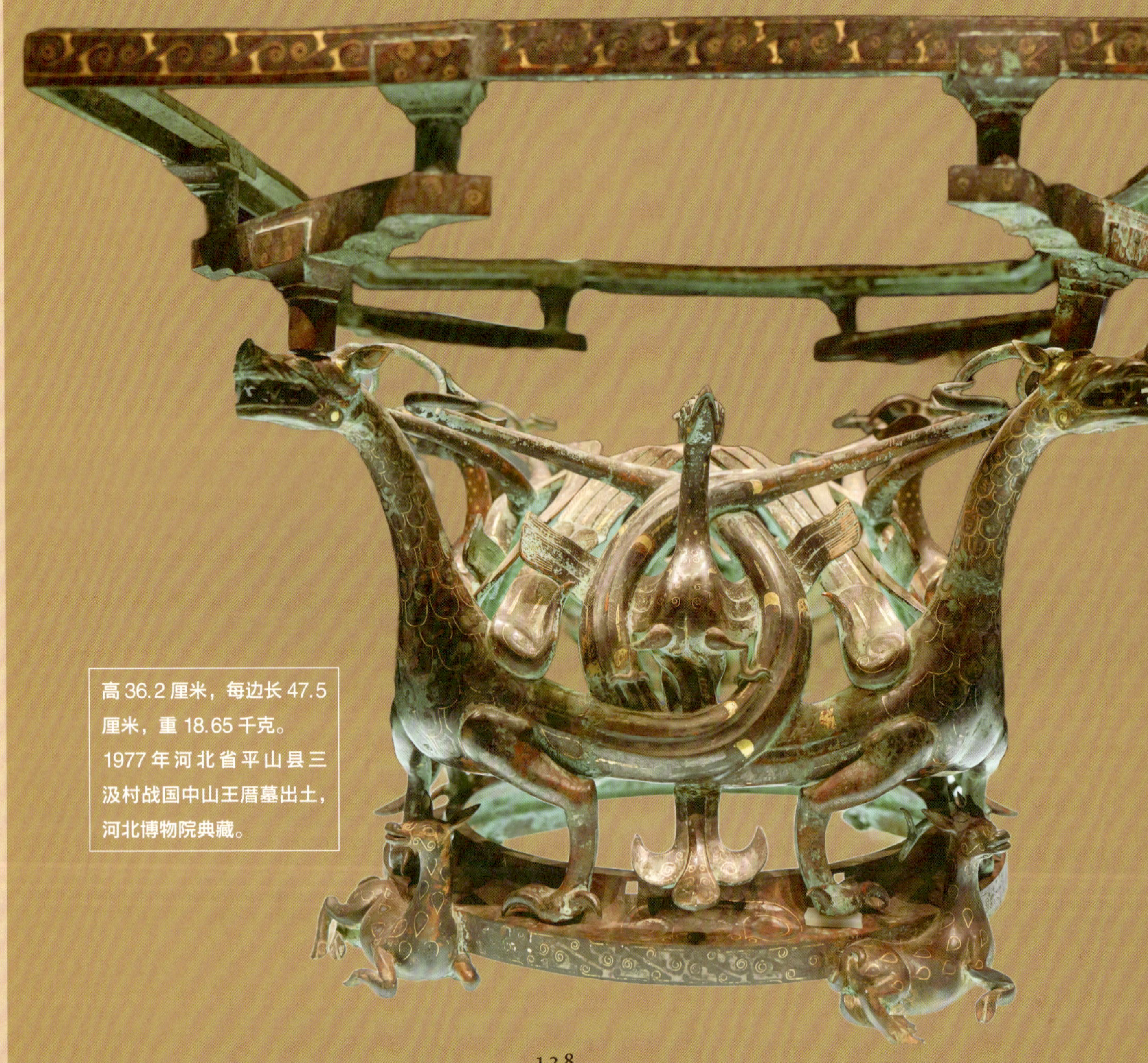

高 36.2 厘米，每边长 47.5 厘米，重 18.65 千克。1977 年河北省平山县三汲村战国中山王厝墓出土，河北博物院典藏。

◐这件铜方案出土时案面已腐朽，只剩四龙四凤案座。案座底部，是四只跪卧的梅花鹿，两雄两雌，姿态温顺。

铜错金银四龙四凤方案是春秋战国时期中山国的器物，为古代贵族席地而坐时使用的几案，案面原为漆木制，已朽坏仅存铜质案座。这件器物的造型体现了少数民族的艺术风格，和中原地区的明显不同。2011 年，它入选河北省博物馆新馆入展文物“十大珍宝”之一。

◐其上是四龙四凤构成的案身。四龙独首双尾，龙嘴上吻托着斗拱，尾巴向两侧盘环，反勾住自己的双角。四凤双翅聚在中央，连成半球形，凤头从龙尾的纠结处探出。

案框沿口刻有铭文“十四祀，右使车，啬夫郭，工疥”，表明铸造于中山王“错”十四年，由工匠“郭”制作，监工“疥”负责。这小小的方案，工艺精湛、造型独特，不仅是战国工匠智慧的结晶，更是少数民族文化的生动见证，历经千年依然闪耀着独特的光芒。

51 中山王铁足铜鼎

战国 青铜器 壹级

中国已发现的最大的铁足圆铜鼎

通高 51.5 厘米，腹径 65.8 厘米。重 60 千克。
1977 年河北省平山县中山王厝墓出土，河北省文物研究所典藏。

中山王铁足铜鼎是战国中晚期（约公元前 310 年）中山国的代表性青铜礼器。

此鼎圆腹三足，鼎身为青铜铸造，三足为铸铁，体现了当时“铜铁合铸”技术的成熟。铸造时采用分铸法，先铸铁足再与铜身榫接，铁足经脱碳处理，鼎腹有加强筋结构。

鼎腹外壁刻 77 行 469 字篆书铭文，记载中山国联合齐国伐燕史实，复原中山王世系（文公、武公、成王、王厝），证实墓主为中山国第五代君主厝，印证《战国策》记载，补上《史记》缺漏。其装饰体系精美，纹饰兼具中原礼制与草原艺术元素。

此鼎早于秦铸铁权 400 年，证明中国在公元前 4 世纪已掌握铸铁柔化技术，铭文铸造采用“块范法”，展现高超工艺。它为研究战国文字、中山国历史提供重要资料。

出土时鼎身变形，经修复复原。科技分析显示其铜铁材质矿源一致，支持原铸说。它与同墓出土的“中山王方壶”“中山王圆壶”构成“中山王三器”。其铜铁合铸工艺暗示中山国可能控制太行山铁矿资源，铭文折射小国生存智慧，被誉为“战国版的《尚书》”。

52 刘胜金缕玉衣

汉 玉器 壹级

中国迄今发现最早、最完整、品质最佳的金缕玉衣

通高 188 厘米。
1968 年 5 月河北省满城县满城汉墓出土，
河北博物院典藏。

玉衣最早被称为玉匣或玉柙。其外形与人体形状相同，是汉代皇帝和高级贵族死后的专用殓服。刘胜金缕玉衣是西汉时期中山靖王刘胜的殓服，上衣呈翠绿色，温润光泽，下身则逐渐过渡为灰白淡黄色，展现了汉代工匠对玉石特性的精准把控，玉衣内还放置18块玉璧及玉握、玉枕等，构成完整的葬玉体系。

《后汉书》中记载，玉衣能使尸身不朽。玉衣的起源可追溯到东周时期的“缀玉面幕”和“缀玉衣服”。汉代人对永生的追求，认为玉可防腐，故以玉塞九窍（眼盖、鼻塞等）配合玉衣，冀望尸身不朽，促使玉衣等丧葬用玉高度发达，并一直延续到东汉末年。到了三国时期，魏文帝曹丕于黄初三年（公元222年）下诏禁止使用玉衣，玉衣的流行大约持续了四百年。

◐这件玉殓葬服由2498片岫岩玉片和1100克金丝编缀而成，完美贴合人体轮廓，分为头罩、上衣、手套、裤筒、鞋五部分，具体包括脸盖、头罩、上衣前片、上衣后片、左右袖筒、左右手套、左右裤筒、左右鞋等12个部分。玉衣采用大小不一的长方形、正方形、三角形等光素玉片，每个玉片的角上钻有三至五个孔，用纯金丝连缀而成。

刘胜金缕玉衣是中国迄今发现最早、最完整、品质最佳的金缕玉衣，由于玉片老化脆弱，运输风险极高，被列入《首批禁止出国（境）展览文物目录》。该玉衣1968年由郭沫若带队发掘，出土后即由河北博物院珍藏，无流失经历。作为汉代王族礼制与技术的双重结晶，其保护关乎中华文明基因的存续解读。

53 长信宫灯

汉 青铜器 壹级

汉代工艺与智慧的璀璨典范

通高 48 厘米。
1968 年河北省满城县陵山中山靖王刘胜妻窦绾墓出土，河北博物院典藏。

长信宫灯是西汉青铜器的巅峰之作，造型为跪坐执灯的年轻宫女，整体鎏金处理，被誉为“中华第一灯”。

宫灯主体塑造了一位汉代宫廷侍女形象：人物呈跣足跪姿，发髻覆巾帼，身着曲裾深衣，面部线条圆润含蓄，衣纹褶皱自然垂落，既符合汉代等级礼仪，又充满生活气息。灯具由头部、身躯、右臂、灯座、灯盘、灯罩六部分构成，各部可拆卸组装。

宫灯最令人惊叹的，是其蕴含的科学思维。宫女右臂高举形成袖筒状烟道，与中空躯干连通，灯盘中心的蜡烛点燃后，烟尘通过袖管导入体内，经底部储水过滤实现“无烟照明”。灯罩由两片弧形铜板构成，可左右开合调节光线强弱，灯盘亦可 360 度旋转控制投射方向。这种将空气动力学与机械原理结合的创新设计，比西方类似技术早近 2000 年。不禁让人赞叹此灯：“2000 多年前中国人就懂得了环保，真了不起。”

◐表面刻有“长信尚浴”“阳信家”等铭文 9 处共 65 字，揭示了器物背后的故事。宫灯原属阳信侯刘揭，因其子参与“七国之乱”被削爵抄没，后归窦太后长信宫所有，最终随中山靖王刘胜之妻窦绾入葬。这段从侯府到宫廷再至陵墓的流转史，不仅印证了汉代“物勒工名”制度，更成为汉初削藩集权政策的鲜活注脚。

作为中国古代唯一兼具艺术、科技与环保属性的灯具孤品，“长信”宫灯超越了实用器物的范畴。它以人体工程学构建稳定性，以机械思维实现功能性，更以“纳烟于形”的设计诠释了“天人合一”的东方哲学。2002 年，它被列入《首批禁止出国（境）展览文物目录》，成为世界认识中华文明的重要窗口——这不仅是一件照亮汉代宫廷的灯具，更是一盏辉映华夏智慧的精神明灯，以其跨越千年的光芒，向世界诉说着中国古代科技与艺术融合的传奇。

54 铜屏风构件

5件：D162-2,105-2,19-3,106-2,19-2

西汉 青铜器 壹级

汉代岭南文化的瑰丽见证

西汉南越国的铜屏风构件是南越国宫廷文化的典型代表，1983 年出土于广东省广州市西汉南越文王赵眜墓，5 件鎏金铜屏风构件以其精湛工艺与独特造型，成为汉代岭南地区文化融合的珍贵缩影。这组构件包含朱雀鎏金铜顶饰、双面兽首鎏金铜顶饰、人操蛇鎏金铜托座、蛇纹鎏金铜托座及蟠龙鎏金铜托座五件，仅见于南越王墓，表明其为王室专属，是身份与权力的象征，此屏风现藏于广州南越王博物院。

【组件解读】

朱雀鎏金铜顶饰

此为漆木屏风顶部核心饰件，朱雀昂首展翅立于火焰纹方座，通体原覆鎏金，残存金斑与鳞片状羽饰辉映，象征南方神鸟的祥瑞威仪。

高 26.4 厘米、双翅距 24.5 厘米

高 16.7 厘米、宽 56.3 厘米

双面兽首鎏金铜顶饰

此为漆木屏风顶部居中装饰构件。以兽面为中心，双目圆突，双角高耸，卷云纹向两侧延伸为管形插座，鎏金与黑漆勾边的鳞纹交织，展现神秘狞厉之美。

人操蛇鎏金铜托座

此为屏风右下角折叠构件：力士俑跪坐衔蛇，双手操蛇、双腿夹蛇，四蛇交缠延伸，其突目短鼻的夸张造型融合百越巫觋文化与中原铸铜技艺，彰显镇邪护佑之意。

高 31.5 厘米、横长 15.8 厘米

蛇纹鎏金铜托座

以三条绞缠蛇身构成“之”字形套筒，蛇体盘曲的动态平衡兼具力学稳固与视觉张力，印证南越之地对蛇图腾的崇拜。

高 23.4 厘米、长 46.45 厘米、宽 29.4 厘米

蟠龙鎏金铜托座

此龙昂首盘尾，四足蹲伏于双蛇盘旋而成的支座上。蛇首合拢，蛇身分向两侧外旋各缠青蛙。龙口含蛙，蛙前肢探出攥住龙口边缘。

高 33.5 厘米、长 27.8 厘米

这组构件是漆木屏风的铜构件，其鎏金工艺、模块化设计及纹饰主题，仍可窥见南越王室器具的奢华。朱雀、兽首、蟠龙等意象承袭中原礼制，而人操蛇、群蛇交缠等元素则深植百越文化基因，生动诠释了南越国“和辑百越”的底色。其铸造技术之精——分铸焊接、鎏金错彩、力学考量，更标志着汉代岭南青铜工艺的巅峰成就，堪称中华文明“多元一体”格局的实体注脚。

55 角形玉杯

西汉　玉器　壹级

玉雕技艺的巅峰代表

长 18.4 厘米，口径 5.8—6.7 厘米。1983 年广东省广州市南越文王墓出土，南越王博物院典藏。

这件青玉角形杯，以整块青白玉雕琢而成，是汉代玉雕工艺的巅峰之作。其造型仿犀角，口沿椭圆，向下渐收为卷索形回缠于杯底，线条流畅如自然兽角，器身半透明，局部红褐沁斑更添古韵。角形设计可能受西域“来通杯”（一种角状酒器）影响，反映了汉代中外文化交流状况。

作为南越国王的随葬品，它不仅印证了汉代岭南地区精湛的玉雕工艺——比闻名世界的伊斯兰玉器早诞生千年——更见证了海上丝绸之路开通前，中国南方已然形成独特的艺术审美。

杯身纹饰集阴刻、浅浮雕、高浮雕与圆雕于一体：口沿阴刻弦纹一周，主体以双钩法勾勒勾连云纹为底，一条立姿夔龙自口沿蜿蜒而下，绕器身回环盘卷，龙首昂扬，鳞爪隐现，纹饰层叠错落，虚实相生，展现出汉代玉雕“密而不塞”的布局智慧。

杯底匠心独运，以高浮雕工艺雕出细密绞索纹，如灵蛇缠缚器身，既强化视觉张力，又巧妙稳固重心。

此杯集孤品性、工艺独创性、历史象征性于一体，既是汉代玉雕技艺的巅峰代表，也是边疆文化与中原文化互动的关键见证。

56

人物御龙帛画

战国 帛画 壹级

战国楚人“乘龙登仙”的想象

长37.5厘米，宽28厘米。1973年湖南省长沙市子弹库1号墓出土，湖南博物院典藏。

这幅距今约2300年的战国中晚期人物御龙帛画，是中国现存最早的独立人物主题绘画实物，与人物龙凤帛画并称先秦绘画双璧，为汉代帛画宇宙观埋下艺术伏笔。

画面中，峨冠博带的男子（或为墓主形象）侧身立于龙脊，长剑悬腰，缰绳在握，似驭龙破空而行。龙身弓曲如舟，龙首昂扬向天，龙尾立一引魂仙鹤（凤）；下方一尾游鱼轻跃，暗喻穿越幽冥水路。头顶华盖垂穗随风飞扬，墨线以铁画银钩之力勾连人、龙、鹤、鱼，仅凭黑白两色便凝练出风雷激荡的升天之势——衣纹如云卷云舒，龙须似电裂长空，仙鹤引颈长鸣，构成一幅“魂越三界”的动态史诗。表现墓主人乘龙升天的场景，反映战国时期楚地“引魂升天”的丧葬信仰。

此画摒弃繁复背景，以极简意象浓缩楚地巫风：

御龙：源自黄帝乘龙飞升的古老传说，龙舟化桥沟通天人，彰显楚人对神兽力量的崇拜；

华盖：天帝接引的象征，流苏指向风吹动态，暗含“魂借风力归天”的巫术思维；

鱼鹤：鱼导黄泉水路，鹤引碧空仙途，共筑水陆双通的升天路径。

战国帛画不似汉代帛画那般强调宇宙秩序，而是充满灵动气息。画中人物乘龙飞升，线条精妙传神，衣纹飘逸如真，堪称中国早期肖像画的典范。作为招魂的“非衣”，它承载着楚人独特的生死观——死亡不是终结，而是乘龙遨游的壮丽旅程。

57 人物龙凤帛画

战国 帛画 壹级

与人物御龙帛画并称“战国绘画双璧”

长31厘米，宽22.5厘米。1949年湖南省长沙市陈家大山楚墓出土，湖南博物院典藏。

人物龙凤帛画作为中国现存最早、保存最完整的独立肖像画之一，它与人物御龙帛画并称“战国绘画双璧”，此画以白描与平涂结合的技法，开启了中国工笔人物画的先河。

画面纵向构建三重意象空间：

上层：一龙一凤冲破苍穹，凤鸟昂首展翅，振羽引魂；龙躯虬曲腾跃，昂首向天，二者动态交织，形成飞升的张力。

中层：墓主身姿颀长，高髻细腰，广袖，长裙曳地，合掌侧立，神情肃穆。其静态仪容与龙凤的激烈动势形成“引而不发”的戏剧性对比。

下层：弯月形灵舟浮于幽冥，或为魂渡黄泉的载具，暗合楚地“水陆通天”的生死观。

人物龙凤帛画与人物御龙帛画均为战国时期楚国墓葬出土，两幅帛画均属丧葬“魂幡”，用于引导墓主灵魂升天，体现楚地“尊凤崇龙”“魂归昆仑”的巫文化信仰。因楚墓缺乏明确文字记载，墓主具体身份仍存疑，学界多通过服饰、随葬品及画面内容推断其社会地位。这两幅帛画，一以龙凤导引，一以御龙飞升，共同构成楚人引魂升天的意象。

两幅帛画是研究战国楚文化、早期绘画的珍贵物证。

58 直裾素纱禅衣

西汉　丝织品　壹级

西汉纺织奇迹的千年密码

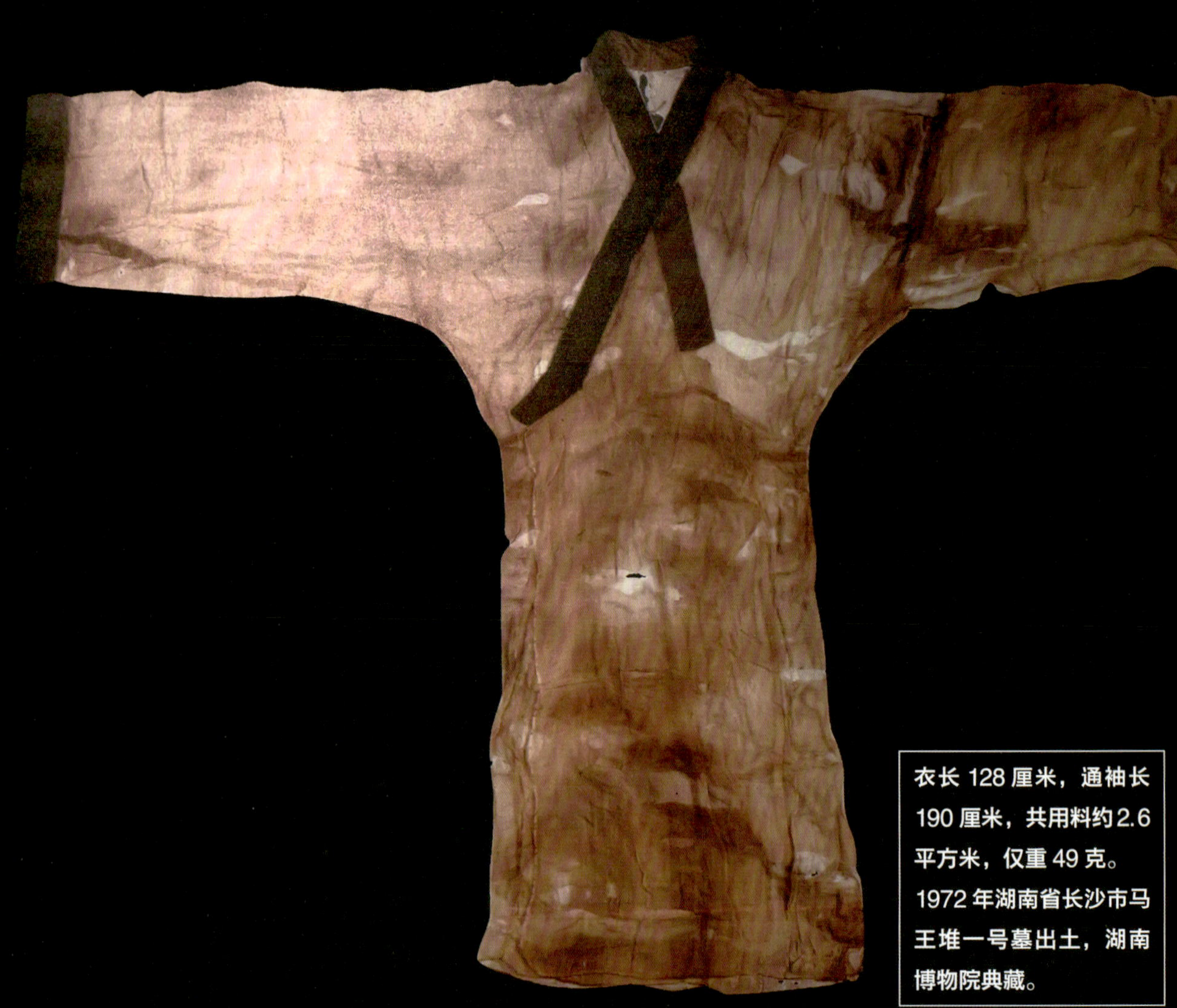

衣长 128 厘米，通袖长 190 厘米，共用料约 2.6 平方米，仅重 49 克。1972 年湖南省长沙市马王堆一号墓出土，湖南博物院典藏。

直裾素纱禅衣是汉代丝织技艺的旷世绝响，出土于马王堆辛追夫人墓，其以“轻若无物”的极致工艺，颠覆了后世对古代纺织文明的想象。素纱丝线细若游丝，整衣重量不足一两，除去袖领部分后仅重 25 克，折叠可纳于方寸之间，真正诠释了古籍中“薄如空”“举之若无”的玄妙境界。

此衣形制为交领右衽、直裾深衣，通体以素纱（未染色蚕丝）织就，边缘以几何纹绒圈锦勾边，无衬里、无染色，仅凭面料本身的通透与轻盈，便勾勒出“云雾为衣”的仙逸之姿。

《礼记》中“禅为䌹”的记载，揭示了其作为无里单衣的独特属性。而白居易笔下“四十五尺瀑布泉”的缭绫奇景，在素纱禅衣的实物中找到了历史的回响——经纬交织间，光影穿透纱孔，似月色倾泻、冰霜凝华，织就了一场两千年前的视觉幻梦。

关于其用途，千古争议未休。有学者依《诗经》“衣锦褧衣”之制，推测其为罩于华服外的朦胧罩衫，以纱雾掩映锦绣，契合中式审美中“藏露相生”的含蓄意趣；亦有观点认为，其纤薄几近透明，或为贵族女子的贴身衣物，以突破礼制束缚，展露人体天然之美。然其过于脆弱的结构与尺寸，又引明器之疑，或为墓葬中专制的“永生仙衣”。

无论是生前的风华装点，还是死后的魂魄寄托，这件直裾素纱禅衣皆以鬼斧神工的织造技艺，印证了西汉蚕桑缫丝、纺纱捻线的巅峰水准。它不仅是华夏先民对自然之丝的超凡驾驭，更成为一座穿越时空的技艺丰碑，令今人仍可透过一缕素纱，窥见汉代文明的璀璨天光。

59 马王堆一号墓木棺椁

西汉 木器、漆木器 壹级

辛追夫人遗体两千年不腐的奥秘所在

马王堆一号墓是西汉长沙国丞相利仓之妻辛追夫人的墓葬，其下葬年代在汉文帝十二年（公元前168年）后数年至十几年间。作为长沙马王堆汉墓群中墓坑最大、最深的一号墓，其结构复杂而精巧，并且这件庞大的棺椁没有使用一颗金属嵌钉，而是采用扣接、套榫与栓钉成型，充分体现了西汉前期丧葬制度与工艺技术的高度成就。

1974年湖南省长沙市马王堆一号汉墓出土，湖南博物院典藏。

墓坑呈斗形，南北长 19.5 米、东西宽 17.8 米，深达 16 米。椁室由中央的棺室（放置四层套棺）与东、西、南、北四侧的边箱（存放随葬品）组成，形如“井”字，被称为“井椁”。椁室以厚重松木大板构筑，采用扣接、套榫与栓钉结合方式，未使用金属嵌钉，展现出精湛的木工技术。棺室内嵌套四层套棺，从外至内依次为黑漆棺、黑地彩绘棺、朱地彩绘棺与锦饰内棺，总用材约 52 立方米，随葬品达 1000 余件。

四层套棺的工艺与艺术价值

◐ 第一层为黑漆棺，外髹棕黑漆，素面无纹，棺内涂朱漆，长 2.95 米、宽 1.5 米、通高 1.44 米。

◐ 第二层黑地彩绘棺以梓木制成，外髹黑漆为底，绘奔放流云纹及神怪禽兽，采用堆漆技法，图像立体如浮雕。

第三层朱地彩绘棺通体朱漆，盖板绘龙虎相斗，挡板绘双鹿腾云、双龙穿壁等，表现吉祥升仙主题。

朱地彩绘漆棺·盖板纹饰
PATTERNS ON TOP OF THE COFFIN WITH PAINTED DESIGNS ON VERMILION LACQUER COATING

最内层锦饰内棺长2.02米、宽0.69米，棺外髹黑漆，盖板及四壁粘贴菱形勾连纹贴毛锦，形成“日”字形装饰，为目前已知最早在棺外使用丝织品装饰的实例。内棺上覆盖的T型帛画是现存最早描绘西汉现实生活的大型绘画作品，其内容包括天上、人间与冥界三部分，充分反映了汉初绘画艺术的风格与成就。

墓中填塞厚0.4—0.5米、总重5000多千克的木炭，外覆1—1.3米厚的低渗透性白膏泥，形成严密的密封层，营造出恒温恒湿、无菌缺氧的稳定环境，加之棺内40多公升含有汞化物及氨基酸的棺液浸泡着遗体，能轻度杀菌防腐。这些因素的共同作用令辛追夫人遗体历经两千余年仍保存完好。马王堆一号墓木棺椁为研究西汉前期的政治、经济、文化及丧葬制度提供了无可替代的实物资料。马王堆一号墓不仅是汉代工艺技术的巅峰之作，更是中国古代丧葬文明的珍贵见证。

60 马王堆一号墓T型帛画

西汉　帛画　壹级

汉代生死宇宙的丝绢史诗

通长205厘米，顶宽92厘米，末端宽47.7厘米。1972年，湖南省长沙市马王堆一号墓出土，湖南博物院典藏。

1972 年 1 月，考古工作者在湖南省长沙市东郊马王堆的红色岗土下，揭开了西汉长沙国丞相、轪侯利仓家族墓葬的神秘面纱。一号墓主为利仓之妻辛追夫人，其墓葬以“千年不腐女尸”闻名，而棺椁之上平铺的 T 型帛画，则以另一种形式延续着生命的传奇。帛画以三块棕色细绢拼合，顶端横裹竹竿，四角垂落青麻穗带，形制介于衣袍与幡旗之间，遣册记载其名为“非衣”——非衣非幡，实为“引魂之衣”。出土时，画面朱砂明艳、墨线清晰，历经 2000 余年地下岁月的封印，色彩竟如初绘般鲜活，堪称汉代丝织品保存的奇迹。

三界叙事：帛画里的天上、人间、地下

◐天上：

顶端日月中栖居着神话生灵——金乌负日、蟾蜍抱月，扶桑枝叶间藏匿八轮未坠之阳，暗合“后羿射日”的集体记忆。中央天帝人首蛇身，或为楚地崇奉的创世神烛龙，其赤尾盘桓如虹，天门两侧神吏肃立，仙鹤翔舞、应龙腾云，构建出秩序森严的神权世界。

◐人间：

玉璧为界，阴阳二分。辛追夫人锦衣拄杖，面西徐行，侍女捧盒相随，祭案列鼎陈牲，再现贵族“魂归昆仑”的升天仪典。画面以现实笔法勾勒墓主雍容之态，其面容安详，衣纹流畅，堪称汉代肖像画的巅峰之作。

◐地下：

赤身巨人托举大地，足踏交缠鲸鲵，水府幽冥中蛇影逡巡。这一意象既承载“巨鳌载地”的楚地神话，亦暗含对死后世界的敬畏——黄泉不再可怖，反成生命循环的起点。

马王堆一号墓T型帛画的现世，改写了中国美术史叙事。它早于顾恺之《洛神赋图》五百余年，却已具备成熟的工笔重彩语言；其神话主题与敦煌壁画一脉相承，印证着中国宗教艺术的源流。更重要的是，它揭示出汉代人对生死的豁达哲思——死亡并非终结，而是向更浩瀚宇宙的迁徙。今日，当T型帛画悬挂于湖南博物院的展柜中，依然以其瑰丽的色彩与磅礴的想象，向现代人传递着一个古老民族对永恒的诗意求索。

61 红地云珠日天锦

北朝　织锦　壹级

丝路文明的艺术瑰宝

残片长 48 厘米、宽 28 厘米。1983 年在青海省都兰县热水乡血渭吐蕃墓群出土，青海省考古研究所典藏。

“红地云珠日天锦”是北朝时期平纹经锦，红地黄花，色彩保存完好。残片保留“去”“昌”等汉字，推测原锦幡可能织有更多祈福或宗教铭文，融合了中原汉地织锦技艺与西域艺术风格，体现了丝绸之路的多元文化。

主体纹饰以“日天”形象为中心，描绘了太阳神驾车巡天的图案，展现四马并驾的太阳神车的动感。此外，还饰以云气纹和联珠纹，纹饰精美，线条流畅。在配色工艺方面，该织锦以茜草染制的朱红为地色，搭配藏青、明黄、月白等五色丝线，色彩鲜艳且搭配和谐。它采用汉式经锦工艺，经线细密，体现了当时高超的织造技术。

“红地云珠日天锦”出土于青海省都兰县，这里是古丝绸之路的重要驿址，曾出土众多文物，这件北朝时期的红地云珠日天锦是青海丝绸之路的实证，意义深远。2019年，它入选《丝绸之路文物科技创新联盟》重点研究项目。

这件织锦不仅是古代纺织技术的巅峰之作，更是欧亚大陆文明交流的物化见证，生动诠释了丝绸之路“各美其美，美美与共”的文化精神。

62 西夏文佛经《吉祥遍至口和本续》纸本

西夏　纸本　壹级

现存最早的木活字印刷品

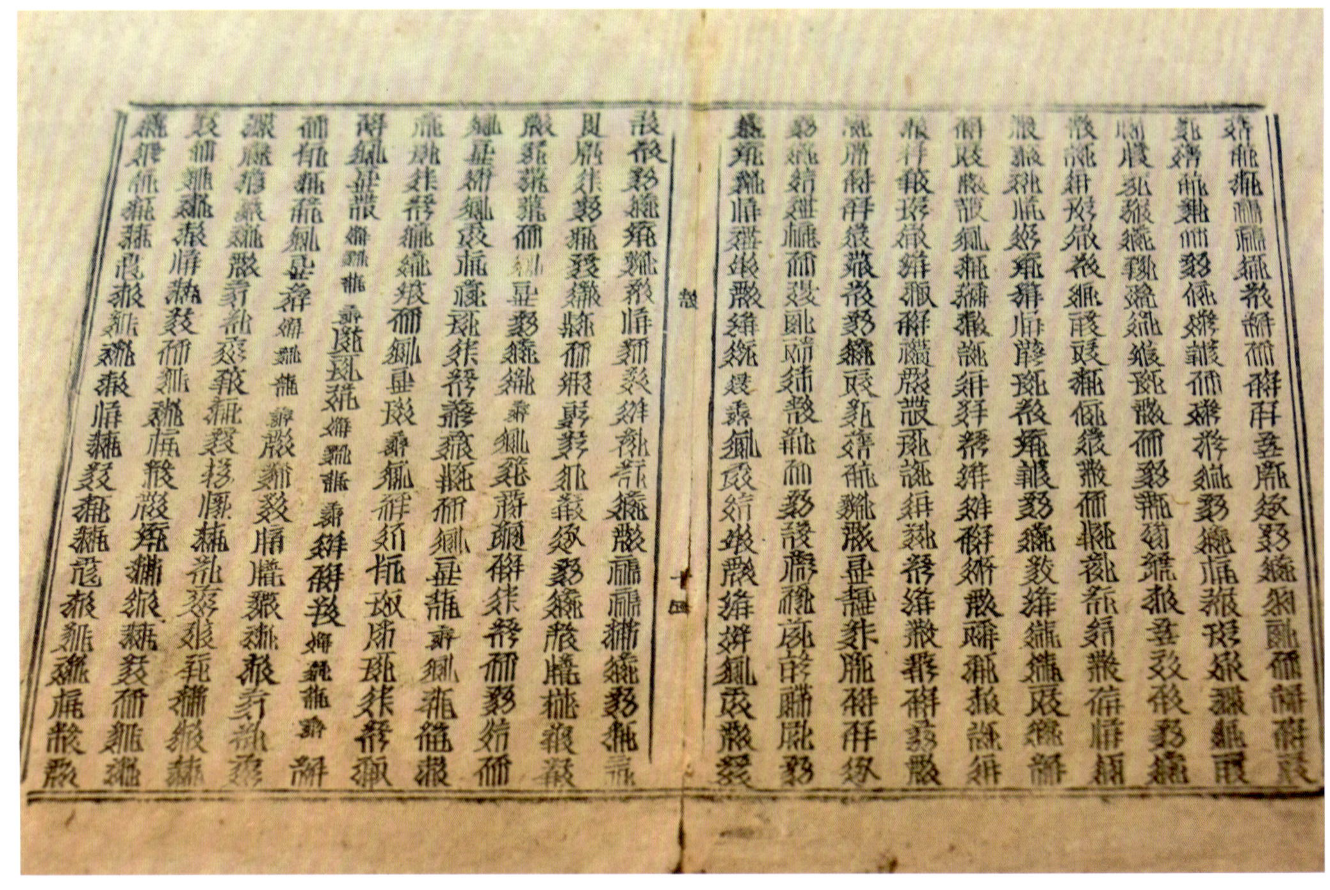

纸幅长 39 厘米，宽 30.5 厘米。1991 年宁夏回族自治区贺兰县拜寺沟方塔出土，宁夏回族自治区文物考古研究所典藏。

西夏文佛经《吉祥遍至口和本续》纸本为藏传佛教密宗经典的西夏文译本，原藏文版本已失传，此译本成为唯一传世孤本，是现存最早的木活字印刷品之一，具有深远的历史价值。它包括四部分经文：《本续》三册、《要文》一册、《广义文》一册、《解补》四册，共有9册，现存约10万字，目前作为残卷经修复后收藏于宁夏回族自治区文物考古研究所，部分页面对外展出。

这套纸本制作工艺独特，以平板作印盔，木（或竹）片作栏，排好字丁后安置右栏并固定，再逐个修理字丁至平整。印刷时，木活字用竹片隔行易出现竹片突起留痕现象。在装帧上，这套纸本突破中原佛经经折装和卷子装范式，采用更方便的蝴蝶装，形似蝴蝶展翅，既便于翻阅又节省空间，在佛经装订上是开创性的革命之举。

通过观察发现，同一字在不同位置存在字形微调，如笔画粗细和字距不均，这排除了雕版印刷的可能性。此外，活字边缘因压力不均形成了“挤墨”现象，与敦煌回鹘文活字本的特征一致。2012年，通过显微三维重建技术确认了字粒独立排布的痕迹。

这些发现推翻了“活字印刷术未传至西夏”的旧论，实证了活字技术沿着丝绸之路向西传播的路径。

63

青花釉里红瓷仓

元　瓷器　壹级

铭刻生死观的陶瓷史诗

底纵 10.3 厘米，底横 20 厘米，通高 29 厘米。1974 年江西省景德镇市郊凌氏墓出土，江西省博物馆典藏。

青花釉里红瓷仓是元代景德镇窑烧制的随葬明器，此类建筑式谷仓在宋元时期流行于江西地区，瓷仓采用重檐庑殿顶楼阁造型，琉璃瓦、朱红柱等细节精准还原元代官式建筑规制。

两侧分别有“凌氏墓用”“五谷仓所”字样

◐ 上层戏台：18 个釉里红彩俑构成完整戏班，琵琶、笙、笛等乐器俱全，再现元代杂剧演出现场，暗示墓主在彼岸仍享声色之娱。

底层谷仓：侍卫持棒、仆从捧物的场景，与仓门青花对联“禾黍丰而仓廪实，子孙盛而福禄崇”呼应，构建出“阳世积德、阴间富贵”的生死观。

技术突破：青花书墓志、釉里红写铭文，另外还有红釉、青白釉，集四种高温釉彩同器烧成。

正面门联横批“南山宝象庄五谷之仓”，寓意墓主在阴间仍能享有丰足生活；仓背 159 字青花墓志载明，墓主为景德镇长芗书院山长凌颖山的孙女凌氏，落款“至元戊寅”（至元四年，公元1338 年）。

作为中国目前唯一一件有明确纪年的元代青花釉里红瓷仓，标志着元代景德镇在釉下彩工艺上的成熟，见证了元代江南民间丧葬习俗与制瓷技艺的完美融合。

64 竹林七贤砖印模画

南朝　砖印　壹级

六朝风骨的永恒定格

一组高 78 厘米，长 242.5 厘米，二组高 78 厘米，长 241.5 厘米。
1960 年在江苏省南京市西善桥宫山大墓出土，南京博物院典藏。

此砖画为南朝宋齐时期（约公元5世纪）贵族墓葬的装饰遗存。它是迄今完整保存的六朝人物画实物，画面将魏晋名士“竹林七贤”与春秋隐士荣启期并置，既彰显墓主对自由精神的追慕，也暗含儒道思想融合的时代特征，堪称南朝士族文化的“地下精神图腾”。

砖画由648块墓砖拼嵌而成，分两组分布于墓室南北两壁，南壁为嵇康、阮籍、山涛、王戎；北壁为向秀、刘伶、阮咸及春秋隐士荣启期。人物之间以松、柳、银杏等树木间隔，形成对称布局。

此砖画以刀代笔，在砖坯上刻出“春蚕吐丝”般的高古游丝描，衣纹飘逸如吴带当风，松针细密似毫发毕现，展现出堪比顾恺之《洛神赋图》的线条功力。“竹林七贤”与荣启期八人分列银杏、松柏之间，席地而坐，个性鲜明，是一组个性鲜明的人物群像砖画。

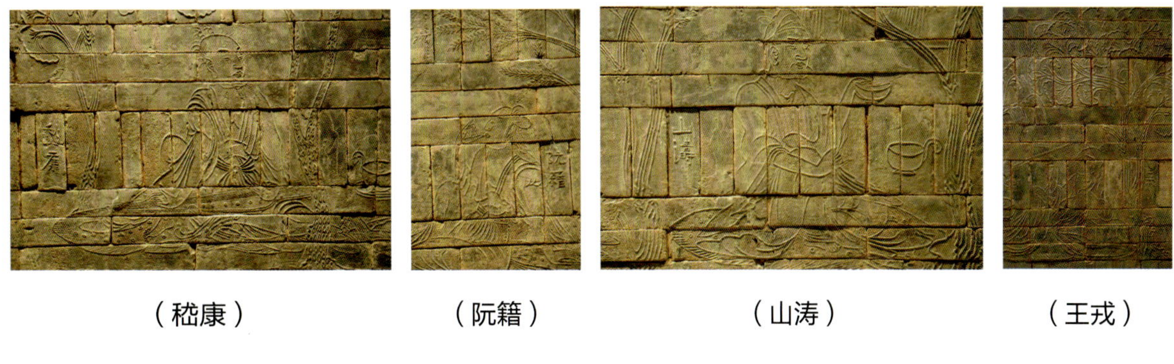

（嵇康）　（阮籍）　（山涛）　（王戎）

（向秀）

（刘伶）

（阮咸）

（荣启期）

画面刻意将相差700年的八人同框，暗藏南朝人的精神寄托：以荣启期的“古之真人”形象为锚点，刻画出竹林七贤的不拘礼法、纵情山水，将“魏晋风度”具象化表达。这种“跨越时空的对话”，揭示了乱世中文人对独立人格与生命意义的终极追问。

《竹林七贤与荣启期砖画》属于六朝绘画真迹，非常难得；它标志着中国人物画从“伦理教化”转向“个性表达”的关键节点，被誉为“中国文人画的源头”。

引

2012年，中国国家文物局发布《第二批禁止出国境展览文物目录（书画类）》，包含37件（组）一级文物，弥补了首批只以青铜器、玉器等为主，而缺少书画类的品类空白，在文物保护领域完整串联起中国艺术史的脉络。书画类文物因其材质脆弱、保存条件严苛，多数未长期公开展览。这些文物跨越西晋至唐宋，以笔墨丹青凝固了不同时代的审美取向与社会思潮。

它们既是“纸上的博物馆”，也是“无声的史书”，在方寸之间承载了中华文明的起承转合。从唐宋的笔墨淋漓到明清的意境深远，这些文物抵御了时间的侵蚀，每一道裂帛、每一寸褪色，是这些文物静述的民族记忆——“文物沉默，但文明有声”。

第二章

第二批禁止出国境展览文物（书画类）

［65—101］

第一单元

书法

65 陆机《平复帖》卷

西晋　书法·草隶书　壹级

被誉为“法帖之祖”

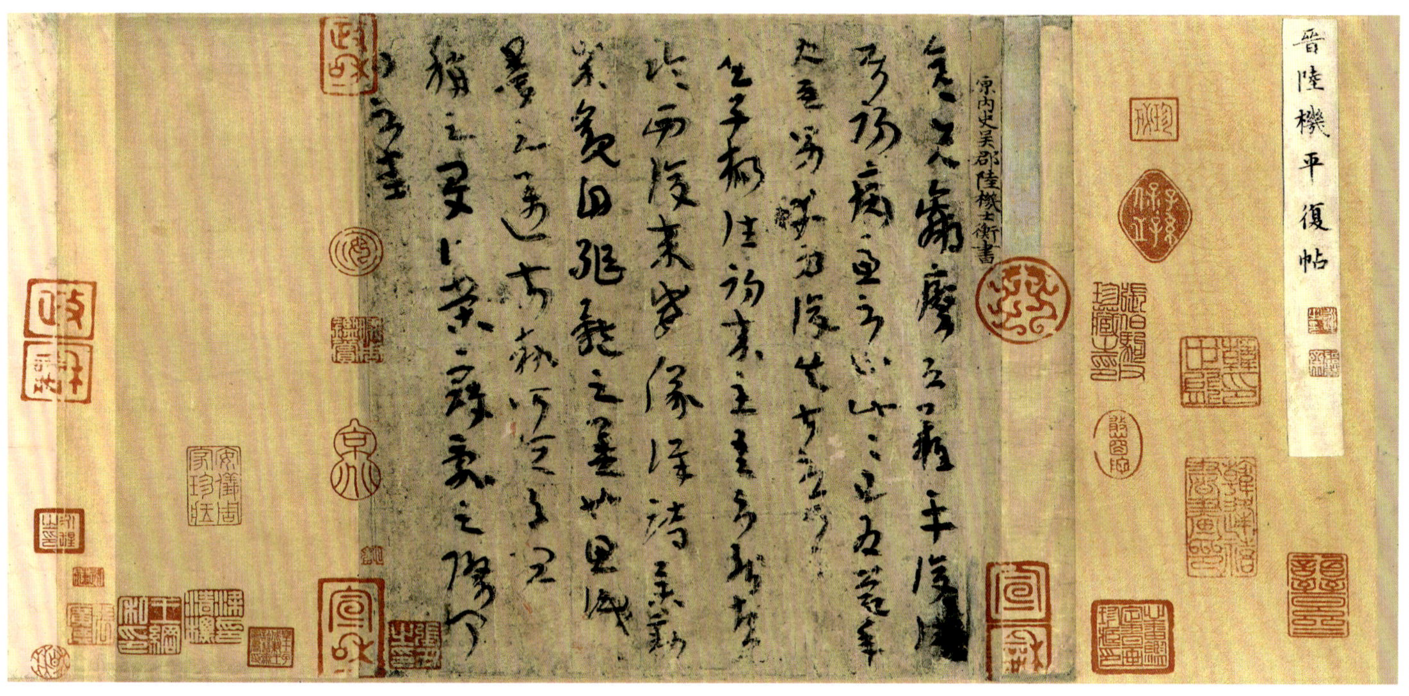

全卷纵 23.7 厘米，横 20.6 厘米，共 9 行 86 字。
故宫博物院典藏。

《平复帖》是西晋文学家、书法家陆机（公元 261 年—303 年）所写的一封信札，创作时间约在公元 3 世纪末，距今已有 1700 多年，是中国现存最早的传世名人墨迹之一，被誉为“法帖之祖”。帖用秃笔写于麻纸，字体为草隶书，风格古拙。

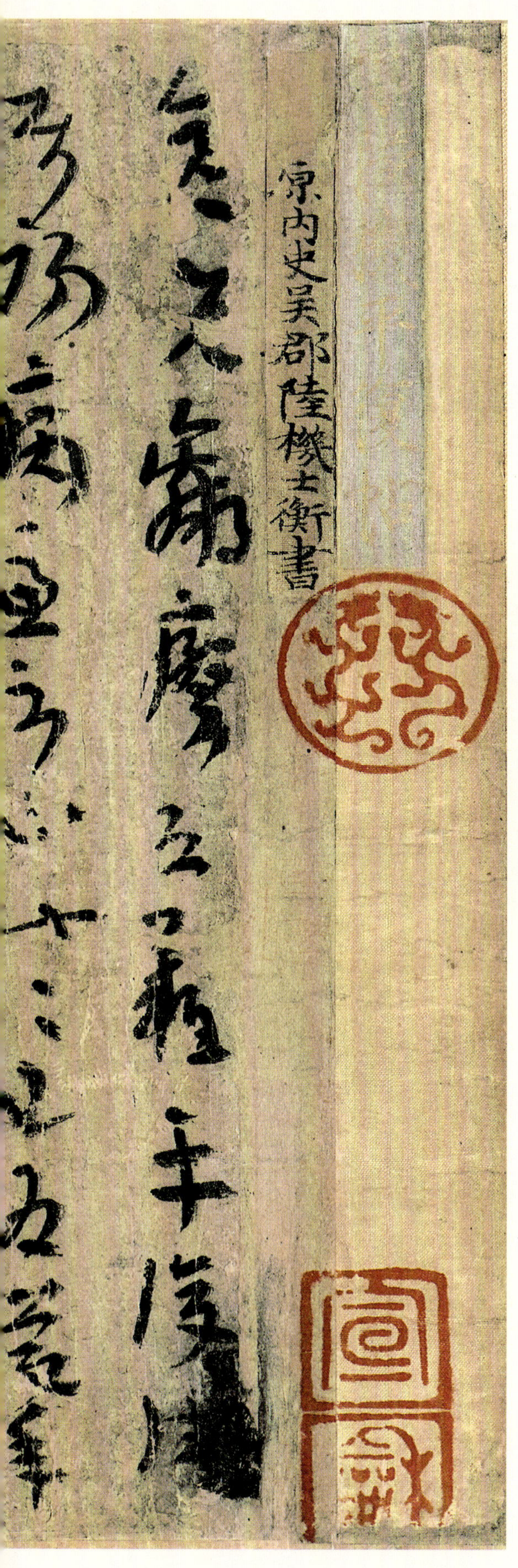

◐ 该帖是陆机写给友人的问候信。帖名“平复”取自信文开头“彦先羸瘵，恐难平复”；据推测，彦先是陆机朋友贺循的字，因为贺循身体一直不太好，信中略带宽慰之意。因年代久远，文字辨识困难，至今仍有部分内容未完全破译。

书体介于章草与今草之间，虽然带有隶书笔意，但已显现早期行草的流畅感。用笔古朴自然，以秃笔书写，线条简练，转折圆润，无刻意修饰，体现晋人“尚韵”的审美。

陆机《平复帖》作为中国现存最早的名人墨迹，西晋成书后，唐代见载于张彦远《历代名画记》。北宋入徽宗宣和内府，钤御印并载入《宣和书谱》；南宋流落民间，经张斯立等递藏。明万历年间归韩世能家族，董其昌题跋推崇，张丑定名著录。清初经梁清标、安岐鉴藏，乾隆时入寿康宫，后赐成亲王永瑆。近代由恭亲王奕䜣传至溥心畬，1937 年张伯驹以巨资购得，抗战时缝入衣被护宝西迁。1956 年张氏夫妇捐予故宫博物院，今为镇院之宝，极少展出。其 1700 年流传脉络清晰，集艺术、文献与家国情怀于一体，见证了中国书法的源头与文脉传承。

关键文献佐证

时期	著录 / 题跋者	文献名称	记载内容
唐	张彦远	《历代名画记》	提及陆机章草《平复帖》
宋	徽宗内府	《宣和书谱》	著录并题签
明	张丑	《真迹日录》	详述形制、定名并推为陆机真迹
明	董其昌	帖后题跋	“希代宝”“右军以前元常以后”
清	安岐	《墨缘汇观》	记录纸墨特征与递藏
近代	傅增湘	《平复帖》题跋	详述张伯驹购藏始末

《平复帖》见证了汉字从隶书向行草演变的关键阶段，是中国书法史上的里程碑，对后世书法发展影响深远。

66 王珣《伯远帖》卷

东晋 书法·行书 壹级

被乾隆帝列为“三希”之首

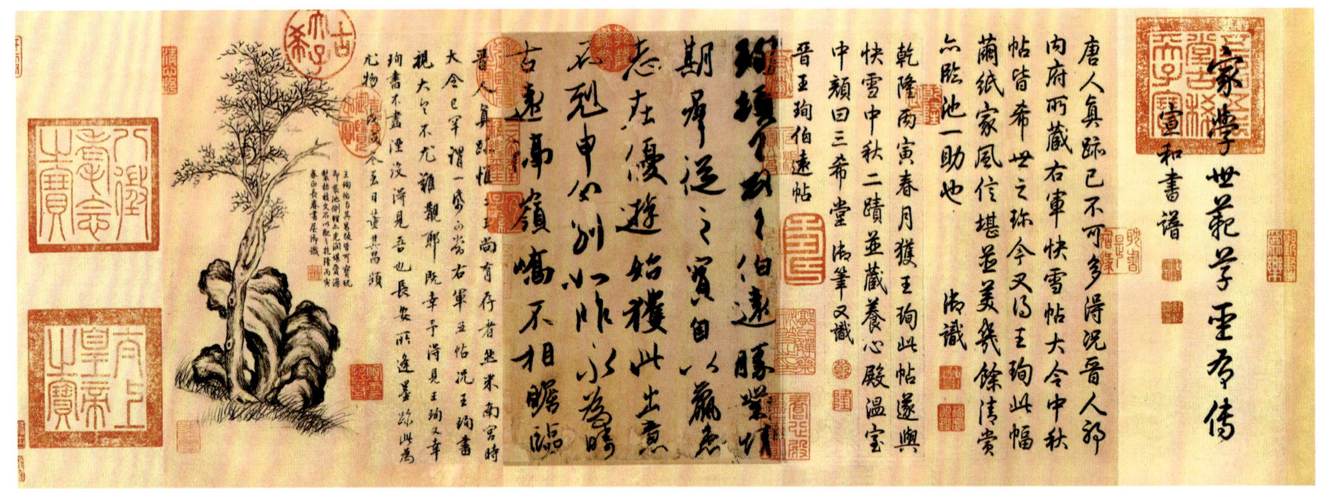

纵 25.1 厘米，横 17.2 厘米，全文共 5 行 47 字。
故宫博物院典藏。

《伯远帖》是东晋时期书法家王珣所书的一件行书信札，被誉为“天下第四行书”，是现存极为珍贵的晋人书法真迹之一，创作于东晋孝武帝时期。此帖与陆机《平复帖》是目前传世的书法作品中仅存的晋代名人法书。

《伯远帖》与王羲之的《快雪时晴帖》、王献之《中秋帖》并称“三希”，清代乾隆帝将其珍藏于“三希堂”，列为“三希”之首。作为罕见的晋代墨迹原件（非摹本），是研究晋人书法笔法、纸张及墨色的重要实物，为后世学习晋人笔法提供了直接范本。

《伯远帖》在北宋时入宣和内府，清代归入清宫，清末流散民间。直到 1951 年，国家以重金购回。

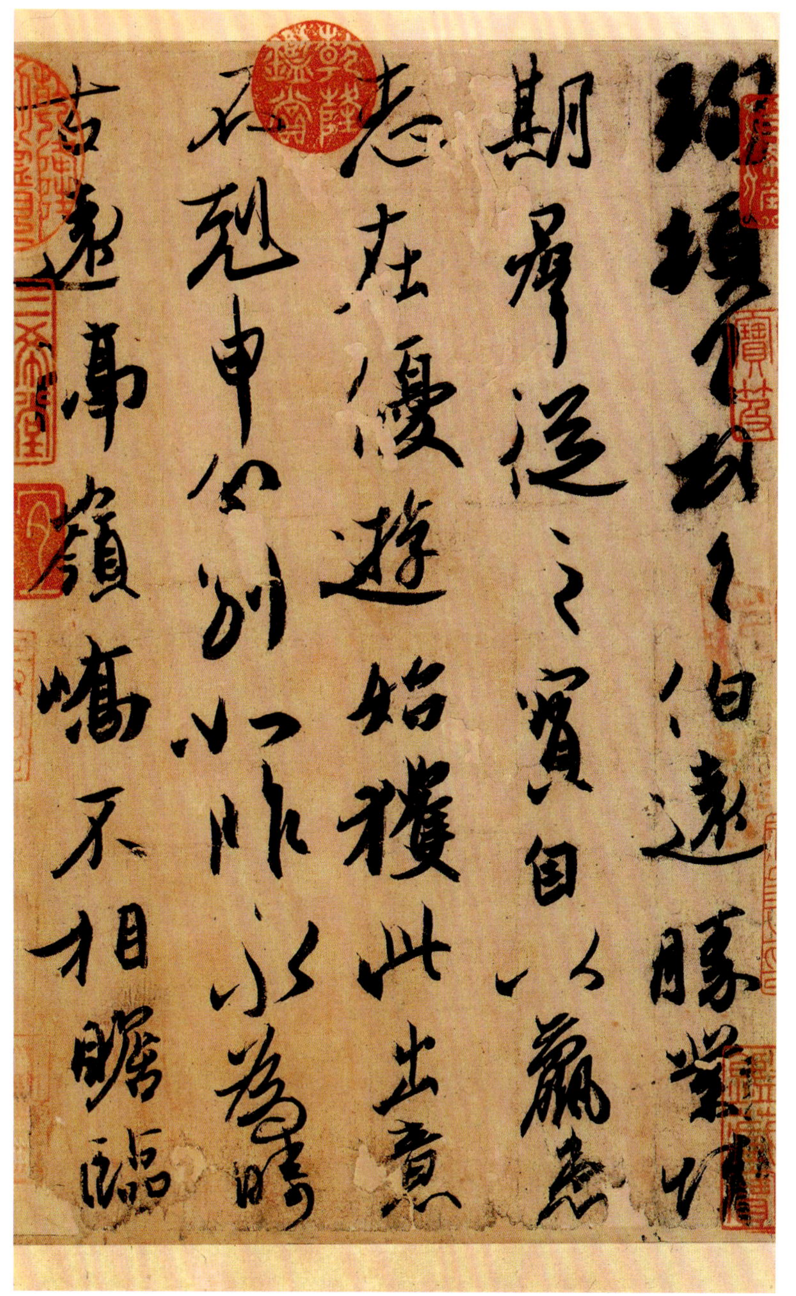

◐《伯远帖》是王珣写给友人伯远的一封书信，全文共5行47字。

原文：“珣顿首顿首，伯远胜业情期群从之宝。自以羸患，志在优游。始获此出意不克申。分别如昨永为畴古。远隔岭峤，不相瞻临。”

大意：王珣问候伯远，称赞其才华与德行，感慨自己因体弱多病而未能实现优游之志，又追忆往昔相聚时光，叹息如今远隔山水难以再见。

书体以行书为主，笔法灵动洒脱，结构疏朗自然，体现了东晋“尚韵”的审美取向。用笔中侧锋并用，线条圆劲流畅，章法错落有致。

67 冯承素摹王羲之《兰亭序》卷

唐　书法·行书　壹级

复刻王羲之"超然绝伦"的书法境界

冯承素摹王羲之《兰亭序》卷是唐代书法史上极为重要的摹本，因其技艺精湛、保存完好，被认为是现存最接近王羲之《兰亭序》原作的摹本之一。这卷作品使用两幅拼接的光洁精细的纸张制成。因卷首有唐中宗李显神龙年号的小印，故得名"神龙本"。

王羲之的《兰亭序》创作于东晋永和九年（公元 353 年），是书法史上的巅峰之作，被誉为"天下第一行书"。其真迹据传随唐太宗李世民下葬昭陵，后世所传均为摹本或临本。唐代帝王推崇王羲之书法，宫廷组织顶尖书法家对《兰亭序》进行摹拓，以保存其风貌。冯承素便是其中一位摹拓高手，其作品因钩摹精细、笔法传神而备受推崇。

冯承素摹《兰亭序》卷南宋入高宗内府，后归理宗及驸马杨镇。元代经郭天锡藏，明代先后入内府及王济、项元汴之手。清代由陈定、季寓庸递藏，乾隆时入内府，刻入"兰亭八柱"第三柱，著录于《石渠宝笈·续编》。卷首存乾隆题"晋唐心印"，后纸缀从宋至明 20 家题跋、观款，钤印 180 余方，为公认的《兰亭序》最精摹本。

全卷纵 24.5 厘米，横 69.9 厘米。
故宫博物院典藏。

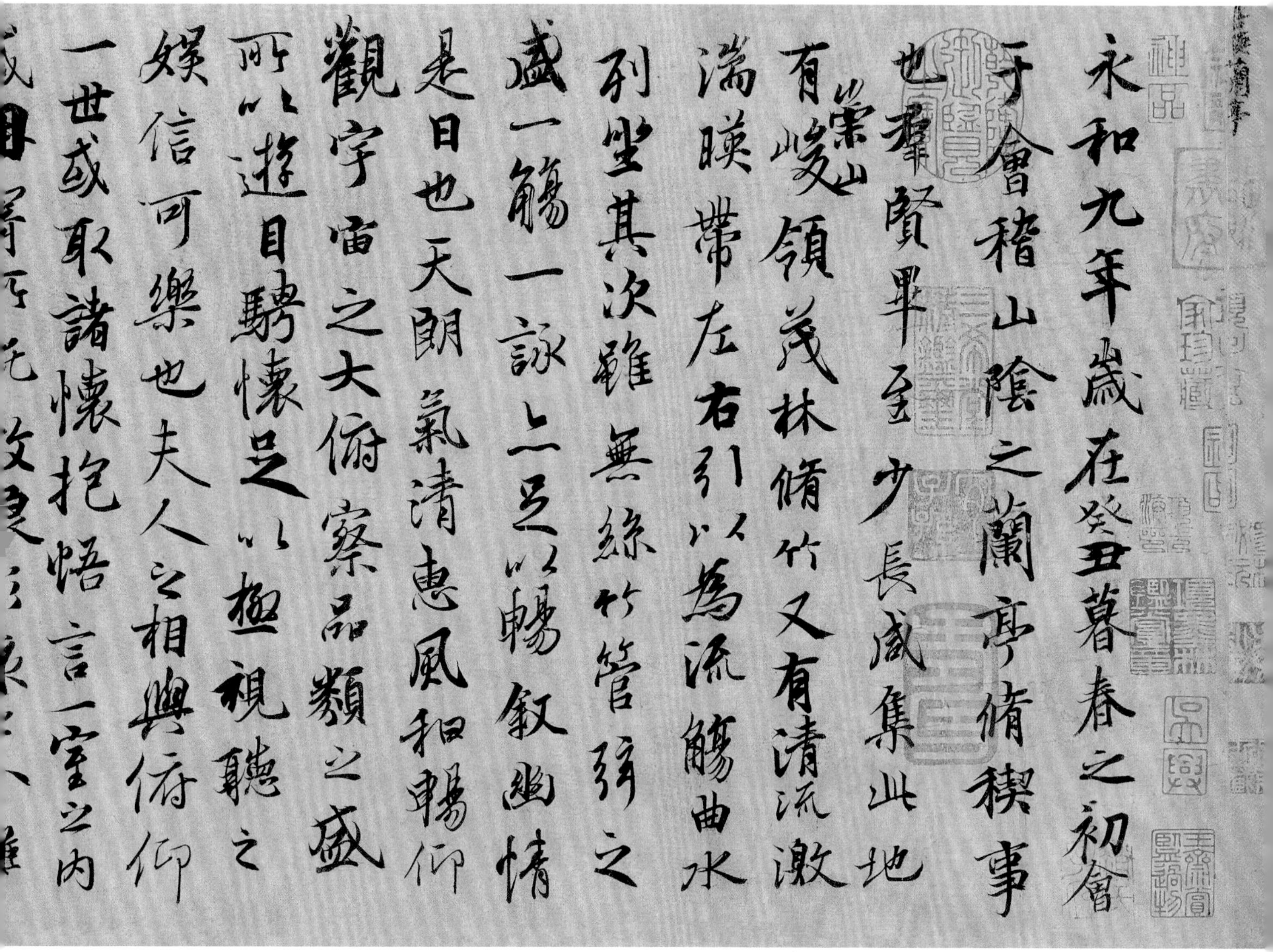

◐ 此卷前 13 行，行距较松；后 15 行，行距趋紧，冯承素采用“双钩填墨”技法，以极细的墨线勾勒字形轮廓，再填墨成形，最大程度保留了王羲之的笔触细节，捕捉到了王羲之书法中“遒媚劲健，飘逸洒脱”的神韵，行气连贯，错落有致，与原作“因字赋形”的布局高度一致。

此卷不仅是书法技艺的杰作，更是文化传承的纽带。它让后人得以窥见王羲之“超然绝伦”的书法境界，也为中国书法史的研究提供了关键实物证据。

68 欧阳询《梦奠帖》卷

唐 **书法·行书** 壹级

欧阳询的晚年行书代表作品

《梦奠帖》卷（又称《仲尼梦奠帖》）是唐代书法家欧阳询的晚年行书代表作品，展现了唐代书法艺术的巅峰水准。

引首高 25.6 厘米，长 94.3 厘米；画心高 25.5 厘米，长 33.6 厘米；跋高 25.6 厘米，长 262.6 厘米。共 9 行 78 字。
辽宁省博物馆典藏。

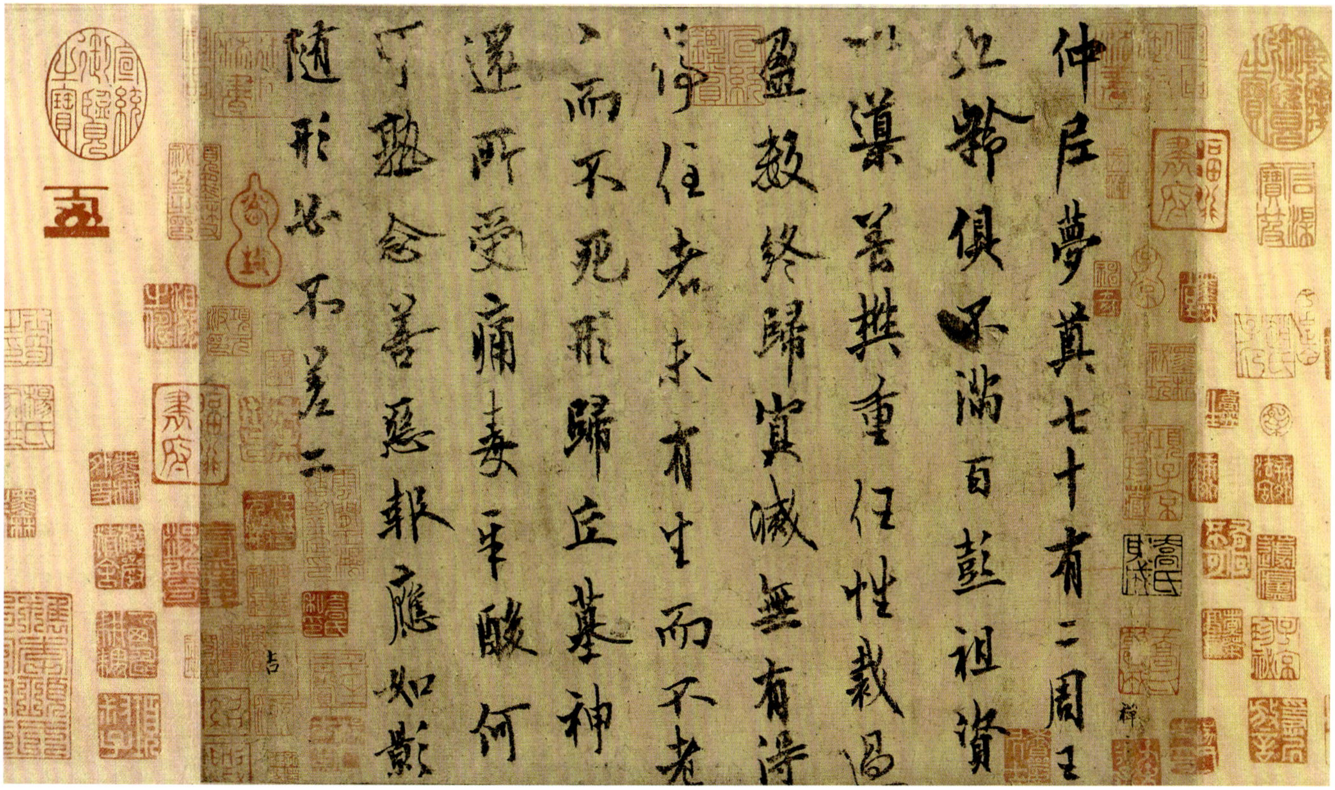

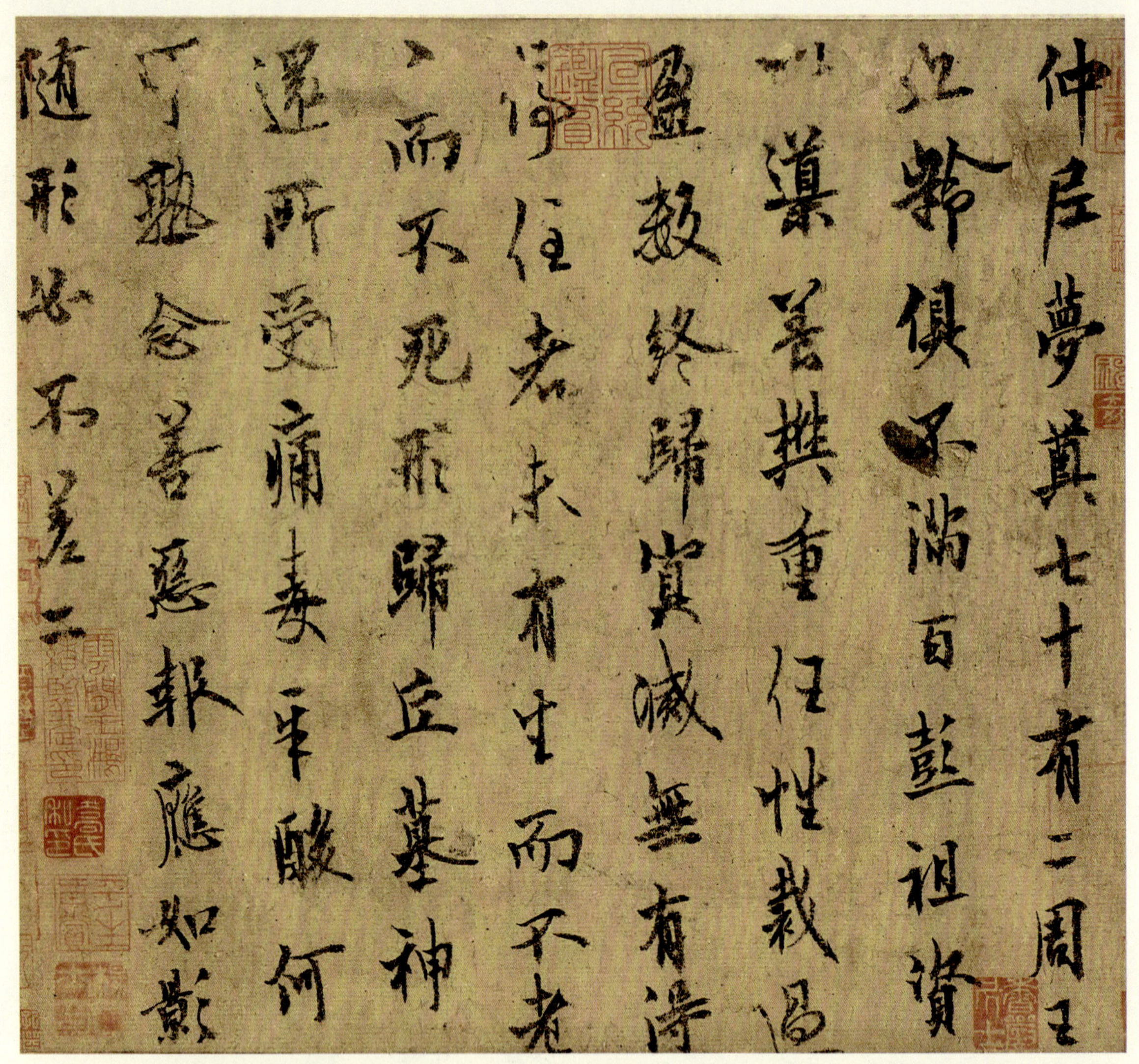

此帖共9行78字，作者借用孔子“梦奠”的典故（《礼记·檀弓》），抒发对生命无常的感慨。

单字结构内紧外松，重心偏上。章法疏密有致，行气贯通，字距错落自然，通篇虚实相生。

欧阳询《梦奠帖》卷自唐代成书后，先由宫廷及私人藏家递藏，元代经名家鉴藏并题跋，清代入乾隆内府，清宣统朝流散东北，后几经辗转，于20世纪50年代入藏辽宁省博物馆。

《梦奠帖》不仅是欧阳询个人艺术生涯的结晶，更是唐代书法“法度与性情并存”的典型代表。其凝练的笔墨与深邃的文意，跨越千年仍令人震撼，堪称中国书法史上的一座丰碑。

69 国诠书《善见律》卷

唐　书法·小楷　壹级

千年传世，品相完璧的写经作品

国诠书《善见律》卷是唐代书法家国诠所抄写的佛教律典《善见律》的一部分，是中国书法史和佛教文献中的重要作品。国诠是唐初贞观年间（公元 627 年—649 年）的经生（专职抄写佛经的书法家），名不见经传，但因其书法造诣而被后世铭记。

《善见律》（全称《善见律毗婆沙》）是佛教律藏的重要注释文献，由南齐僧人僧伽跋陀罗译自梵文，共 18 卷。内容是对《四分律》的注疏，涉及僧团戒律、修行规范及戒律源流的解释。

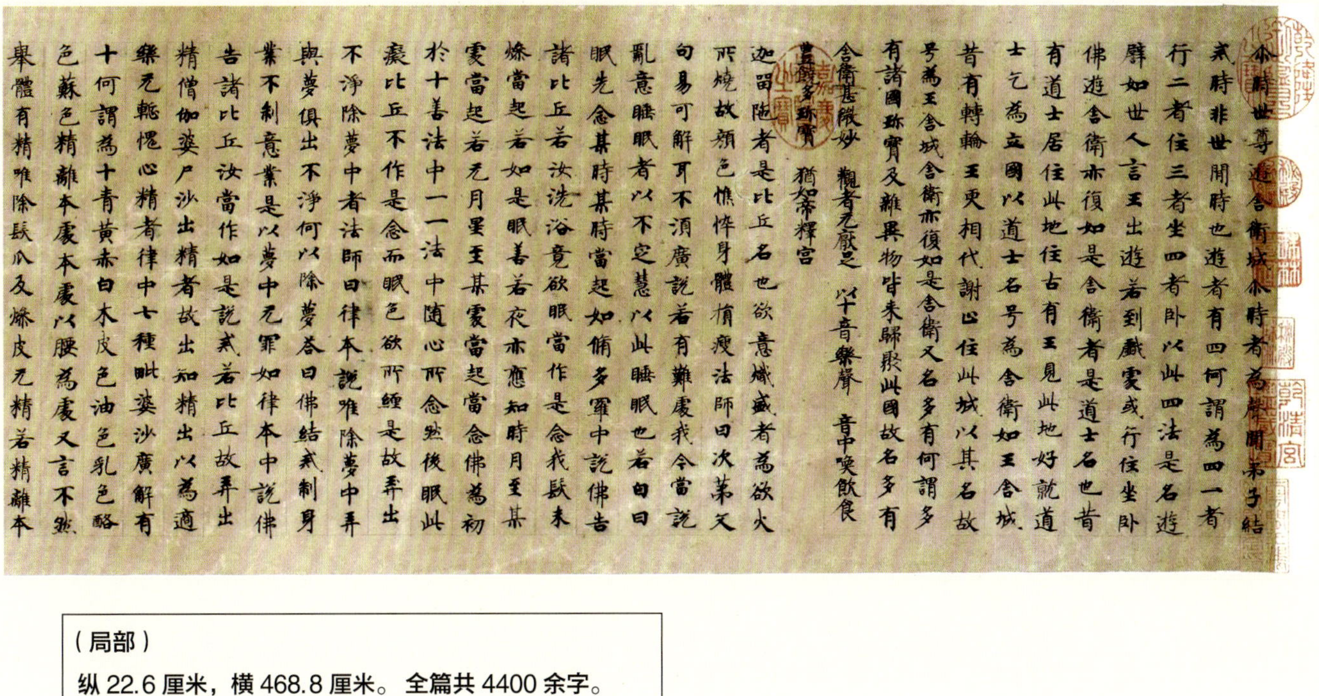

（局部）

纵 22.6 厘米，横 468.8 厘米。全篇共 4400 余字。

故宫博物院典藏。

现存国诠书《善见律》卷为小楷写本，全篇共4400余字，每行17字。字体结构严谨，笔画匀称，虽为工楷，但用笔带有行书意趣，线条流畅而不失力度。

现今存世的唐代写经多源自敦煌藏经洞，多为民间抄写，且多有残损。而此卷历经千年传世，品相完璧，展现了唐初书法的法度与风韵，深受历代文人推崇，具有不可替代的文化价值。

据卷尾题记，此卷为唐贞观二十二年（公元 648 年）国诠奉敕为皇室抄写，原卷历经宋、元、明、清宫廷递藏，流传轨迹清晰可考。

70 怀素《苦笋帖》卷

唐 书法·草书 壹级

中国书法史上极具代表性的狂草名作

怀素所书《苦笋帖》卷（原名《苦筍帖》）是中国书法史上极具代表性的狂草名作之一，此帖虽篇幅短小，但以其奔放恣肆的笔墨、独特的艺术风格，成为唐代狂草艺术的经典之作。

怀素（公元737年—799年），唐代僧人，俗姓钱，法名藏真，以狂草闻名，与张旭并称“颠张醉素”。

《苦笋帖》创作时间约中唐时期（公元8世纪后半叶），为怀素晚年之作。此贴褪去《自叙帖》的张扬，更显凝练洒脱。

《苦笋帖》以14字浓缩了狂草的狂放与禅宗的空灵，是迄今怀素传世作品中唯一没有争议的真迹。它不仅是书法史上的经典，更是唐代文人精神世界的微型镜像。

此帖历经北宋内府、明代项元汴、清代安岐等藏家收藏，乾隆时期入内府。

帖心纵25.1厘米，横12.0厘米。
上海博物馆典藏。

◐全卷内容：

“苦筍（笋）及茗异常佳，乃可迳来。怀素上！”大意是向友人推荐苦笋和茶，邀其前来共享。

全篇几乎字字勾连，一笔贯通，中锋立骨，侧锋取势，线条如“锥画沙”，柔中带刚。

71 杜牧《张好好诗》卷

唐 书法·行书 壹级

杜牧存世的唯一书法真迹

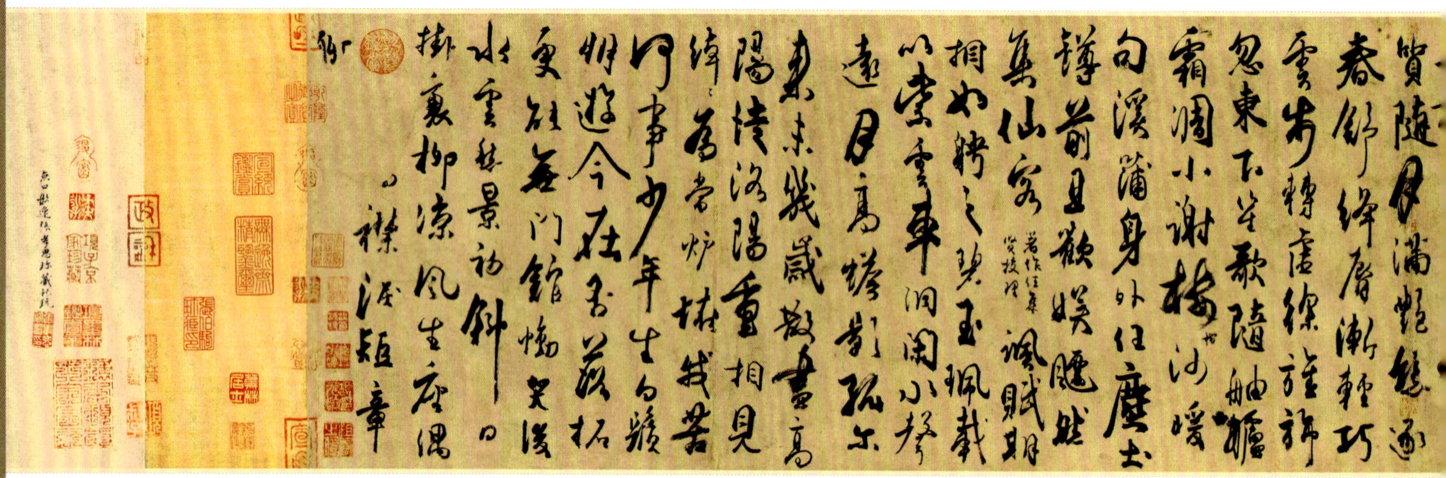

全卷纵 28.2 厘米，横 162 厘米。
故宫博物院典藏。

《张好好诗》卷是杜牧存世的唯一书法真迹，内容为杜牧以行书书写为歌妓张好好所作的五言长诗。此诗作于唐文宗大和九年（公元 835 年），杜牧时年 33 岁，在洛阳重逢旧识歌妓张好好，此时的她已从名动江南的才女沦为卖酒妇，诗人感怀世事无常，写下这首叙事长诗。

◐ 全诗以五言古体写成，共 58 句，记录了张好好从 13 岁成名到被沈传师宠遇，最终沦为街头卖酒妇的悲剧人生。诗中既有对张好好个人命运的同情，也隐含对封建社会女性依附性生存状态的批判，反映了唐代乐籍女子的普遍困境，末句“洒尽满襟泪”直抒悲愤，与白居易《琵琶行》中“同是天涯沦落人”句相共鸣。

全篇字体宽博舒展，笔法遒劲，取法六朝；墨迹随情感起伏，墨色浓淡、行笔疾徐变化明显，可见书写时的不同心境。

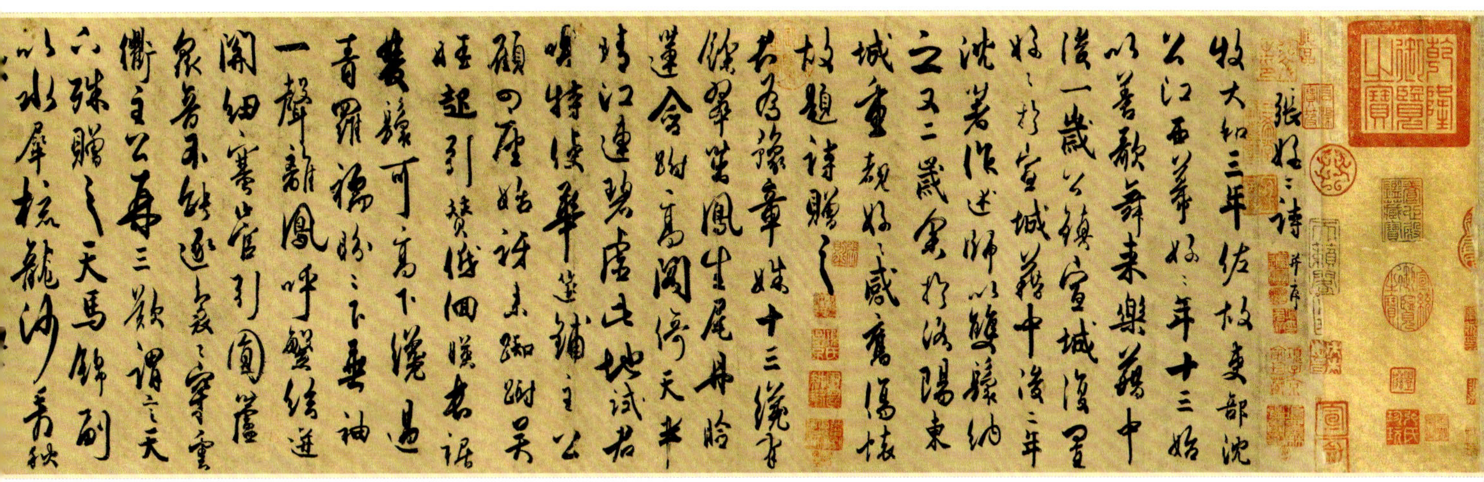

《张好好诗》卷既是杜牧诗歌中深具人文关怀的佳作，也是唐代文人书法的重要实证，明代董其昌评价此书“得六朝人风韵”，对后世文人书法影响深远。

卷前有宋徽宗题签“唐杜牧张好好诗”，后接宣和内府藏印。此卷历经北宋宣和内府、宋代贾似道、明代项元汴、清内府等收藏，清宣统朝流散民间，后由张伯驹捐赠国家。

72 唐人《摹王羲之一门书翰》卷

唐　书法　壹级

中国古代书法摹拓技术的巅峰

唐人《摹王羲之一门书翰》卷（又称《万岁通天帖》）是唐代官方组织临摹的东晋王羲之家族书法作品合集，代表了中国古代书法摹拓技术的巅峰，也是研究王氏书风的重要实物资料。武则天万岁通天二年（公元697年），王羲之后裔王方庆将家藏先祖墨迹进献朝廷，武则天命弘文馆以“双钩填墨”法精心摹制，原作归还王氏，摹本藏于内府，即今传《万岁通天帖》，原作早已散佚。

书心高26.3厘米，长253.8厘米；
跋尾高26.2厘米，长110.4厘米。
辽宁省博物馆典藏。

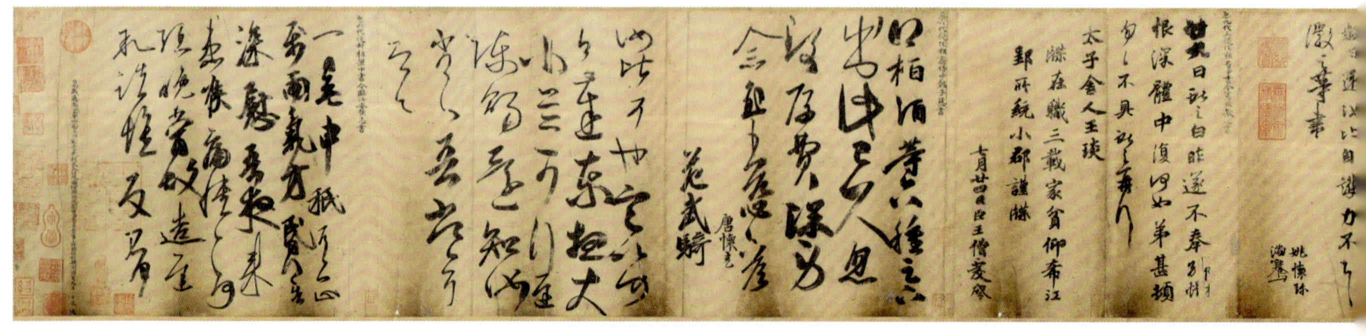

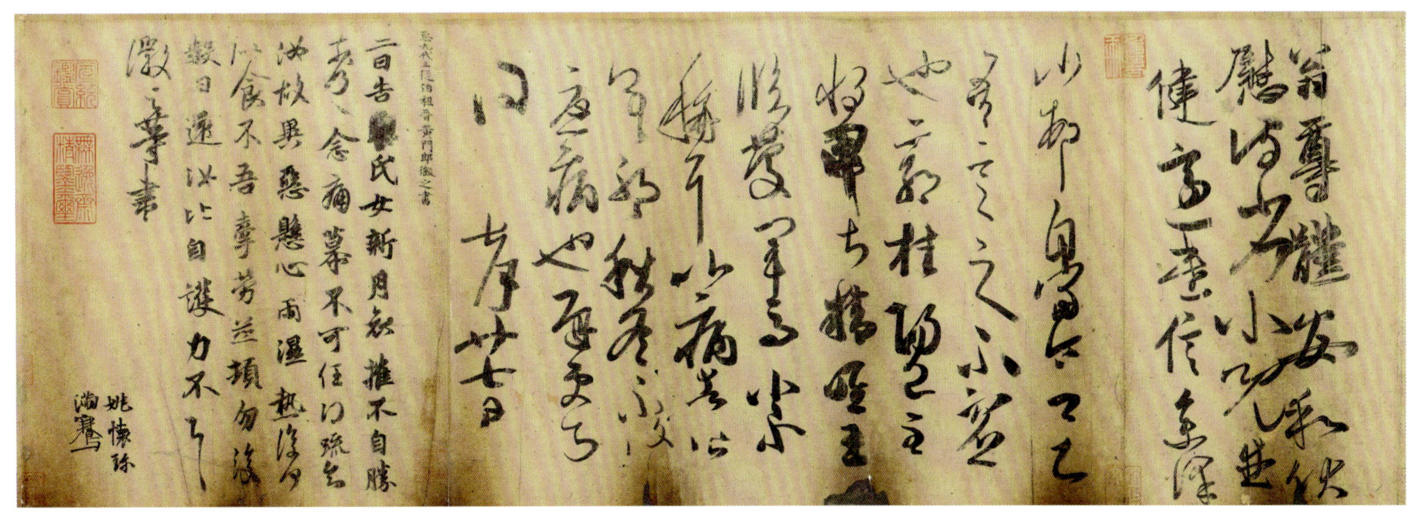

此帖内容多为家书信札，涉及问候、病痛、日常琐事，兼具史料与文学价值。现存《摹王羲之一门书翰》卷共收录七人十帖连尾款一卷，包括：王羲之《姨母帖》（行书）、《初月帖》（草书），王献之《廿九日帖》（行楷），王徽之《新月帖》（行书），王荟《疖肿帖》（行草书）、《翁尊体帖》（行草书），王僧虔《太子舍人帖》（行楷），王慈《柏酒帖》（行草书）、《汝比帖》（草书），王志《一日无申帖》（行书）。卷尾衔名“万岁通天二年王方庆进呈原迹”。

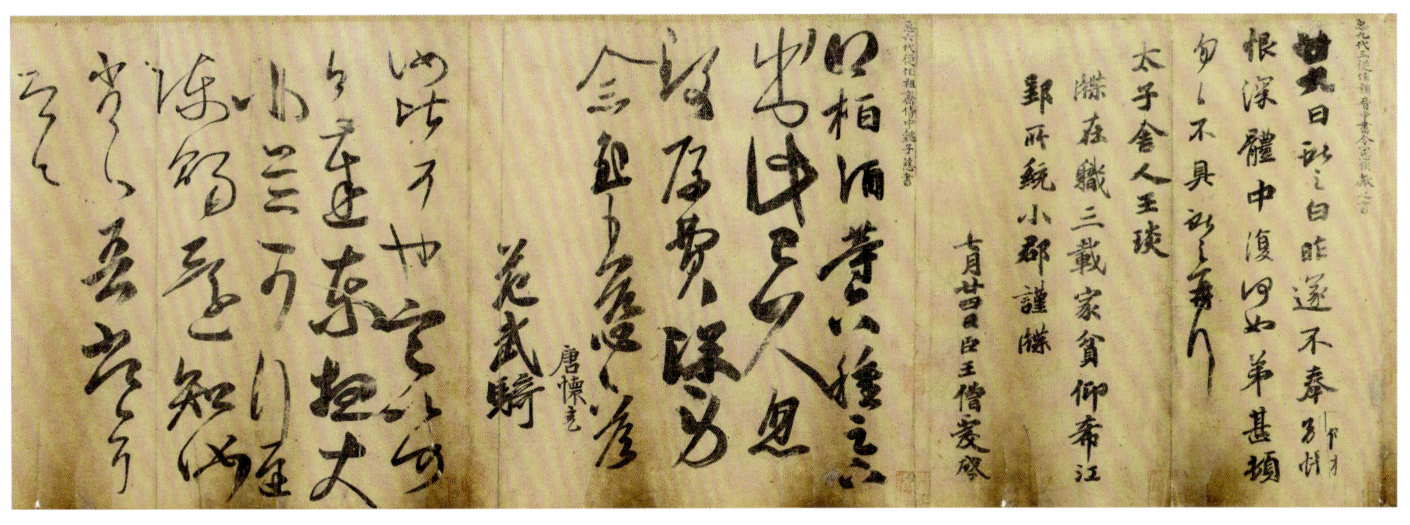

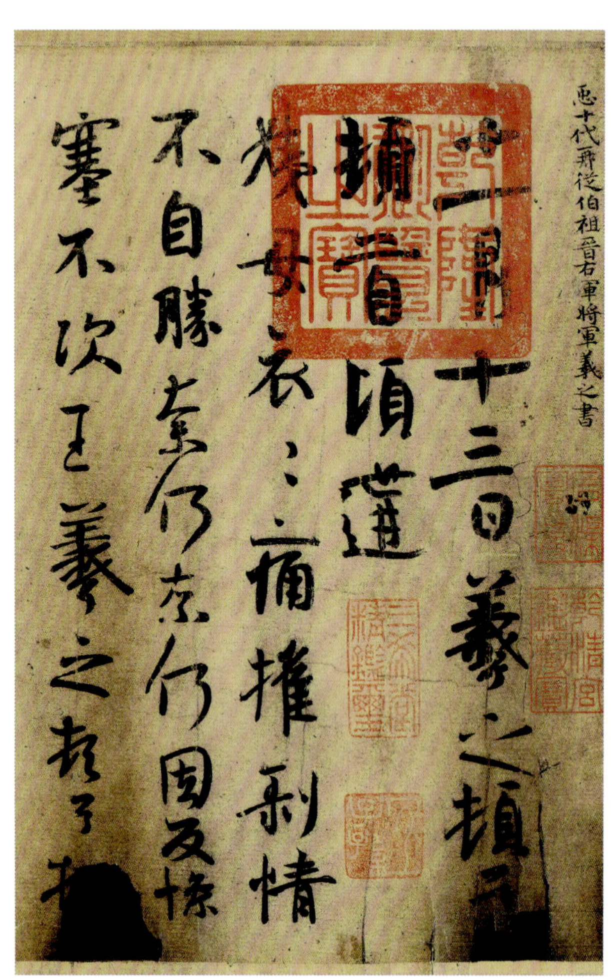

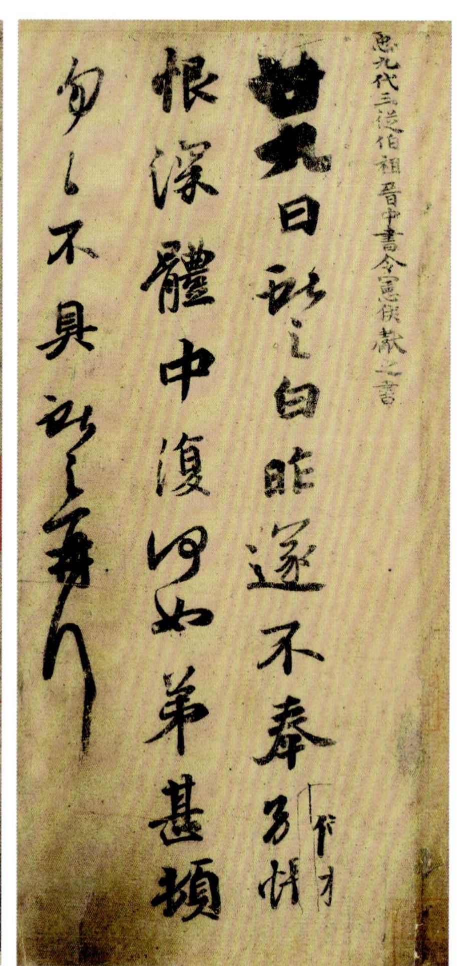

王氏子弟作品各具风貌，王羲之《姨母帖》字势凝重，带有隶书遗韵；王献之《廿九日帖》行草相间，流畅洒脱；整体上呈现了东晋士族书法的雅逸与个性。

唐人《摹王羲之一门书翰》卷将东晋名门王氏一族的笔墨风华凝固于唐代的摹拓技艺之中，填补了王羲之真迹稀缺的空白，为辨析魏晋笔法提供了基准，对比《兰亭序》摹本，可窥见王羲之不同时期的风格演变。

唐人《摹王羲之一门书翰》卷在宋代藏于岳珂家，明代归项元汴，帖后还有董其昌等人题跋，清代入乾隆内府，流传轨迹清晰可考。

73 杨凝式《神仙起居法帖》卷

五代　书法·草书　壹级

存世极少的五代书法真迹

杨凝式《神仙起居法帖》卷，创作于五代后汉乾祐元年（公元 948 年），书写的是五代时期的一种健身口诀。

杨凝式（公元 873 年—954 年），五代时期著名书法家，他历经唐、后梁、后唐、后晋、后汉、后周五朝，官至太子少师，世称“杨少师”。其书法承唐启宋，以行草见长，风格奇崛纵逸，对宋代“尚意”书风影响深远。五代战乱频繁，书法真迹存世极少，此卷为研究五代书法的重要实物。

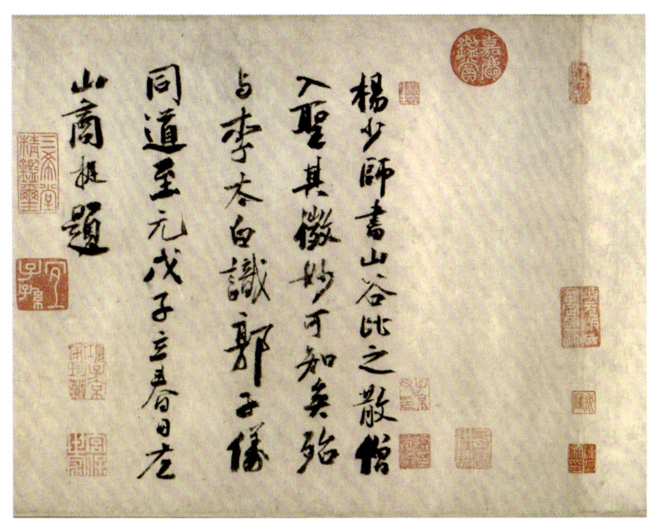

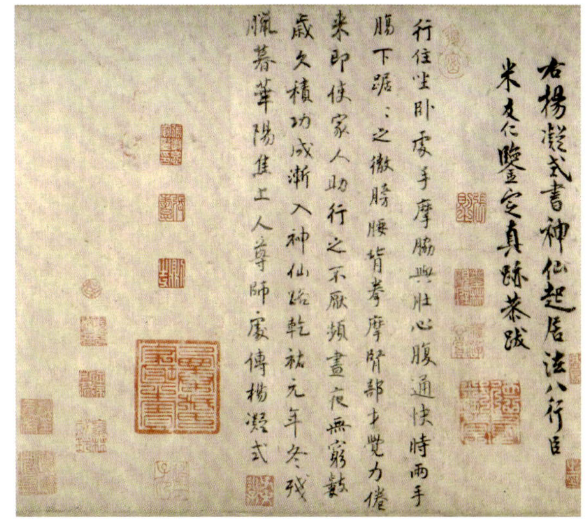

卷纵 27 厘米，横 21.2 厘米。草书 8 行，共 85 字。故宫博物院典藏。

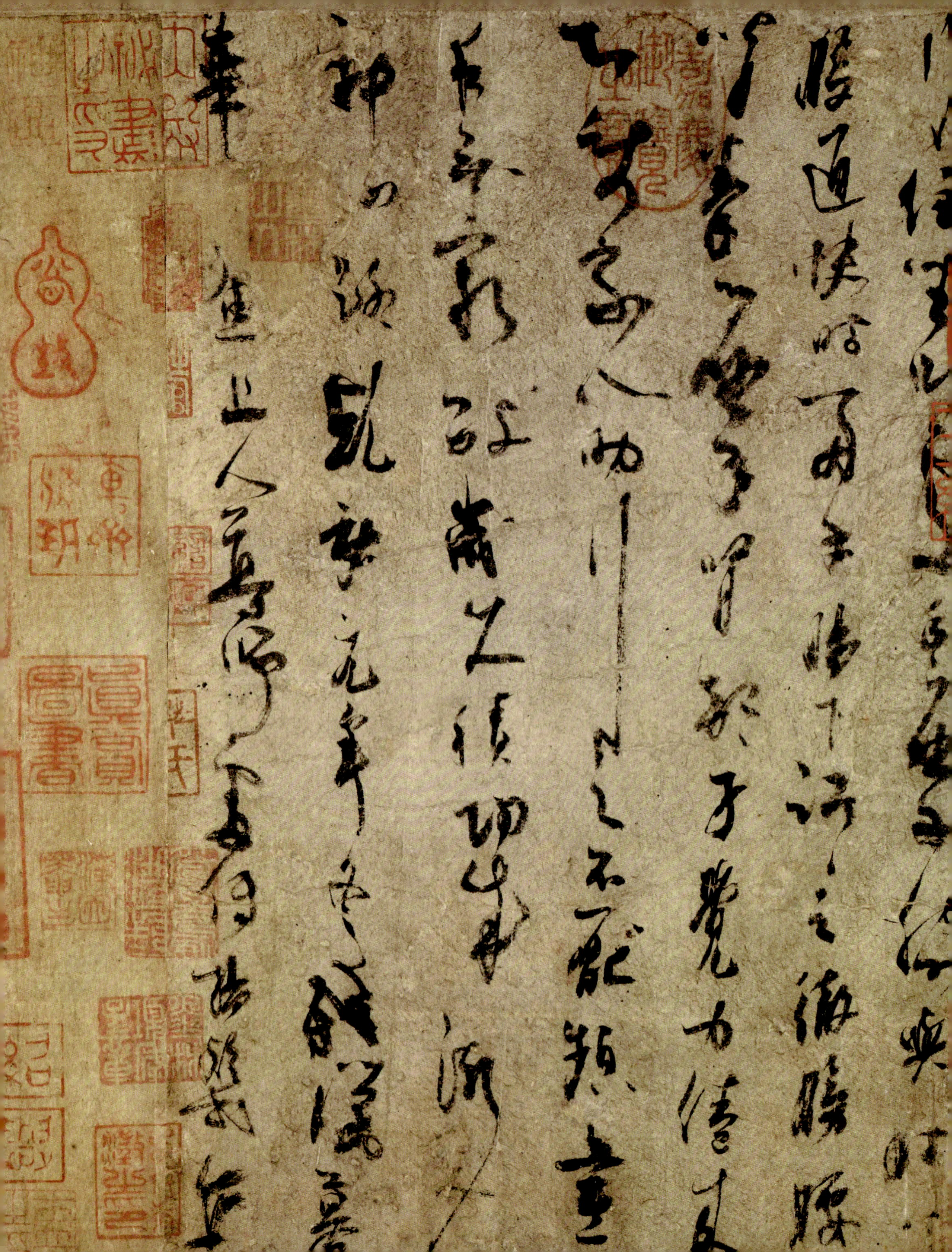

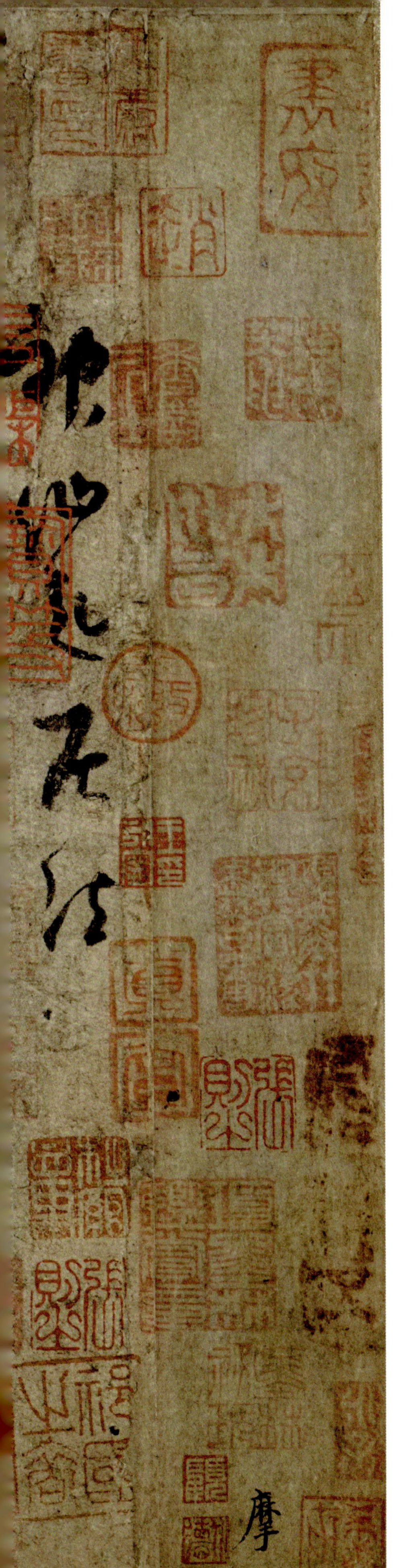

◐ 作品内容为道家养生口诀“神仙起居法”，其所述养生方法类似导引术，强调呼吸与肢体运动相结合以延年益寿。例如：“行住坐卧处，手摩胁与肚。心腹通快时，两手肠下踞……”此帖反映了五代文人融合道家养生思想与书法的文化趣味。

此帖书风狂放自由，用笔起伏跌宕，线条粗细对比强烈，结构奇险，打破常规章法，字势欹侧错落，继承唐代颜真卿、柳公权的雄浑笔意，又融入二王（王羲之、王献之）的流畅，开启宋代米芾、黄庭坚等“尚意”书风之先河。

《神仙起居法帖》不仅是杨凝式个人艺术巅峰的代表，更映射了五代文人在动荡中寻求超脱的精神世界。其狂放书风与道家思想的结合，使之成为中国书法史上兼具美学价值与文化深度的瑰宝。

此卷曾入南宋内府，经贾似道、项元汴、清内府递藏。

74 林逋《自书诗》卷

北宋　书法·行书　壹级

一幅隐士的精神自画像

林逋《自书诗》卷是其存世罕见的书法真迹之一，是宋代文人书法的典范之作。此卷书于北宋天圣元年（公元 1023 年），为林逋晚年归隐西湖孤山时手书，内容为 5 首诗，第 2 首为五言诗，其余 4 首为七言诗。

此卷如同一幅隐士的精神自画像，诗境与书风浑然一体，不仅展现了林逋的诗文造诣，更以其独特的书法风格和隐逸气质，成为后世研究宋代文化、艺术与士人精神的珍贵史料。

林逋《自书诗》卷曾入藏南宋内府，清代归乾隆内府。

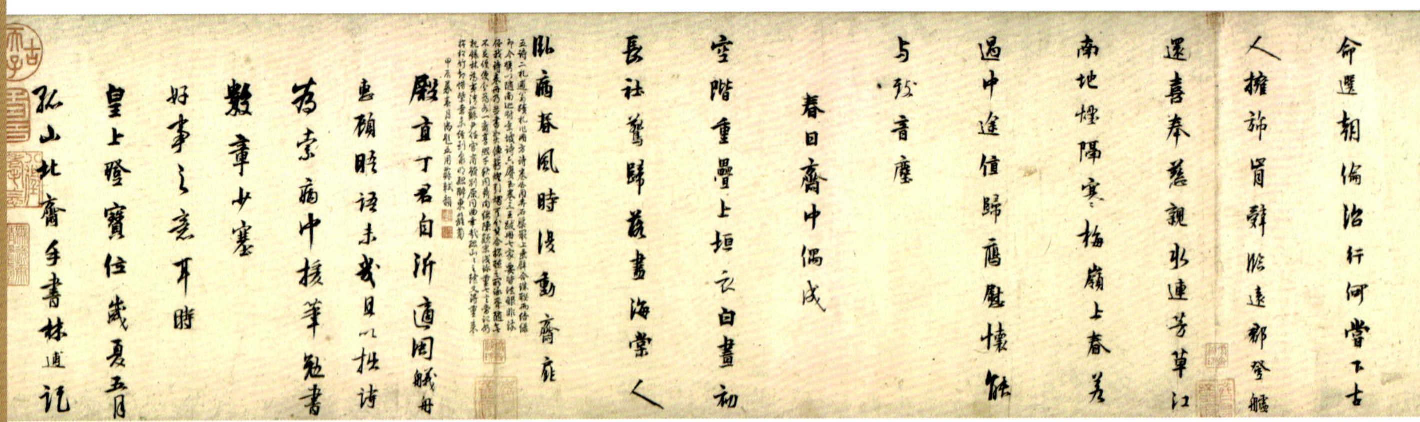

纵 32 厘米，横 302.6 厘米。行书 34 行，6 段接纸。故宫博物院典藏。

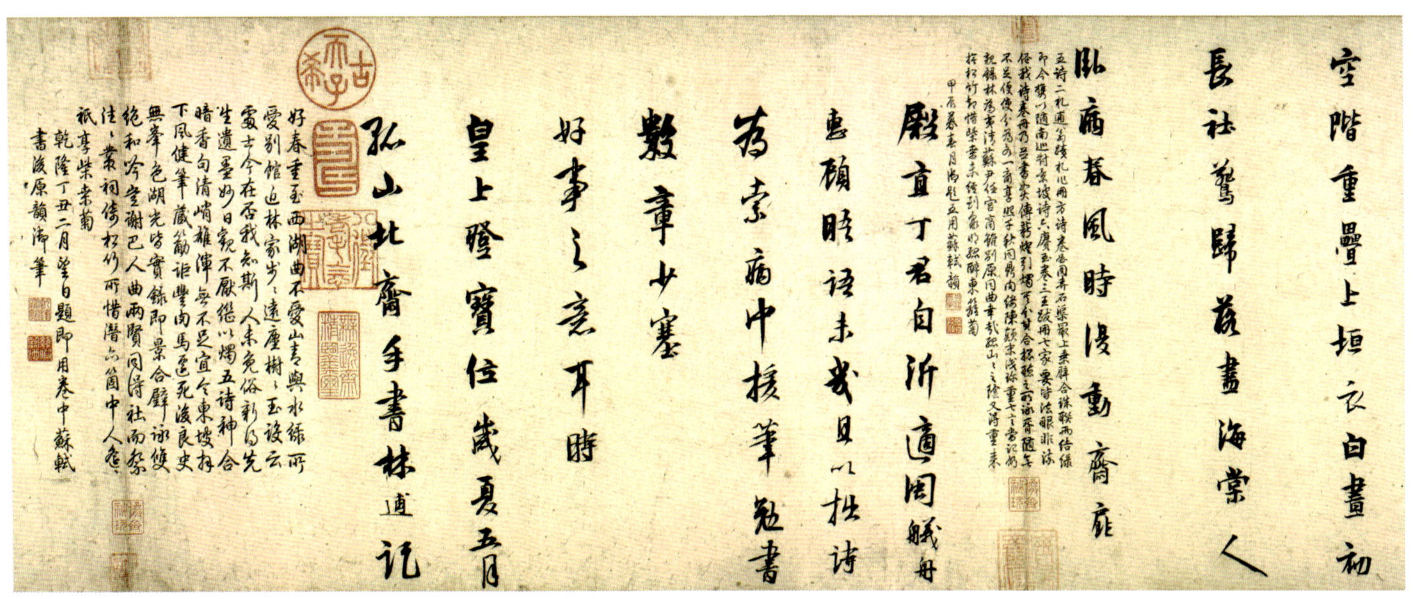

诗卷以行书为主，偶带草意，笔墨简淡，章法疏朗，多咏物抒怀，笔力瘦硬，结体峭拔，线条干净利落，如寒梅疏枝，与其隐士风骨相呼应。

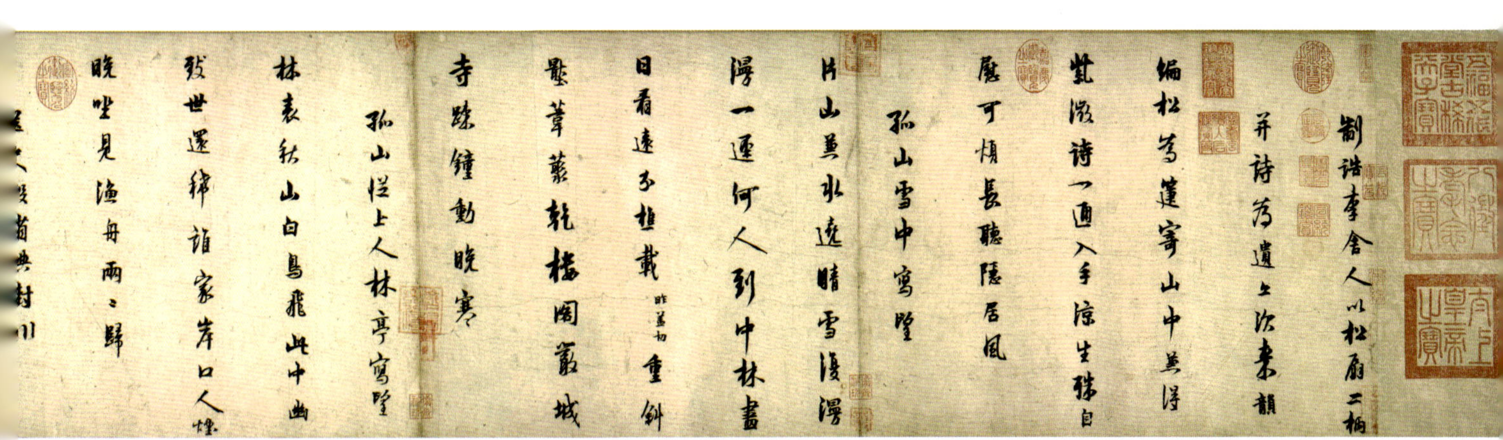

75 蔡襄《自书诗》卷

北宋 书法·行书 壹级

蔡襄存世的重要书法作品之一

纵 28.2 厘米，横 221.2 厘米，行书，73 行，884 字。
故宫博物院典藏。

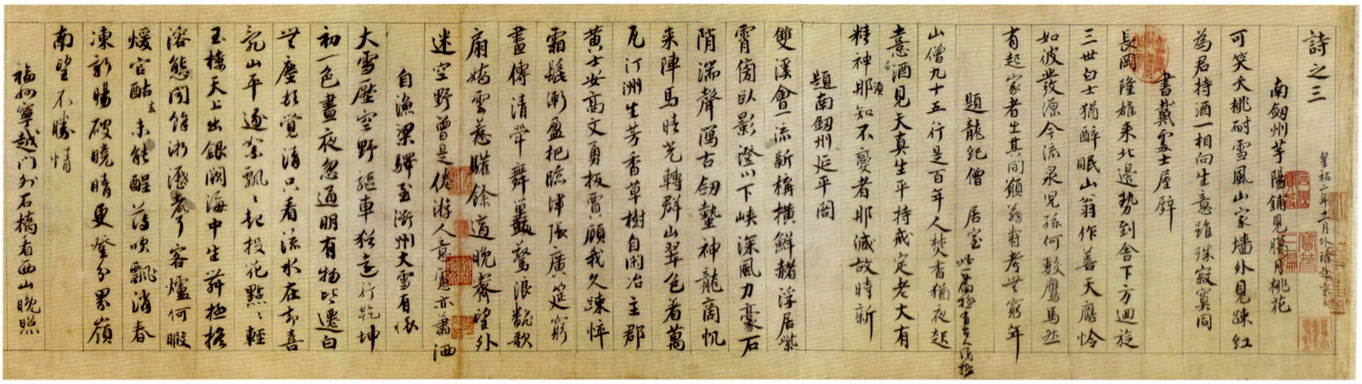

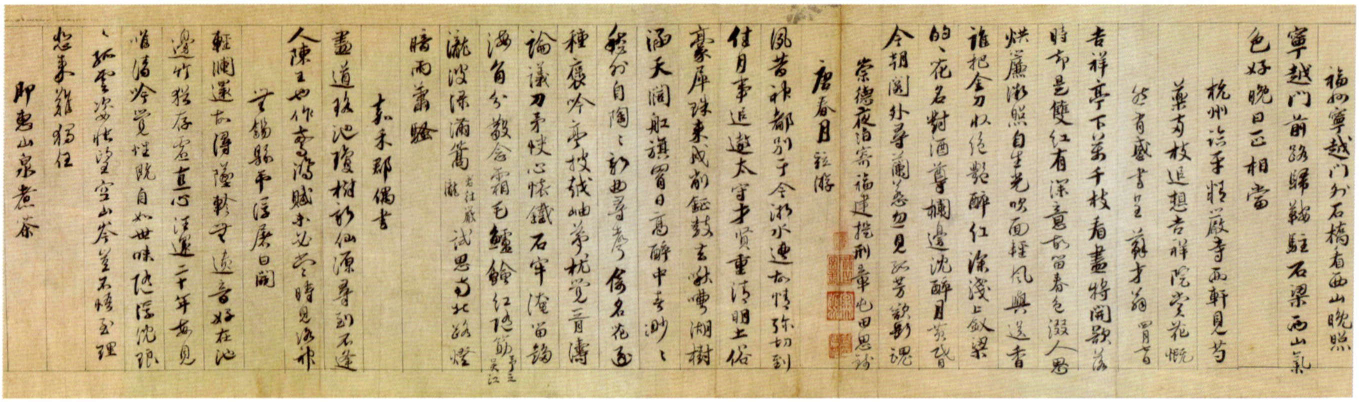

蔡襄《自书诗》卷是存世的重要书法作品之一，是其中年时期的代表作，创作于蔡襄 38 岁罢福建路转运使，召还汴京修起居注期间。此卷不仅为研究蔡襄书法提供了重要实物，也反映了北宋士大夫的诗文创作与生活情趣。

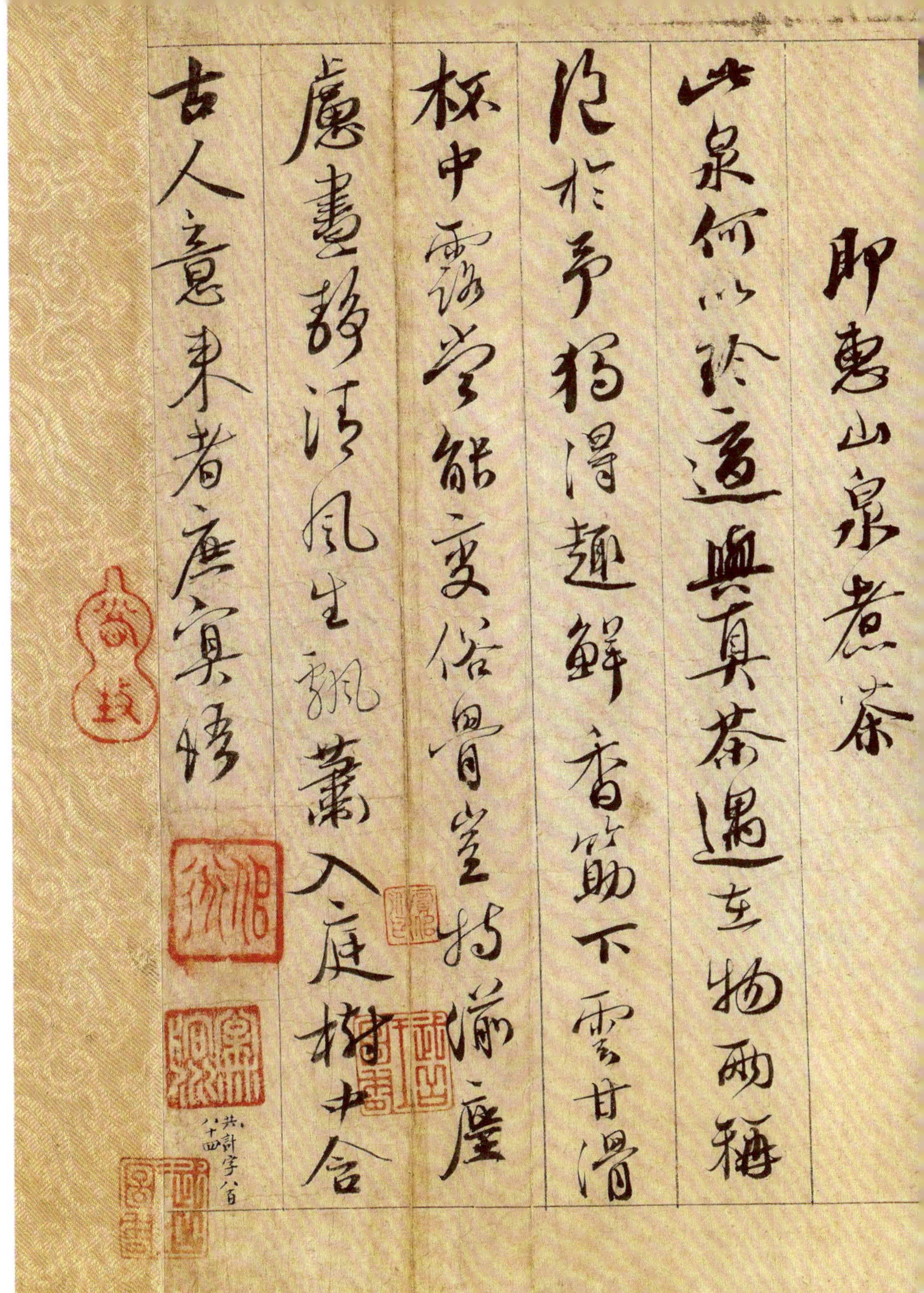

蔡襄《自书诗》卷包含《南剑州芋阳铺见腊月桃花》《书戴处士屋壁》等11首自作诗，记录其从福建一路北上汴京期间的见闻。

该卷以行书为主，用笔精妙，结体端庄，行气连贯，笔画圆润饱满，提按分明，章法疏密有致，字间呼应紧密，通篇气韵生动，被誉为“宋代行书典范”。

蔡襄《自书诗》卷集文学性与艺术性于一体，既是北宋文人书法的经典代表作，也是研究蔡襄个人风格演变的关键作品。其端庄而不失灵动的书风，体现了北宋书法从“尚法”向“尚意”过渡的桥梁作用，对后世书法影响深远。

故宫博物院官网记载此帖说：“卷尾有宋代蔡伸、杨时、张正民、蒋璨、无名氏、向水，元代张雨、张枢，明代陈朴、匡山亖翁、胡粹中、清代王文治及近代朱文钧等十三家题跋。”

76 文彦博《三帖卷》

北宋 书法·行草书 壹级

颜真卿书风在宋代流变的体现

《三帖卷》（又名《行草书三札帖》卷）分为三札，均为文彦博在河南府任职时书写，是记录他处理政务实务的合装卷。

文彦博是北宋著名政治家、文学家，历仕四朝，他不仅以政绩闻名，亦工书法，其书法作品传世较少，其中《三帖卷》是其重要的书法代表作之一，被视为宋代士大夫书法的珍贵实物。

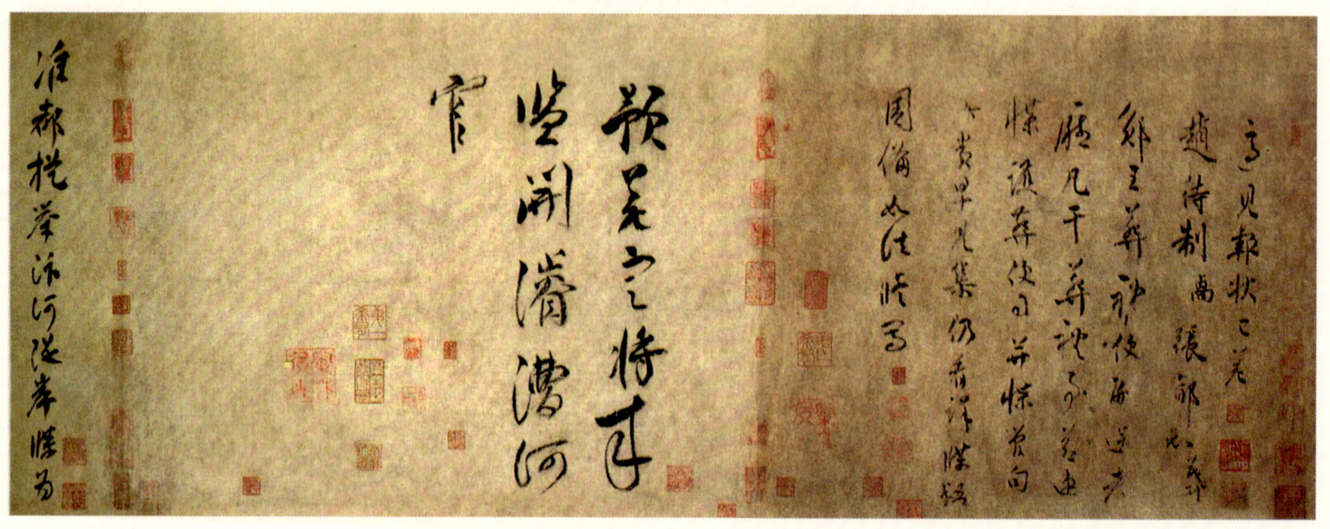

纸本，纵43.5厘米，横222厘米。
故宫博物院典藏。

◐ 此三札帖从内容上命名为《护葬帖》《定将帖》《汴河帖》。

文彦博书法受颜真卿、杨凝式影响，兼具唐代法度与宋代意趣，三帖均以信札形式书写，行气连贯，错落有致。

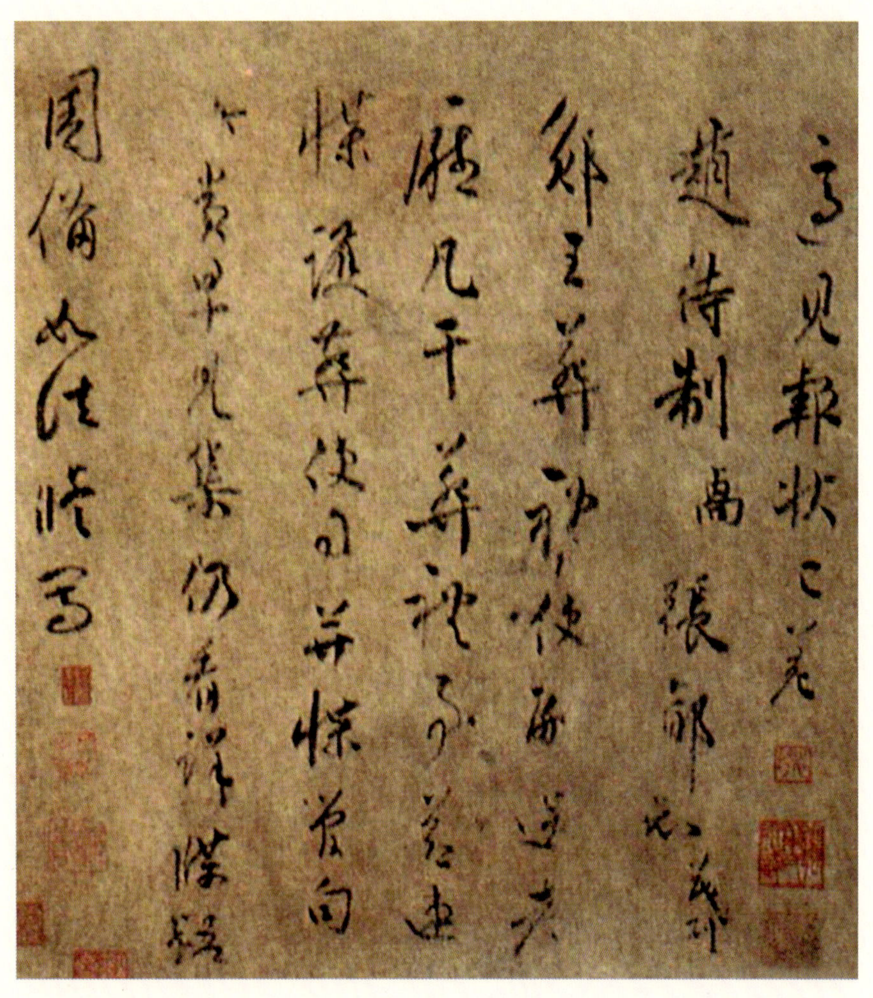

此三札帖集历史文献价值和艺术价值于一身，展现了北宋高层文人的书写日常与审美意趣。其书风朴厚而不失灵动，是理解宋代士大夫文化的重要窗口。对于书法爱好者而言，此卷可窥见颜真卿书风在宋代的流变。

文彦博《三帖卷》经元、明、清多家递藏，卷后有米友仁等名家题跋，钤有“宣和”“政和”“项子京家珍藏”等鉴藏印。

77 韩琦《行楷信札卷》

北宋　书法·行书　壹级

题跋与流传经历串起宋元明清四代的文化传承

此《行楷信札卷》为韩琦晚年手书的多通信札合集，信札原为散页，后世装裱成卷，成为研究北宋士大夫生活与书法的重要实物。韩琦（公元1008年—1075年），北宋名臣，历仕三朝，与范仲淹共同推行“庆历新政”。他不仅以政绩闻名，亦工诗文、善书法。

全卷分为《信宿帖》与《旬日帖》两部分；《信宿帖》是韩琦写给欧阳修的感谢信，感谢他为自己新建的昼锦堂作《相州昼锦堂记》一文；《旬日帖》是韩琦写给北宋名臣杜衍的信，不能确定书写的时间，仅有二十来字可识读。

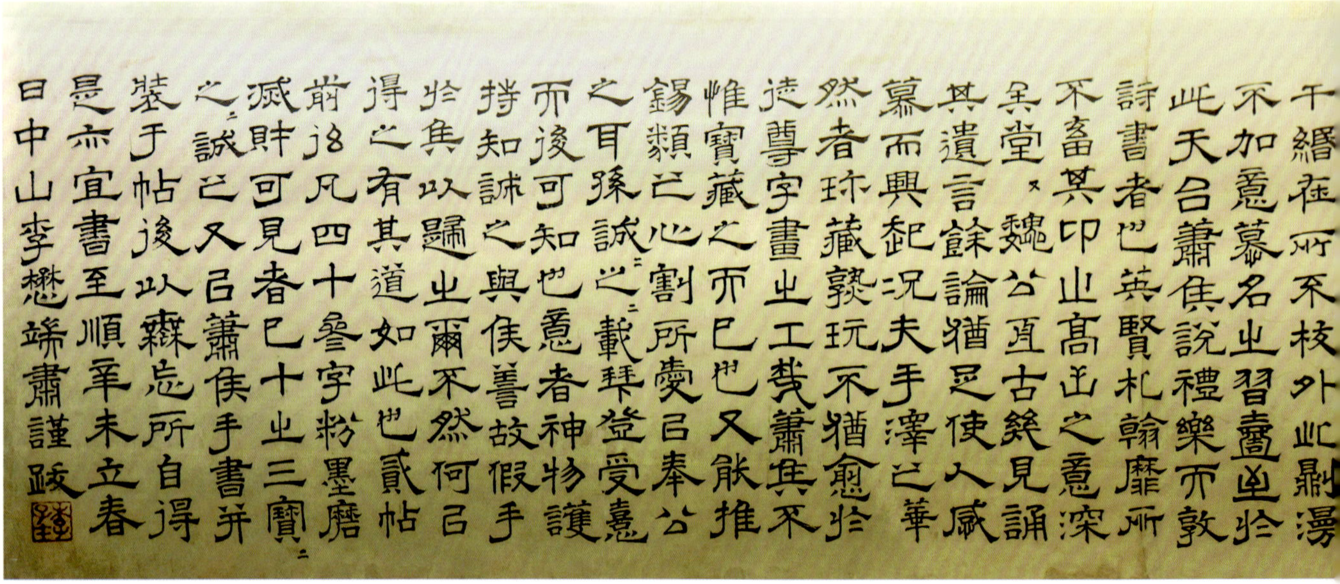

（局部）
横851厘米，纵33厘米。贵州省博物馆典藏。

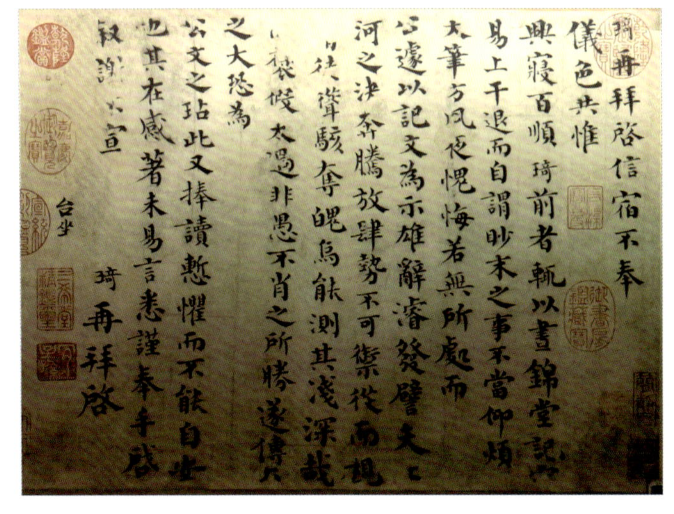

◐书风取法颜真卿，结体宽博端庄，笔画浑厚凝重，部分转折处见方劲峻拔，行笔自然流畅，不拘泥于法度，字间连带自如，展现了北宋文人“尚意”书风的早期倾向。

韩琦《行楷信札卷》不仅是北宋书法艺术的珍贵遗存，更是研究韩琦生平、宋代文人交往及政治生态的一手资料。其书风融合颜真卿的雄浑与宋代士大夫的端谨，题跋与流传经历成为宋元明清四代文化传承的物质实证，堪称“以书证史”的典范。

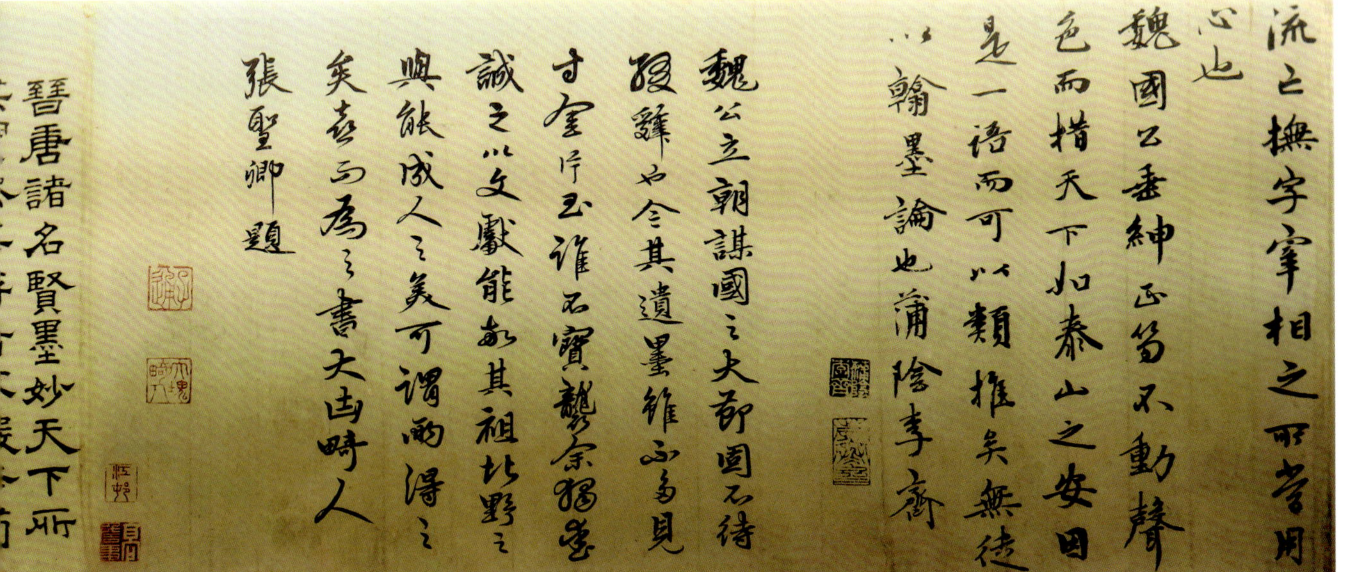

78 王安石《楞严经旨要》卷

北宋 书法·行书 壹级

王安石传世真迹

《楞严经旨要》卷是王安石存世罕见的墨迹珍品，是他晚年手书《楞严经》的节录书法作品。

王安石（公元 1021 年—1086 年）是北宋著名的政治家、文学家，晚年退居江宁（今南京）。《楞严经旨要》卷是他于元丰八年（公元 1085 年）以行书抄录的《楞严经》精华段落，反映了其晚年潜心研究佛学。

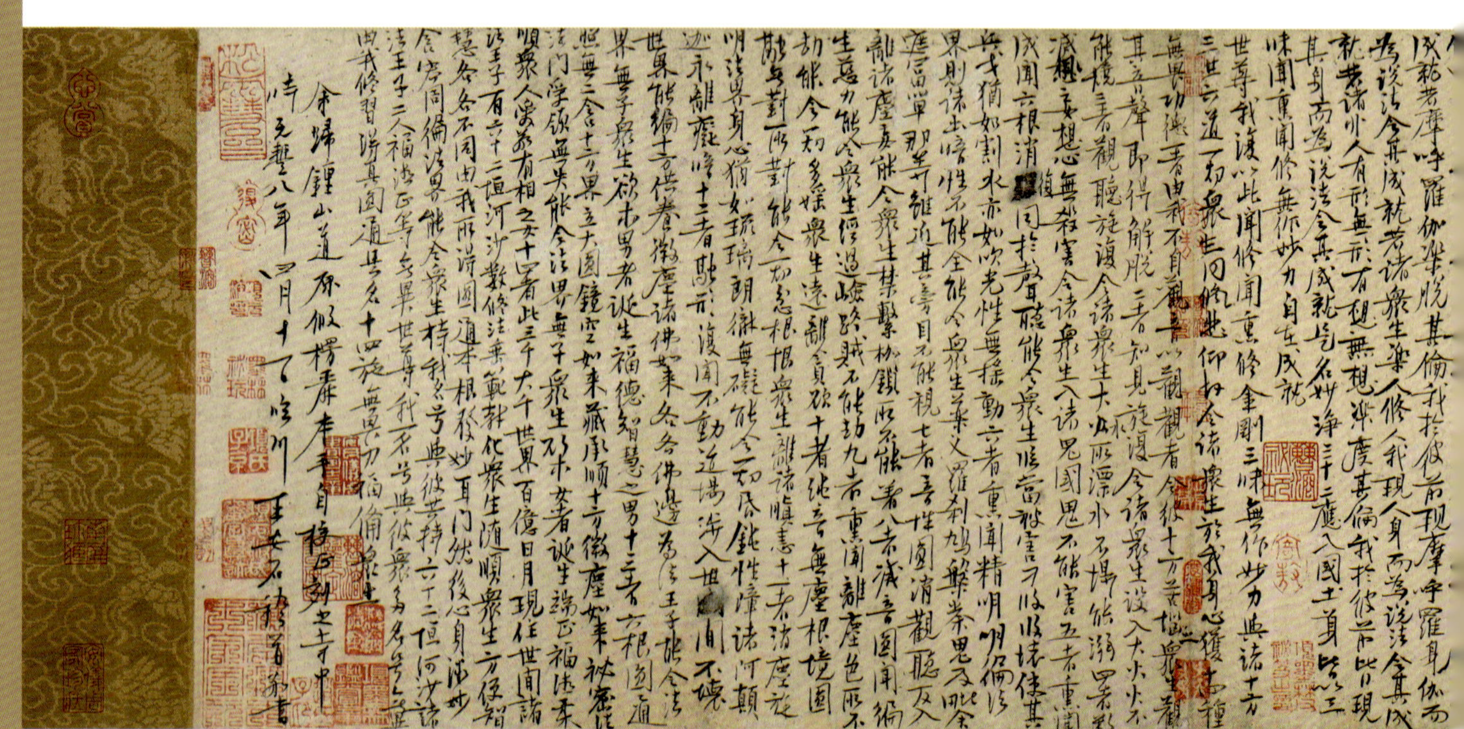

《楞严经旨要》卷不仅是书法艺术的瑰宝，更是王安石晚年思想的重要见证。它展现了政治家身份之外，一位文人深层的哲学追求与精神世界，为理解宋代儒释交融的文化生态提供了独特视角。

此卷经元陈惟寅、明项元汴递藏，钤印累累。几经辗转，1985年由王南屏、房淑嫣捐予上海博物馆，经鉴定为王安石传世真迹，现存47方鉴藏印见证900年流传。

该卷书法以行书为主，笔力遒劲，结构疏朗，兼具沉稳与洒脱。黄庭坚曾评其书法“率意而作，本不求工”，展现王安石晚年超然物外的心境。

纵 29.9 厘米，横 119.0 厘米。
上海博物馆典藏。

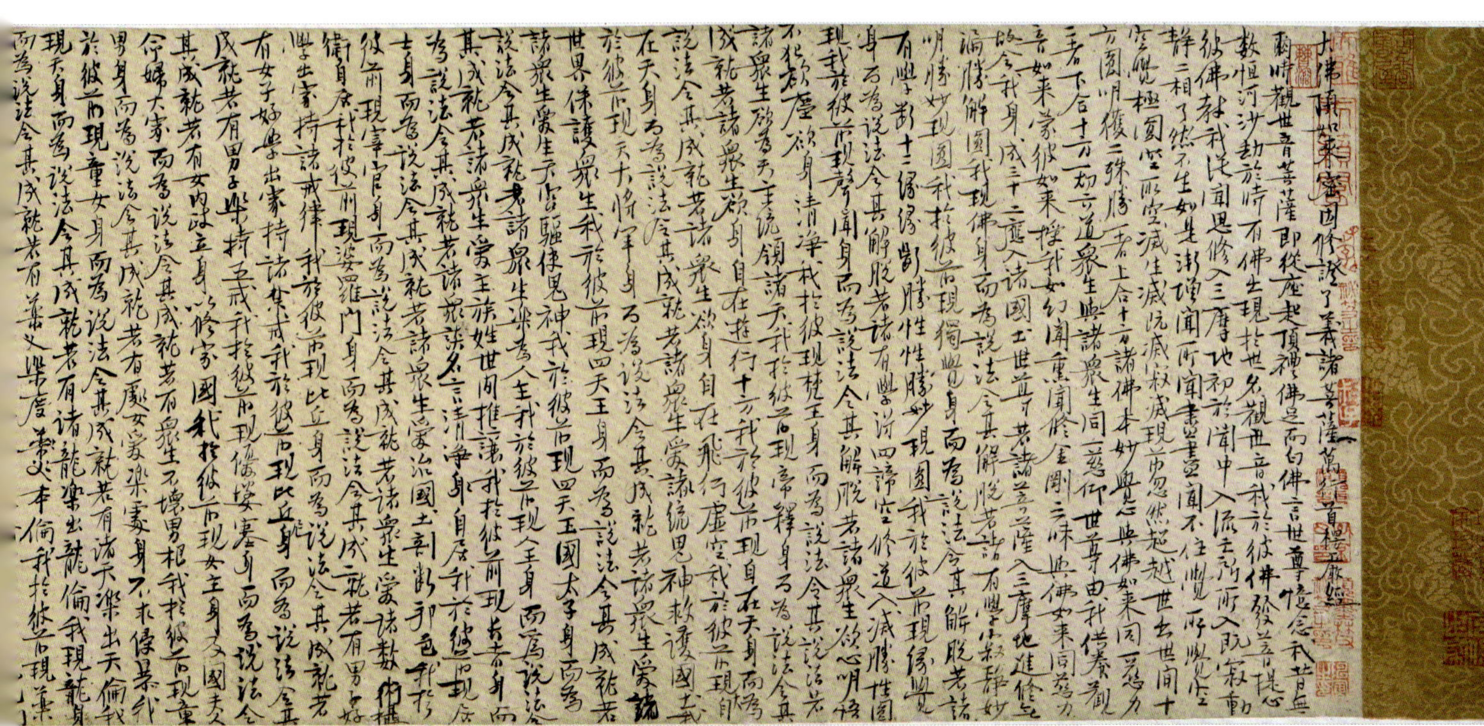

79 黄庭坚《诸上座》卷

北宋 书法·草书 壹级

黄庭坚晚年草书的巅峰之作

黄庭坚的《诸上座》卷（全称《诸上座草书卷》）是中国书法史上极具代表性的狂草作品之一，创作于北宋元符年间（公元 1098 年—1100 年），展现了黄庭坚晚年草书的巅峰造诣。其卷上留有诸多名家的鉴藏印记。

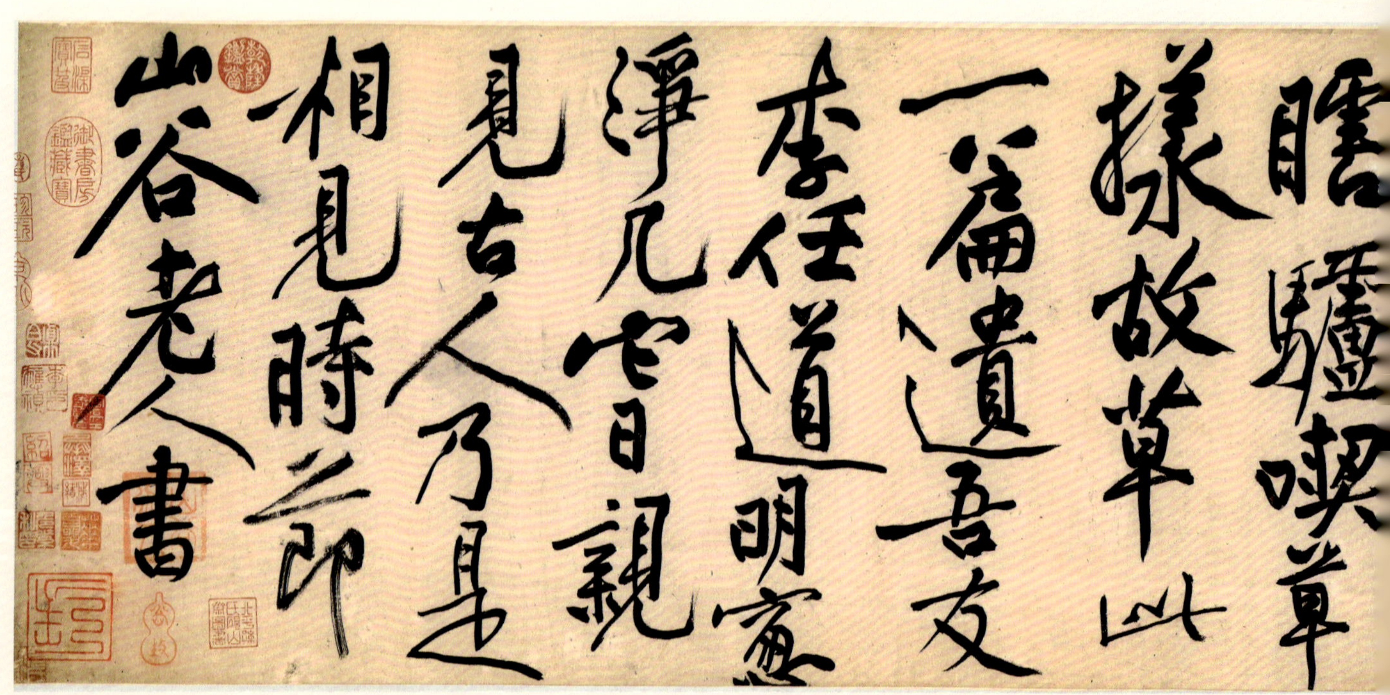

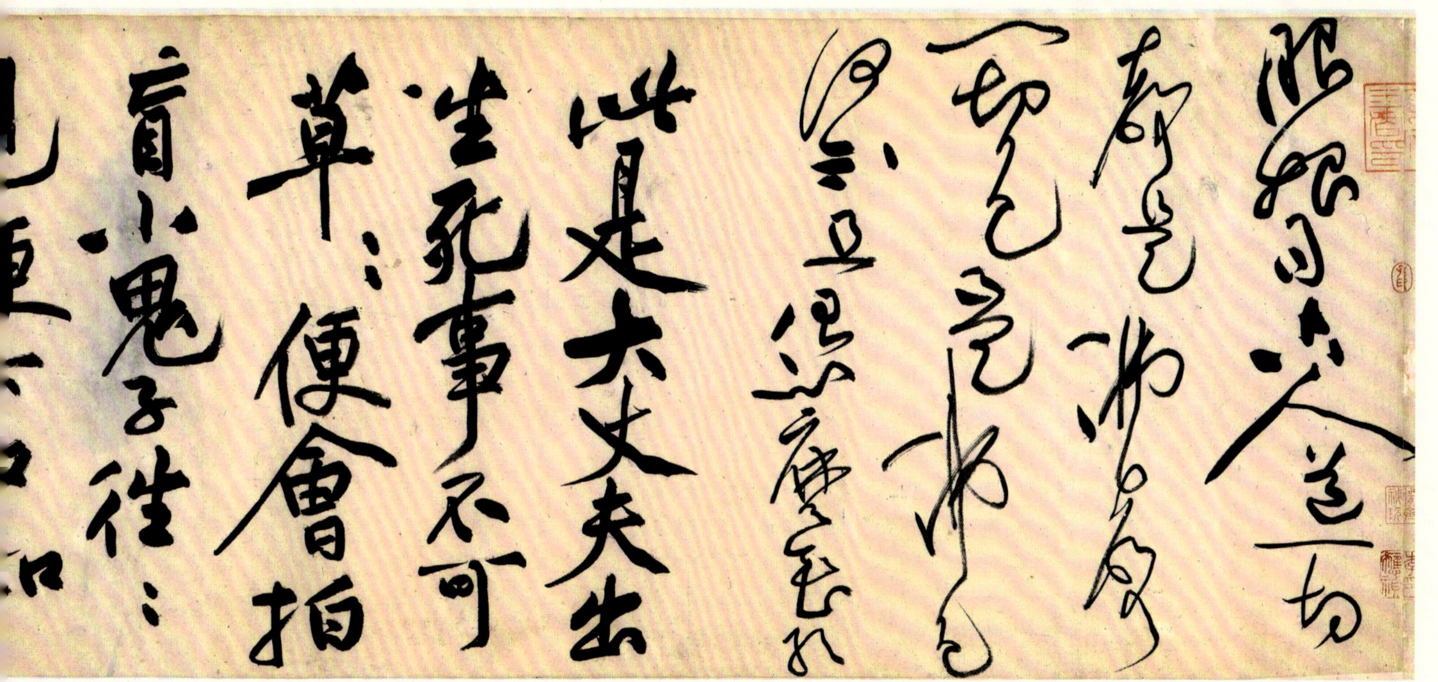

纵 33 厘米，横 729.5 厘米，共 92 行。
故宫博物院典藏。

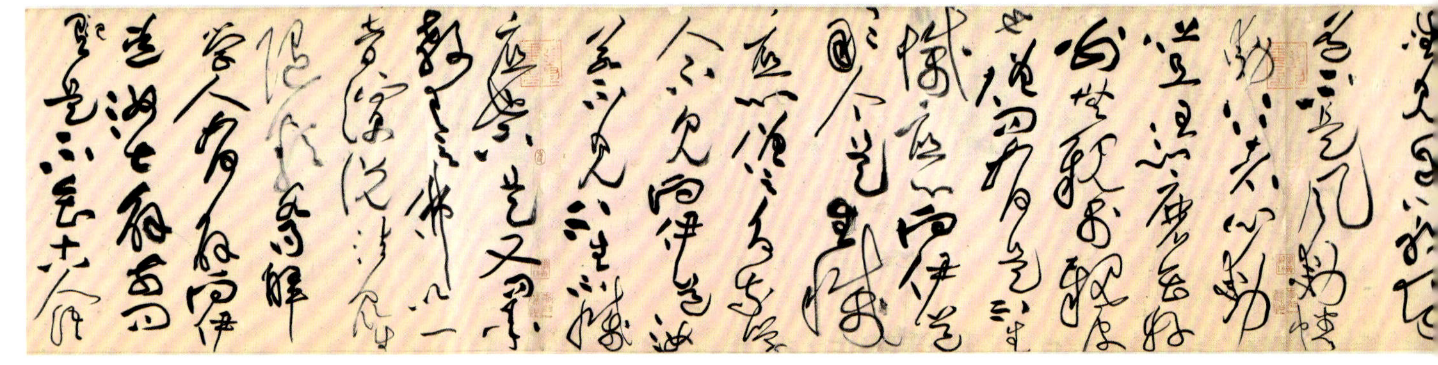

此卷是黄庭坚为友人李任道所书，内容抄录五代金陵文益禅师的《语录》，属于佛家禅语。

书法受唐代怀素、张旭影响，但突破唐代的风格，笔势纵横开阖，点画连绵中见节奏，字形奇崛险绝而不失法度。通篇疏密跌宕，字形大小错落，行气贯通如江河流泻。

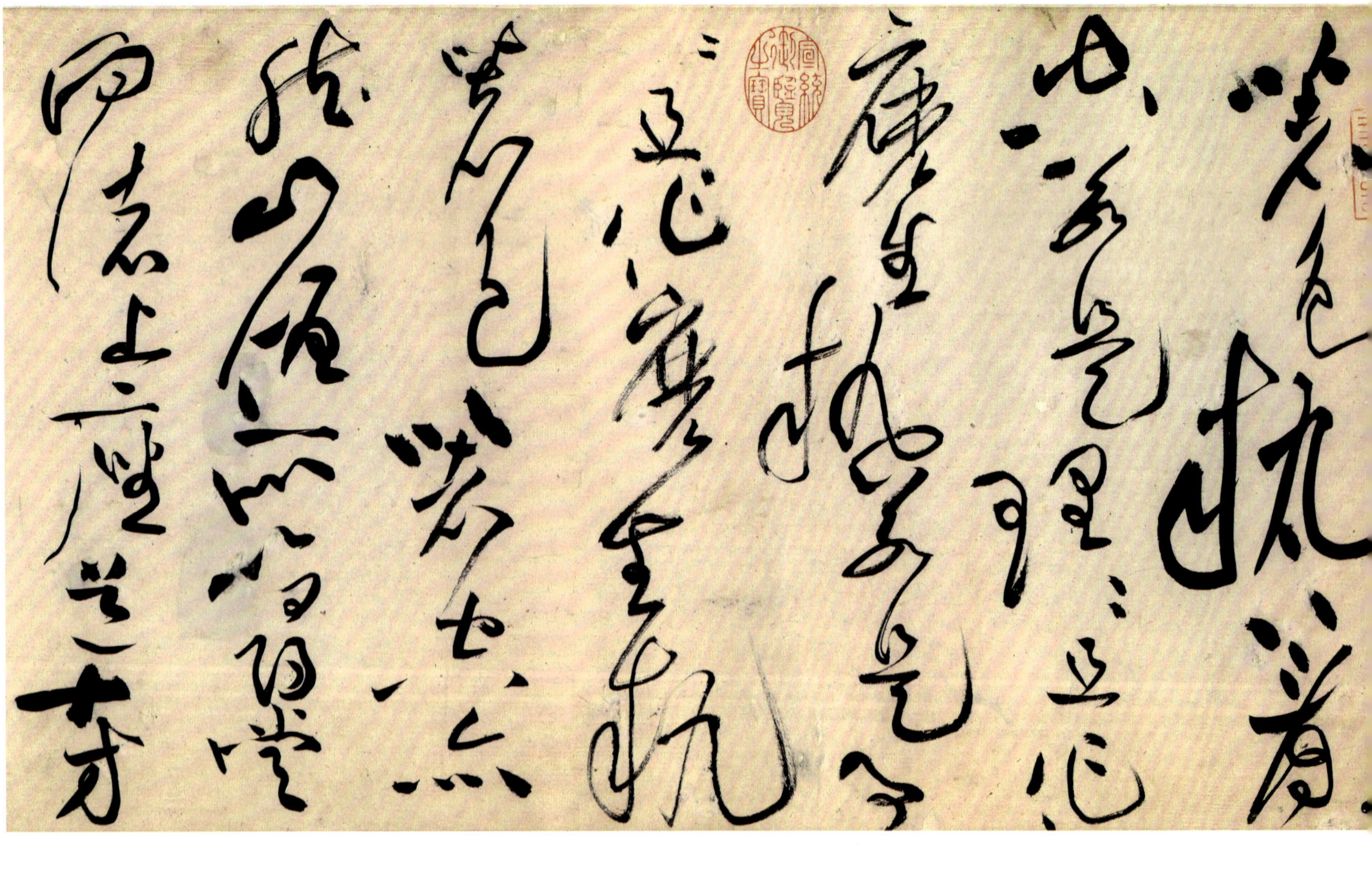

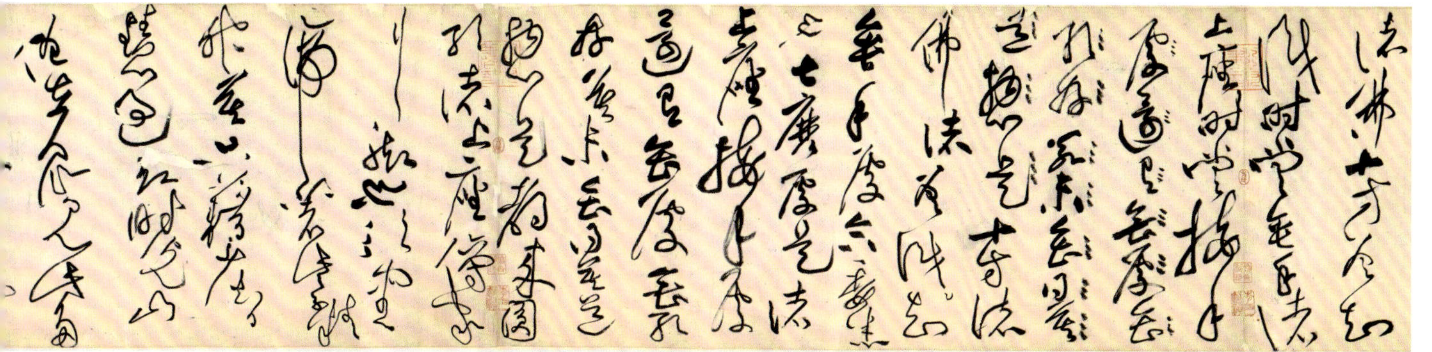

《诸上座》卷不仅是黄庭坚个人书法成就的巅峰，更是中国狂草艺术与禅宗哲学融合的瑰宝。其笔法之奇、境界之高，堪称“以禅入书”的典范，至今仍为研究宋代书法与思想史的重要载体。

该卷的最早收藏者可追溯至南宋高宗内府，随后为贾似道所藏。明代时，它先后由李应祯、华夏、周亮工递藏。到了清初，又被孙承泽的砚山斋珍藏，之后转归王鸿绪所有，乾隆年间进入内府。后来，此卷流落宫外，被张伯驹先生购得，后张伯驹先生将其无偿捐献给国家。

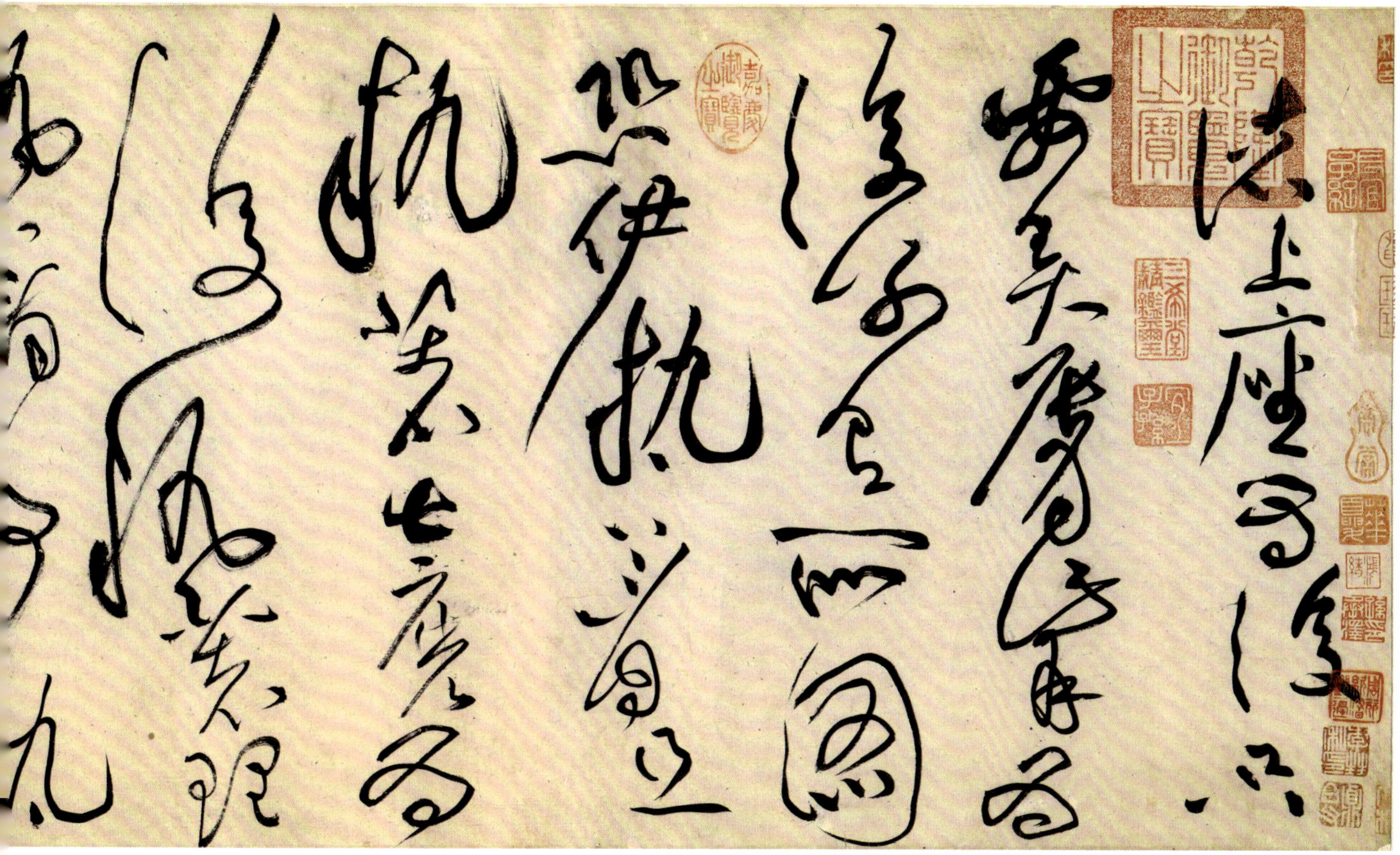

80 米芾《苕溪诗》卷

北宋 **书法·行书** **壹级**

米芾诗、书合璧的杰作

米芾的《苕溪诗》卷是中国书法史上著名的行书代表作之一，创作于北宋元祐三年（公元1088年），末署年款“元祐戊辰八月八日作”。此卷是米芾38岁时游历湖州苕溪（今属浙江吴兴）时所作的诗卷，为米芾中年时期的成熟之作，正值其书法风格形成的关键阶段。

《苕溪诗》卷是米芾个人艺术成就的巅峰之作，此卷不仅展现了米芾高超的书法技艺，还融合了其诗情与文人意趣，堪称诗、书合璧的杰作，更代表了中国文人书法“以书载道”的精神追求。

此卷南宋时曾入内府收藏，后经杨士奇、项元汴等名家递藏，清代入藏乾隆内府，著录于《三希堂法帖》，近代因战乱流散，后由故宫博物院购回并修复。

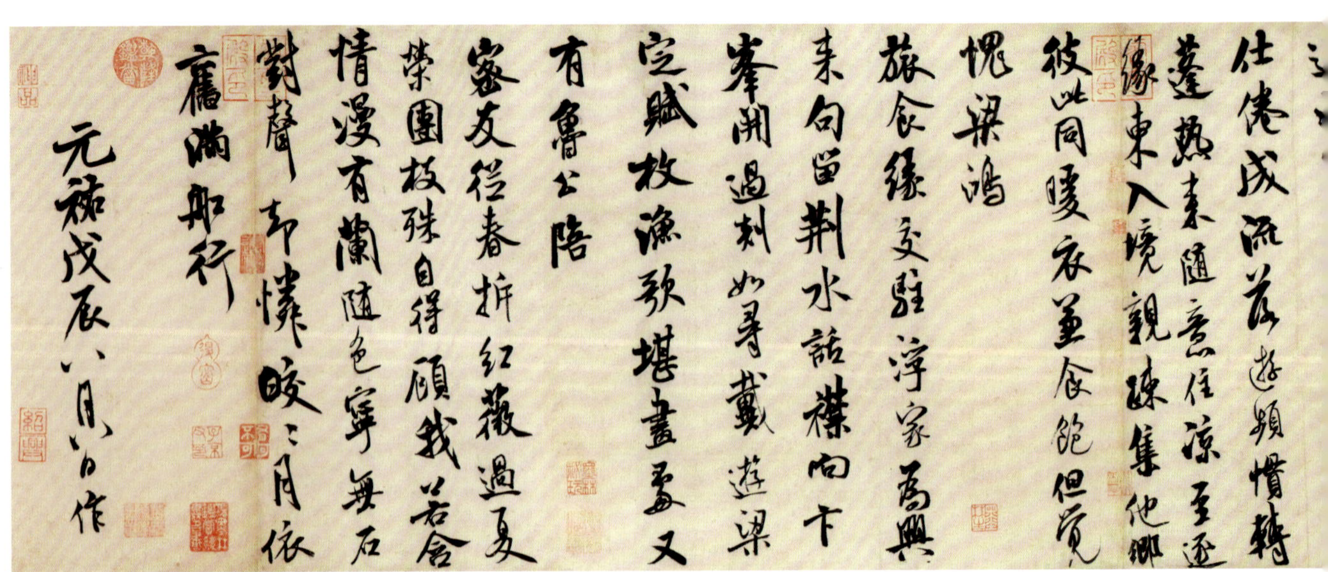

◐《苕溪诗》卷，书写了6首五言律诗，诗中既有对自然景色的赞美，也包含与友人交往的感慨。

米芾以“八面出锋”著称，此卷用笔灵动多变，起收提按极具节奏感，线条爽利劲健，字形欹侧险峻，却重心稳健，呈现出“欲侧还正”的独特美感，行气连贯，疏密有致，字与字间或连或断，通篇一气呵成。

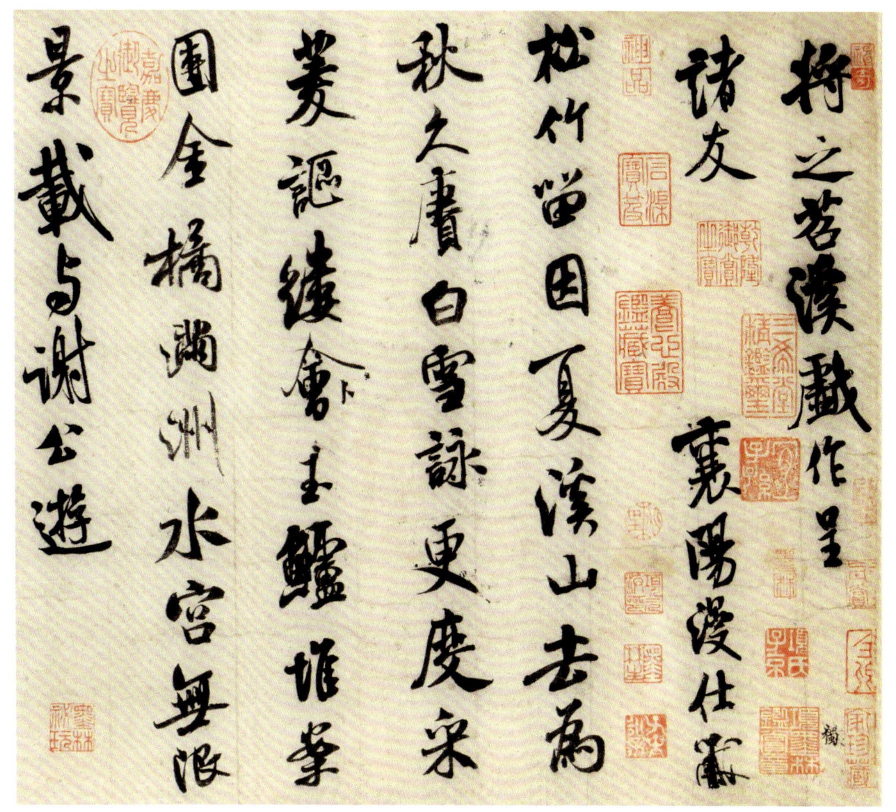

全卷纵30.3厘米，横189.5厘米。共35行394字。故宫博物院典藏。

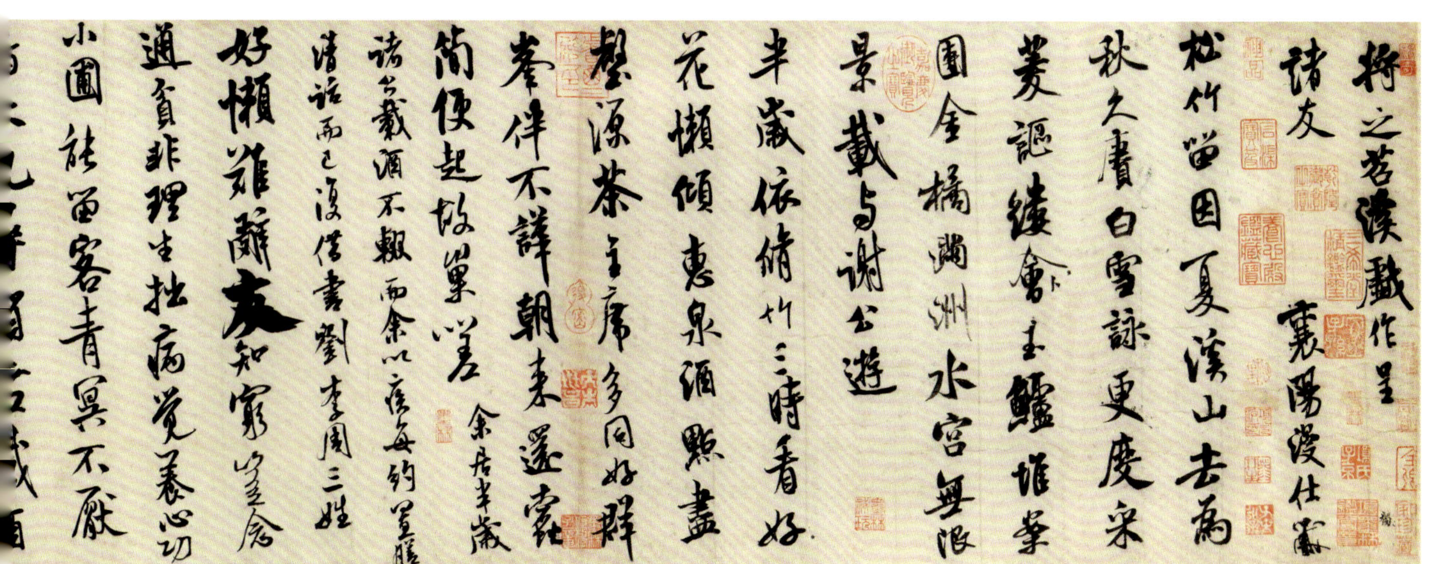

81 赵佶《草书千字文》卷

北宋　书法·草书　壹级

天下一人，绝世墨宝

宋徽宗赵佶（公元 1082 年—1135 年）的《草书千字文》是研究宋代书法艺术的重要文献。这幅草书长卷体现了他在狂放书风上的深厚功力，展现了这位帝王在艺术上的非凡造诣。此卷书写于北宋宣和四年（公元 1122 年），赵佶时年 40 岁，正值其艺术创作的成熟期。此时北宋王朝已危机四伏，但赵佶仍沉浸于艺术世界。

《千字文》是南朝梁代周兴嗣奉梁武帝之命编纂的启蒙读物，四字一句，押韵成文，涵盖天文、地理、历史、伦理等内容。历代书法家如智永、怀素、赵孟頫等均以不同书体书写过《千字文》，于是，《千字文》成为检验书法家功力的经典载体。

赵佶《草书千字文》卷不仅是书法艺术的巅峰之作，更是宋代文化“雅致”与“矛盾”的缩影。作为帝王，赵佶的政治失败与艺术辉煌形成鲜明对比；宋代草书整体趋于式微，赵佶此作在继承唐人狂草的基础上，融入文人意趣，为宋代草书保留了重要的一脉。明代祝允明、徐渭等人的狂草亦深受此卷的影响。

此卷为宋代宫廷旧藏，明代曾为项元汴的“天籁阁”所藏，卷后有清代收藏家梁清标、乾隆内府藏印，流传有序。

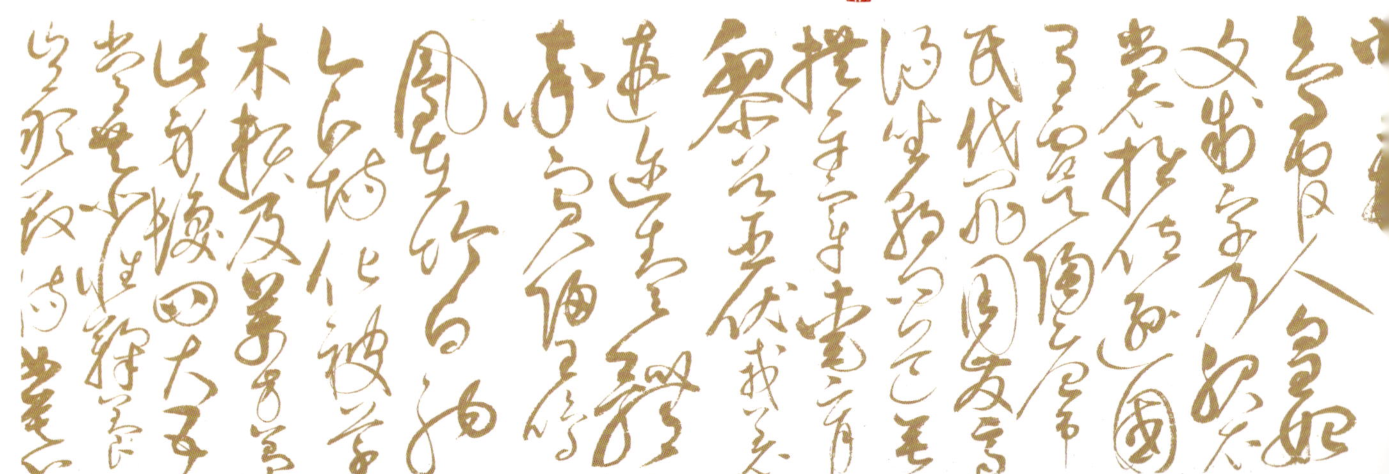

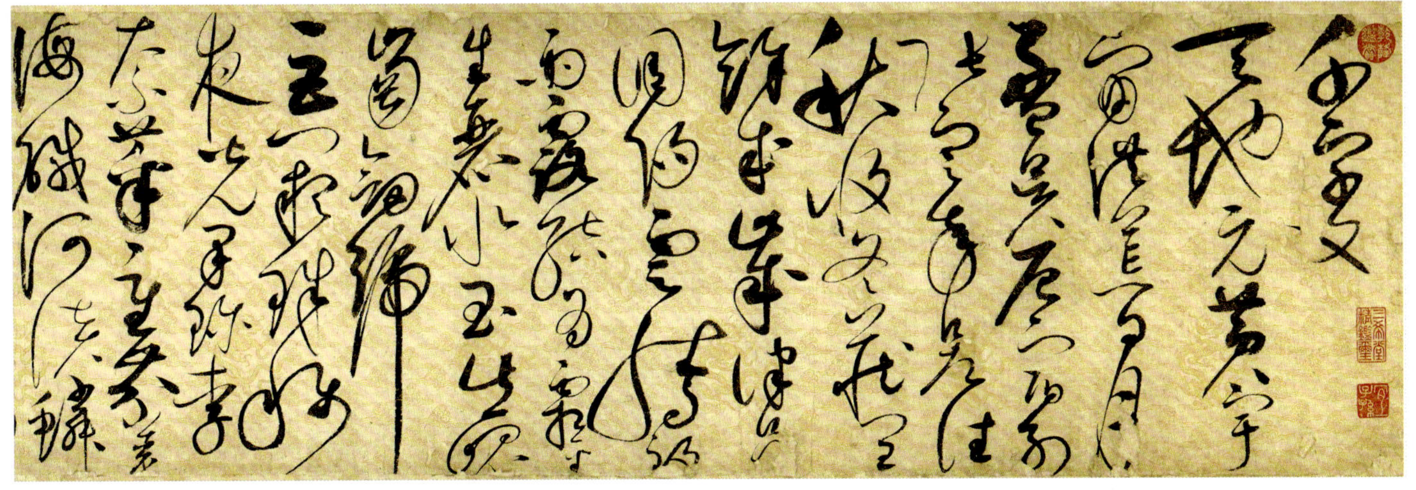

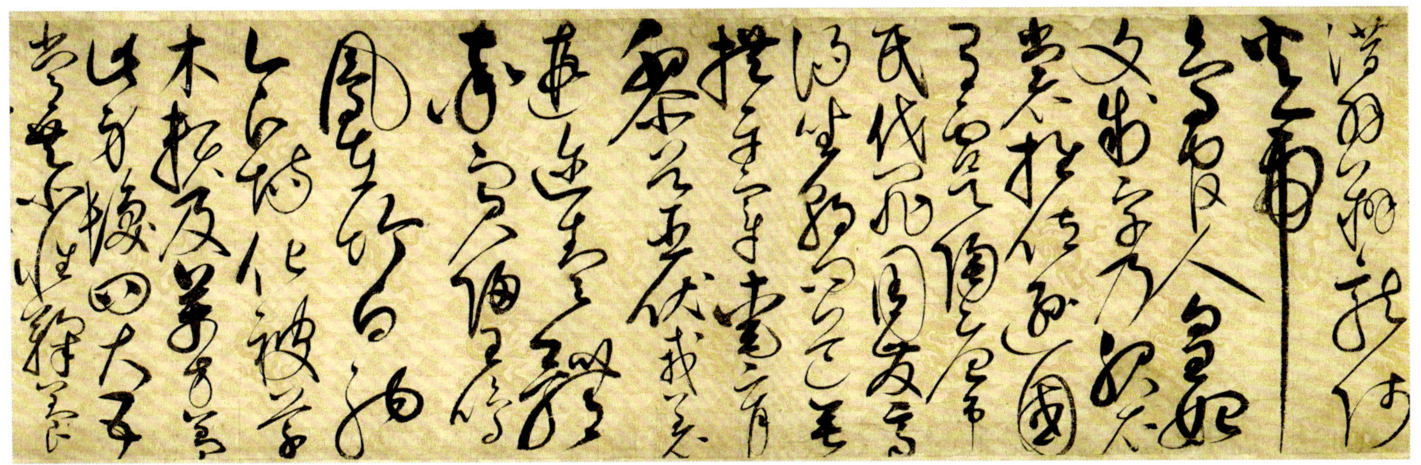

纵 31.5 厘米，横 1172 厘米。
辽宁省博物馆典藏。

作品书于宫廷御用描金云龙底纹白麻纸上，这种纸具有坚韧不易腐的特点，工艺繁杂，而整张 11 米无缝衔接的长卷，极为名贵罕见。

赵佶此卷以“狂草”为基调，但不同于张旭、怀素的恣肆奔放，其笔法在狂逸中仍见法度，线条流畅而不失精准。

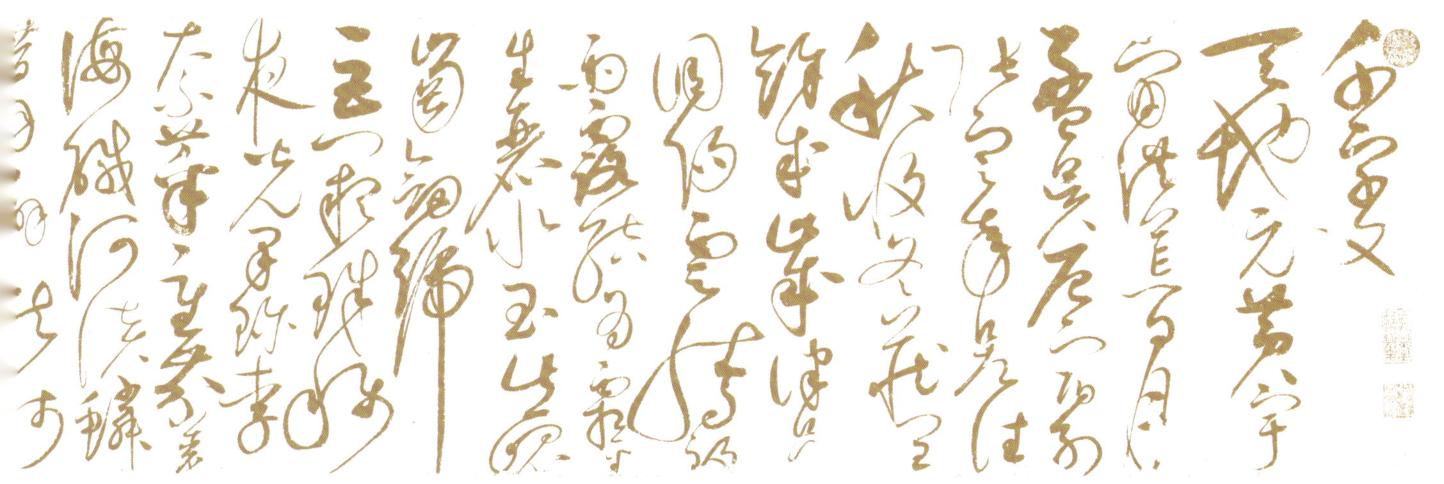

第二单元

绘画

82 展子虔《游春图》卷

隋 **绘画 壹级**

中国现存最古老的独立山水长卷杰作

展子虔的《游春图》被认为是现存最早的独立山水画作，创作于隋代（约公元 6 世纪末至 7 世纪初），在中国绘画史上具有里程碑式的意义；展子虔因其在山水画上的成就而被誉为“唐画之祖”。

画作描绘了春日郊游场景，群山环抱中，碧波荡漾，桃花盛开，士人策马或泛舟，点缀于山水之间，充满闲适的文人意趣。画中建筑、人物服饰等细节为研究隋代社会生活提供了图像资料。

绢本，设色，全卷纵 43 厘米，横 80.5 厘米。
故宫博物院典藏。

◐画面右段山崖交错，层峦叠嶂，青翠山色间点缀朱红花树；中段碧波开阔，一艘游艇荡于湖心，船上的人凭栏远眺，岸边数人策马徐行，沿桃红柳绿的蜿蜒小径游赏春色。

◐画面左段丘陵起伏，林木掩映中可见屋舍院落，山径间有白衣人驻足观景。

作品采用“高远法”与“平远法”结合，山峦层叠，水面开阔，营造出纵深感。
山石以细线勾勒轮廓，树木用点叶法，人物、舟桥虽小但生动传神。
作品以青绿设色为主（故被归为“青绿山水”），山脚施泥金，色彩明丽而不艳俗。

《游春图》标志着中国山水画从早期人物画背景中独立出来，成为独立画科的重要开端。此前六朝时期的山水画多作为人物故事的配景，而此画以自然风光为主体，展现了完整的山水空间结构。

展子虔《游春图》卷北宋入宣和内府，经宋徽宗题签；经元内府，明内府，清内府收藏，著录于《石渠宝笈》。1946 年张伯驹倾尽家财以 170 两黄金购得，避免国宝外流，1956 年他将其捐予国家。

83 韩滉《五牛图》卷

唐 **绘画** 壹级

中国现存最古纸本设色画，韩滉唯一传世画作

韩滉的《五牛图》卷是中国现存最早的一件纸本绘画。韩滉，唐代画家、宰相，擅绘农村风俗景物，所作《五牛图》是其传世的唯一作品。

牛是古代农耕经济的核心，画中五牛无重复姿态，据传韩滉曾长期观察田间耕牛，方得此生动笔触。全卷五头牛平行排列，姿态、方向各异，形成节奏变化，避免单调，画面留白巧妙，突出牛的质朴与田园气息。

《五牛图》反映了唐代对农业的重视与对劳动人民的赞颂，不仅是中国艺术史上的瑰宝，更是唐代社会风貌与人文精神的缩影。

韩滉《五牛图》的流传跨越千年：北宋入宣和内府，南宋归皇室收藏；元代经赵孟頫三次题跋，著录于《松雪斋集》；明代项元汴收藏；清代乾隆帝递藏，录入《石渠宝笈》。

纸本，设色，纵20.8厘米，横139.8厘米。
故宫博物院典藏。

以精准的线条勾勒牛的骨骼、肌肉和皮毛质感，笔法粗犷中见细腻，体现唐代绘画的写实传统。

牛的眼神、鼻孔、蹄甲等细节刻画入微，赋予每头牛独特的形态。

以淡彩渲染牛身，赭石、藤黄等色表现黄牛的毛色，局部用墨色强化结构。牛角的质感和牛耳的褶皱通过晕染呈现立体感。

此画卷近代曾流落香港，1950 年初，国家以 6 万港元购回。1977 年故宫专家揭裱重装，修补数百蛀洞，重现唐画神韵，今为故宫博物院镇院之宝。

84 周昉《挥扇仕女图》卷

唐 绘画 壹级

唐代仕女画唯一传世长卷

周昉的《挥扇仕女图》卷是现存唐代仕女画中场景最宏大的长卷，代表“绮罗人物”画巅峰。全卷生动刻画了 13 位丰颊圆面、云髻高耸的唐代宫廷女子。长卷以横向序列展开五组场景：执扇慵坐、解囊抽琴、对镜理妆、绣案做工、挥扇闲憩。画中服饰、妆容、器物（如菱花镜、绣案、漆奁）为研究唐代宫廷生活、工艺水平提供了图像依据。

《挥扇仕女图》卷集唐代绘画技法之大成，以精妙的艺术语言揭示了宫廷女性的精神世界，承载了唐代社会文化、宫廷生活、女性命运等多重内涵，是研究唐代历史与艺术的重要视觉文献。

绢本，设色，纵 33.7 厘米，横 204.8 厘米。
故宫博物院典藏。

◐全卷人物穿插于梧桐、纨扇、素琴之间，暗含“秋扇见捐”的隐喻。

◐画卷人物体态丰腴，肌肤柔润，衣纹线条“琴丝描”细劲流畅，体现唐代“以肥为美”的审美风尚。仕女发髻高耸，饰以金钗步摇，身着低胸长裙，披帛轻盈，尽显华贵。

人物神态淡漠，或执扇沉思，或对镜自怜，或倚树怅望，含蓄传递深宫女性的孤寂哀怨。

85 孙位《高逸图》卷

唐 **绘画 壹级**

传世罕有的《竹林七贤图》绘画作品

孙位《高逸图》卷是晚唐人物画的杰出代表，为《竹林七贤图》残卷，描绘的是山涛、王戎、刘伶、阮籍分别坐于华美的花毯上，神态悠然，举止洒脱的场景。

唐代传世人物画真迹极少，《高逸图》是少数未被后世摹本替代的作品，为研究晚唐绘画提供了直接依据。画上钤有北宋内府“宣和”“双龙”印，宋徽宗赵佶题签时命名为《高逸图》。

丝绢，设色，纵 45.3 厘米，横 169.1 厘米
上海博物馆典藏。

四位高士姿态各异，或袒胸露腹、持扇沉思，或手执麈尾、倚靠隐囊，神情超然，体现了魏晋名士“越名教而任自然”的风度。

侍童或捧琴、或持书卷，器物细节精致，反映了贵族生活的雅趣。

画卷设色雅致，以淡彩为主，人物衣袍与花毯的纹饰对比鲜明。

画面采用“一树一石一人物”的间隔式布局，疏密有致，既独立成章又连贯统一。

孙位《高逸图》卷不仅是唐代人物画的巅峰之作，其精湛的技法、深邃的意境，让后世得以窥见晚唐士人的精神世界与艺术追求，具有极高的艺术、历史与研究价值。

86 王齐翰《勘书图》卷

五代 **绘画 壹级**

五代文人诗意的书斋世界

王齐翰《勘书图》卷是五代南唐时期的一幅重要人物画作品。此画以细腻的笔触和生动的场景，展现了五代时期文人的雅致生活。画面描绘一名文士坐于屏风前勘校书籍的闲适场景，主角袒胸赤足，左手扶椅，右手执笔，左目微闭作挑耳状（所以此图又称《挑耳图》）。

纵 28.4 厘米，横 65.7 厘米。
南京大学考古与艺术博物馆典藏。

◐屏风上的青山绿水采用“一江两岸”式构图，山石以披麻皴勾勒，暗示文人寄情山水的隐逸情怀。

◐书案、圈椅、榻等家具刻画精细，反映五代时期家居文化的特点。主角的慵懒姿态与专注神情形成对比，生动捕捉了文人“忙里偷闲”的瞬间。

《勘书图》卷不仅是王齐翰艺术成就的集中体现，更是五代南唐文化风貌的缩影。其融合了人物、山水、家具、屏风等多种元素，以精微的写实技巧与文人意趣，构建了一个充满诗意的书斋世界。

这件王齐翰《勘书图》卷流传经历可考，最初由南唐后主李煜收藏于宫中。北宋时期，该画作先被王诜收藏，后又入藏北宋皇家内府，宋徽宗为其题字“王齐翰妙笔”。后人结合画面上的“勘书图”三字，此画得以最终命名，其为存世唯一可确认的王齐翰真迹。北宋灭亡后，画作流入民间，清末时被端方收藏，后被美国收藏家福开森购得并捐赠给金陵大学，国宝《勘书图》卷得以回家。金陵大学在建国后的高等教育院系调整中，部分并入南京大学，此件画作随之入藏南京大学。

87 周文矩《重屏会棋图》卷

五代　绘画　壹级

中国古代绘画中空间与叙事的深度结合

绢本，设色，纵40.3厘米，横70.5厘米。
故宫博物院典藏。

南唐宫廷画家周文矩的《重屏会棋图》卷是五代南唐时期的一幅重要人物画作品，此画以独特的构图和精妙的艺术表现闻名，不仅展现了南唐宫廷生活的片段，还通过“重屏”的巧妙设计，体现了中国古代绘画中空间与叙事的深度结合。

画面中心四人围坐棋案，经过几代学者研究得出居中戴高冠者可能为中主李璟，其余三人为其兄弟。侍从立于一侧，背景是一扇巨大的屏风，屏风上绘有一幅文人倚榻休憩的场景，而此场景中又嵌套了一扇山水屏风，形成“屏中有屏”的视觉效果，故称“重屏”。

《重屏会棋图》兼具宫廷画的写实性与文人画的意境追求，屏风中的山水已显露出早期文人山水画的雏形，反映了五代艺术从唐代工笔重彩向宋代水墨意趣的转变，是解读南唐宫廷艺术与文人精神的重要窗口。

此图自清宣统朝流出宫廷后散落民间。1949年后，国家文物局购回，并入藏故宫博物院。

◐画面通过三重空间（现实人物、屏风文人、屏中山水）的嵌套，打破单一画面界限，营造出虚实相生的层次感。

人物衣纹采用周文矩典型的“颤笔描”技法，线条细劲曲折，略带颤动感，面部表情细腻，突出人物性格差异。

88 胡瓌《卓歇图》卷

五代 **绘画** 壹级

生动展现游牧民族狩猎卓歇的场景

胡瓌是五代时期重要的契丹族画家，以描绘北方游牧民族生活场景著称。传世名作《卓歇图》卷生动再现了游牧民族贵族狩猎归来的休憩场景，堪称研究辽代社会风貌的视觉史诗。

“卓歇”意为立帐歇息，画作描绘游牧民族贵族率部狩猎后驻扎休整的场景。画图以长卷形式展开，共绘四十余人、三十余匹马及猎犬、旗鼓等元素，分为“狩猎归来”“立帐宴饮”“歌舞助兴”三部分，展现了游牧民族特有的生活节奏与礼仪文化。

《卓歇图》凝固了游牧民族的豪迈与细腻，不仅是一件艺术杰作，更是一部流动的草原史诗。

《卓歇图》卷历经宋元明清四代鉴藏家之手，乾隆皇帝为这幅画创作《卓歇歌》。此卷从民间到宫廷，再因近代战乱散佚后重归国家收藏。

绢本，设色，纵33厘米，横256厘米。
故宫博物院典藏。

◐右侧人马聚集，呈现归营的喧闹，人物面容圆润、髡发左衽，马匹矮壮矫健。

◐中部帐篷内贵族盘坐宴饮，形成视觉重心；左侧乐舞场景则延伸空间层次。帐篷形制及地毯纹样均具契丹特色，帐篷内贵族着汉式袍服，案上陈设瓷器可能来自中原。

89 顾闳中《韩熙载夜宴图》卷

五代 绘画·宋摹本 壹级

“中国十大传世名画”之一

绢本，设色，纵 28.7 厘米，横 335.5 厘米。
故宫博物院典藏。

《韩熙载夜宴图》是五代十国时期南唐画家顾闳中的传世名作，此画以长卷形式描绘了南唐大臣韩熙载在家中设宴行乐的场景，展现了五代时期贵族生活的风貌。此画创作于南唐后期国势衰微时期，顾闳中奉诏书而画，现存两种说法，其一是后主李煜想要重用韩熙载，命令顾闳中暗中观察韩熙载的日常，再画出来用做考察；其二是因为韩熙载生活荒纵，后主很生气，又不好直接严厉斥责他，遂让顾闳中作此画，再将此画赐给韩熙载，希望韩熙载看了画之后会惭愧改过。

全卷以连环画式构图分为五段，通过屏风、几案等巧妙分隔场景，呈现夜宴全过程。

◐韩熙载和众人围坐聆听琵琶演奏，神态松弛。

◐韩熙载为舞姬王屋山的六幺舞击鼓伴奏。

◐韩熙载坐榻休憩，侍女捧水盆侍候。

◐乐女吹奏笛箫，韩熙载执扇盘坐，沉醉乐声。

◐宴罢客散，韩熙载伫立挥手。

《韩熙载夜宴图》被誉为“中国十大传世名画”之一，真实再现南唐贵族宴饮、乐舞、服饰等生活场景，为研究五代音乐、家具、服饰提供了珍贵资料。

自古以来，有关《韩熙载夜宴图》的著录不胜枚举。这一卷经过专家从各个角度的深入考证，可以确定是南宋孝宗至宁宗朝（公元1163年—1224年）的摹本。此摹本在风格上忠实传承了顾闳中原作的神韵，生动地再现了原作的艺术风貌，且在艺术造诣上达到了相当高的水准，堪称流传有序、极具观赏价值的古代绘画珍品。

90 卫贤《高士图》轴

五代 **绘画 壹级**

展现“相敬如宾，举案齐眉”的典故

卫贤的《高士图》轴是中国五代南唐时期的重要绘画作品，是卫贤为数不多的传世作品之一。

此画以汉代隐士梁鸿与其妻孟光“举案齐眉”的典故为主题，画面中梁鸿端坐榻上读书，孟光恭敬举案（托盘）齐眉奉食，展现了夫妻相敬如宾的场景。卫贤以界画技法精细描绘了画面中的建筑结构（如房屋、木栏等），建筑与人物形成稳定的几何构图；画面背景以山水环绕，山水与建筑、人物融为一体。

《高士图》轴是现存最早的以“高士”为主题的人物画之一，作为五代界画的代表，卫贤的技法对后世影响深远，为后世界画的发展奠定了重要基础。

绢本，设色，纵 134.5 厘米，横 52.5 厘米。
故宫博物院典藏。

91 董源《夏景山口待渡图》卷

五代 绘画 壹级

中国水墨从写实向写意的转型

董源的《夏景山口待渡图》卷是中国五代南唐时期山水画的经典之作，此作现存版本为绢本水墨淡设色，画面描绘江南水乡的渡口场景，山峦绵延，水面开阔，近处有旅人待渡，舟楫隐现于烟波之中，主要强调“待渡”这一动态场景。

画卷采用典型的平远构图，以横向展开的视角呈现江南丘陵地貌。以柔韧的长线条勾勒山体轮廓，用浓淡墨点表现草木葱茏，通过淡墨晕染天空、水面和远山，强化空间纵深感。

绢本，设色，纵约 50 厘米，横约 320 厘米。辽宁省博物馆典藏。

《夏景山口待渡图》卷不仅是江南山水美学的典范，更代表中国水墨从写实向写意的转型，开创了与北方山水迥异的审美体系。

董源《夏景山口待渡图》卷南宋时入内府，钤“绍兴”印；明代经项元汴收藏，董其昌题引首；清代入乾隆内府，著录于《石渠宝笈》初编，清宫重裱后于清宣统年间流散民间，1950年代征集入藏辽宁省博物馆。

92 黄筌《写生珍禽图》卷

五代 绘画 壹级

中国现存最早、最完整的花鸟画作品之一

黄筌的《写生珍禽图》卷，创作时间为五代后蜀时期，约公元 10 世纪中叶，是一幅写生画稿，共描绘了 24 只禽鸟、昆虫等小动物，包括麻雀、白头鹎、蚱蜢、蝉、蜜蜂、乌龟等，这些动物以散点式排列于画面中。

此画是现存最早以“写生”为主题的花鸟画作，标志着中国花鸟画从唐代装饰性风格向写实主义的转型。《写生珍禽图》不仅是一幅画作，更是研究五代绘画技法和美学思想的重要实物资料。

绢本，设色，纵 41.5 厘米，横 70.8 厘米。故宫博物院典藏。

◐黄筌以“写生”为核心，注重对自然生物的细致观察。每只禽鸟的羽毛、喙爪，昆虫的翅膀、触须均用细笔勾勒，敷色浓丽而不失层次感。

93 王诜《渔村小雪图》卷

北宋 **绘画 壹级**

北宋山水画融合写实与写意的典范

《渔村小雪图》卷是北宋文人王诜山水画的经典之作，手卷形式，成画于北宋中后期，可能为王诜被贬后所作。

画卷描绘冬日小雪初霁的江南渔村景象，融合自然山水与人文活动，画面中寒林萧疏、山峦叠嶂，渔人劳作、高士垂钓，动静相宜，展现“可行、可望、可游、可居”的山水理想。

《渔村小雪图》通过精湛的笔墨与深邃的意境，将自然景观与文人理想融为一体，不仅是王诜个人艺术成就的巅峰，也是北宋山水画融合写实与写意的典范。

绢本，设色，纵44.5厘米，横219.5厘米。
故宫博物院典藏。

◐以留白与淡墨渲染还在峰顶、树杈、沙脚施以白粉表现积雪，山石轮廓以水墨勾勒。

◐画卷采用“平远”与“高远”结合的透视法，层次分明。近景为渔夫收网、舟子撑篙，中景高士垂钓，江面开阔，渔舟点缀，远景雪山绵延，营造深远的空间感。

94 梁师闵《芦汀密雪图》卷

唐 **绘画** 壹级

北宋雪景山水画的经典之作

梁师闵的《芦汀密雪图》卷是北宋时期的一幅绢本设色山水画杰作，创作于北宋晚期（12 世纪初）。此画以冬日的雪景为主题，描绘了江南水乡芦汀密布的静谧雪景，是宋代院体画中极具代表性的小品山水作品之一。

《芦汀密雪图》是北宋雪景山水画的经典之作。其精微的笔法、清冷的意境和诗画交融的特质，是研究北宋绘画史不可或缺的重要作品。

绢本，设色，纵 26.5 厘米，横 145.6 厘米。
故宫博物院典藏。

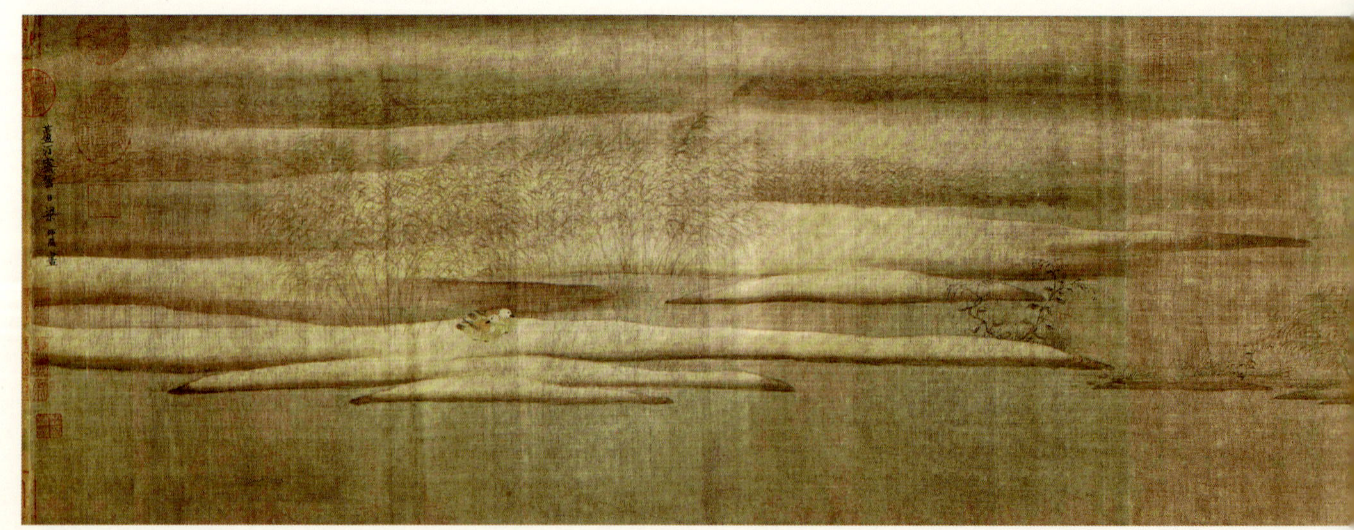

画作以冬日江南水泽的雪景为背景，描绘了寒林、芦苇、水禽与远山。画面中白雪茫茫，天地空寂，几丛芦苇在寒风中摇曳，岸边和水里游荡着几只野鸭，远处山峦若隐若现，整体透露出一种萧瑟之感。

95 祁序《江山放牧图》卷

北宋 绘画 壹级

田园风俗画的杰出代表

祁序的《江山放牧图》卷是北宋时期罕见的田园风俗画杰作，被公认为其唯一可信的传世真迹。此卷突破传统山水画“隐逸山水”的框架，将视角转向民间田园生活。画中牧童、牛群、渔舟、村落等元素交织，呈现出一幅生机勃勃的农耕图景，是北宋风俗画的早期代表。

绢本，设色，纵 47.3 厘米，横 115.6 厘米。
故宫博物院典藏。

近处柳荫牧牛，中部河网交错，远方群山隐现；牛身用笔简练而精准。

水面波纹以细笔勾描，山峦起伏，空间层次深远。

《江山放牧图》卷以诗意的笔触再现了北宋江南的田园景致，将山水格局与世俗生活巧妙融合，不仅是祁序艺术生涯的唯一传世孤品，更是一部“宋代江南田园影像志”。

96 李公麟《摹韦偃牧放图》卷

北宋 绘画 壹级

中国古代鞍马题材的巅峰之作

李公麟的《摹韦偃牧放图》卷是北宋绘画艺术的瑰宝，也是研究唐代至宋代鞍马画风演变的重要作品。

画卷描绘皇家牧场中马夫牧放群马的场景，共绘有 1200 余匹马和 140 余名牧人，规模宏大，布局疏密有致。

绢本，水墨淡设色，纵 46.2 厘米，横 429.8 厘米。
故宫博物院典藏。

开端：马群聚集，牧人驱赶马匹出厩。
中段：马群分散于河谷平原，或饮水、嬉戏，或悠闲觅食，动态各异。
结尾：马匹渐行渐远，融入暮色山峦，暗含“牧归”之意。

◐马匹姿态多样，奔跑、翻滚、嘶鸣、休憩，无一雷同，展现画家对马性的深刻观察。
牧人形象简练，或骑乘、或步行，衣纹用笔简洁，神态生动。

《摹韦偃牧放图》卷不仅是李公麟个人艺术成就的体现，更是连接唐、宋绘画的重要纽带。它既保留了唐代鞍马画的恢宏气象，又注入了宋代文人画的细腻与意境，堪称中国古代鞍马题材的巅峰之作。

97 张择端《清明上河图》卷

北宋 绘画 壹级

以平民视角记录世俗生活，宋代生活的珍贵图像

张择端的《清明上河图》是中国绘画史上最著名的风俗画长卷之一，创作于北宋末年（约12世纪初）。画卷以清明节为时间背景（一说“清明”为政治清明的隐喻），用细腻的笔触全景式展现了北宋都城汴京（今河南开封）的繁华市井风貌和世俗生活场景。

全卷共绘800余人、牲畜60余匹、船只20余艘、房屋楼宇30多栋，车轿20余件，树木170余棵，细节丰富。

绢本，淡设色，纵24.8厘米，横528厘米。
故宫博物院典藏。

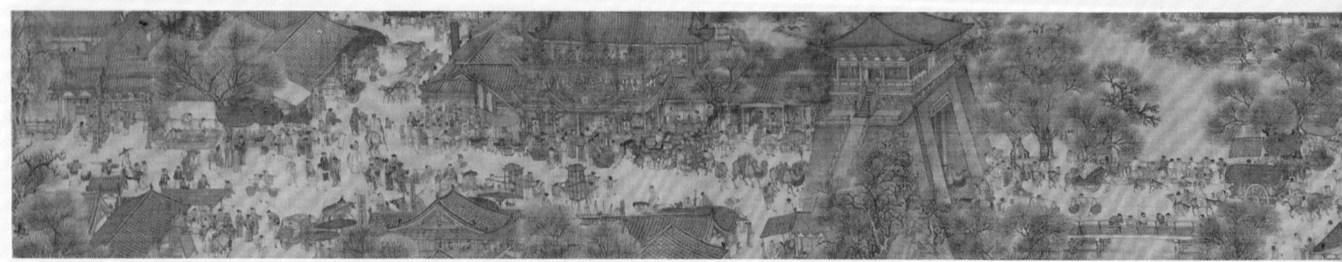

《清明上河图》不仅是一幅艺术杰作，更是一部凝固的“北宋纪录片”。直观呈现北宋商品经济、漕运系统、城市管理、民俗节庆等，打破传统绘画对帝王将相或山水隐逸的偏好，以平民视角记录世俗生活，是研究宋代社会的第一手图像资料。

◐后段进入繁华城区，酒楼、药铺、茶肆、当铺鳞次栉比，行人摩肩接踵，士农工商、僧侣乞丐等各色人物穿插其间，甚至有“外卖小哥”身影，堪称北宋市井生活的百科全书。

◐ 开卷汴京郊外：疏林薄雾中农夫赶着驴，踏青归来的轿队缓行其间，展现宁静的田园气息。

◐ 中段以虹桥为中心，描绘汴河上船只往来、纤夫拉船、商贾云集的场景。虹桥下大船过桥的紧张瞬间是全卷高潮，人物动态生动，细节如绳索、桅杆、围观者的表情均纤毫毕现。

98 王希孟《千里江山图》卷

北宋 绘画 壹级

锦绣山河画卷——青绿千峰耀古今

《千里江山图》卷是天才少年画家王希孟唯一传世作品，创作于宋徽宗政和三年（公元 1113 年）。王希孟 18 岁便能成就此卷，可谓天资隽永。

此卷以青绿重彩绘连绵群山与浩渺江湖。全景式构图展现千峰竞秀、万壑争流，其间穿插渔村野市、水榭长桥、舟楫行旅，点缀飞鸟竹木。石青、石绿等矿物颜料层叠敷染，山体璀璨如宝石，水波以细笔勾勒，旭日暮霭交替于近 12 米长卷，尽显北宋江山瑰丽雄浑，堪称青绿山水巅峰巨制。

全卷绘有约 200 人，虽细小如豆，但动态鲜活：渔夫撒网、旅人赶路、僧侣参禅、士人观景，展现社会各阶层生活。

绢本，设色，纵 51.5 厘米，横 1191.5 厘米。故宫博物院典藏。

江山千里望無垠元氣淋漓運以神北宋院誠鮮二本三唐法總弗多皴可驚當世王和趙已詡一堂君與臣易不自思作人者尔時調鼎作何人
丙午新正月
御題

◐ 右侧卷首以高耸的山峰和平静的江面开篇，山体陡峭嶙峋，石青、石绿颜料层层叠染，山间点缀苍松翠柏，云雾缭绕，飞瀑直下。

山脚零星的渔村，江面上渔舟轻泛，展现江南水乡的静谧。

◐画面中部渐趋开阔，江面宽阔，水波荡漾，长桥、木桥横跨两岸，岸边停泊渔船，行人或撑伞过桥，或驻足交谈。

◐ 山间散布茅屋，村民围坐草庐中，农夫荷锄而行，渔人划动渔舟，呈现安静宁逸的生活场景。

细节处可见山间小径曲折，樵夫挑担而行，羊群散落坡地，充满生机。

卷尾山势再度拔起，主峰巍峨，远山渐隐于雾霭中，与天际相接。
江面由窄变宽延伸至天边，渔舟归航，暮色将至。
画中既无险峻荒寒之景，亦无战乱疾苦，而是将南北山水特征融合，构建出富庶、安宁的“桃源之境”，反映宋徽宗“丰亨豫大”的盛世理想。

《千里江山图》以其恢宏的构图、细腻的笔法和绚丽的色彩闻名于世，不仅是一件艺术杰作，更是宋代美学、科技（如颜料工艺）与哲学思想的结晶，被誉为“中国青绿山水画第一神品”，至今仍以其超越时空的魅力震撼世人。

99 马和之《后赤壁赋图》卷

南宋　绘画　壹级

画风疏朗空灵，将赤壁重游的场景化为视觉诗篇

马和之的《后赤壁赋图》卷以水墨淡彩演绎苏轼名篇《后赤壁赋》，水墨氤氲间，孤鹤、峭壁、扁舟再现“月白风清”的美好夜景。开卷夜山、泛舟赤壁、登岸游山、遇鹤化仙等场景，分别呼应文本，结尾枯木寒枝，意境寂寥显超然之境。

苏轼的《后赤壁赋》是其贬谪黄州期间所作，通过夜游赤壁的叙事，抒发人生感悟与超然物外的哲思。马和之以此为蓝本，将文学意境转化为视觉图像，体现了宋代文人“诗画一体”的审美追求。

绢本，设色，纵 25.9 厘米，横 143 厘米。故宫博物院典藏。

◐画作采用长卷形式，分段描绘《后赤壁赋》的情节，如苏轼与友人泛舟赤壁、登岸游山、遇鹤化仙等场景。画面疏密有致，山石、江水、人物布局错落，营造出空灵悠远的意境。

◐画中人物形象简练，苏轼与友人姿态洒脱，与自然山水融为一体。孤鹤的出现象征超脱尘世的理想，暗示苏轼对人生境界的追求。

马和之通过《后赤壁赋图》将文学意境转化为视觉语言，既忠实于苏轼原文的哲思，又以绘画的含蓄性延伸了文本的想象空间。这种“诗画合璧”的创作方式，体现了宋代文人对艺术与生活、自然与心灵的深刻理解，成为中国艺术史上文人画的典范之作。

100 赵伯骕

《万松金阙图》卷

南宋 绘画 壹级

万株青松以细笔勾针，层叠如碧海翻涌

绢本，青绿设色，纵 27.7 厘米，横 136 厘米。
故宫博物院典藏。

赵伯骕《万松金阙图》卷为南宋青绿山水神品，绘临安凤凰山月夜宫阙。万株松林碧浪翻涌，金顶殿宇隐现山巅，泥金勾檐、朱鹭白鹤点景。此卷是赵伯骕存世极少的真迹之一。

赵伯骕（公元 1124 年—1182 年）是南宋著名画家，与其兄赵伯驹并称“二赵”，均为青绿山水画的代表人物。他们出身宋代宗室，活跃于宋高宗时期，以精工细丽的青绿山水和界画（建筑画）闻名。

此卷画面以连绵的松林为主体，山峦层叠，云雾缭绕，其间点缀金碧辉煌的楼阁殿宇，远处江面开阔，营造出宏伟而幽远的意境。

画面起首处是一片茂密的松林，松树枝干虬曲，针叶繁密。松林间点缀杂树、灌木，地面以青绿设色铺染，间有山石嶙峋，苔点斑驳。

松林掩映中，一座座金碧辉煌的宫殿群依山而建，屋顶覆盖金色，檐角飞翘。

建筑群错落有致，主殿高耸，侧殿环绕，与山势融为一体。

中景之后，山峦逐渐高远，主峰以青绿皴染，山体轮廓柔和，云雾缭绕其间。
画面右侧延伸至江面，水波平静，远处沙渚朦胧，几叶轻舟点缀江上。

《万松金阙图》卷以松林、金阙、山水为核心，通过精妙的构图与设色，将自然之景与人文之境融为一体。它不仅是南宋宫廷审美与青绿技法的集大成之作，更暗含了对政权稳固、超脱尘世的复杂寄托，堪称一幅“以景写心”的文人化宫廷山水长卷。

101 宋人摹阎立本《步辇图》卷

南宋 绘画 壹级

研究唐蕃关系与唐代绘画的视觉档案

绢本，设色，纵 38.5 厘米，横 129 厘米。
故宫博物院典藏。

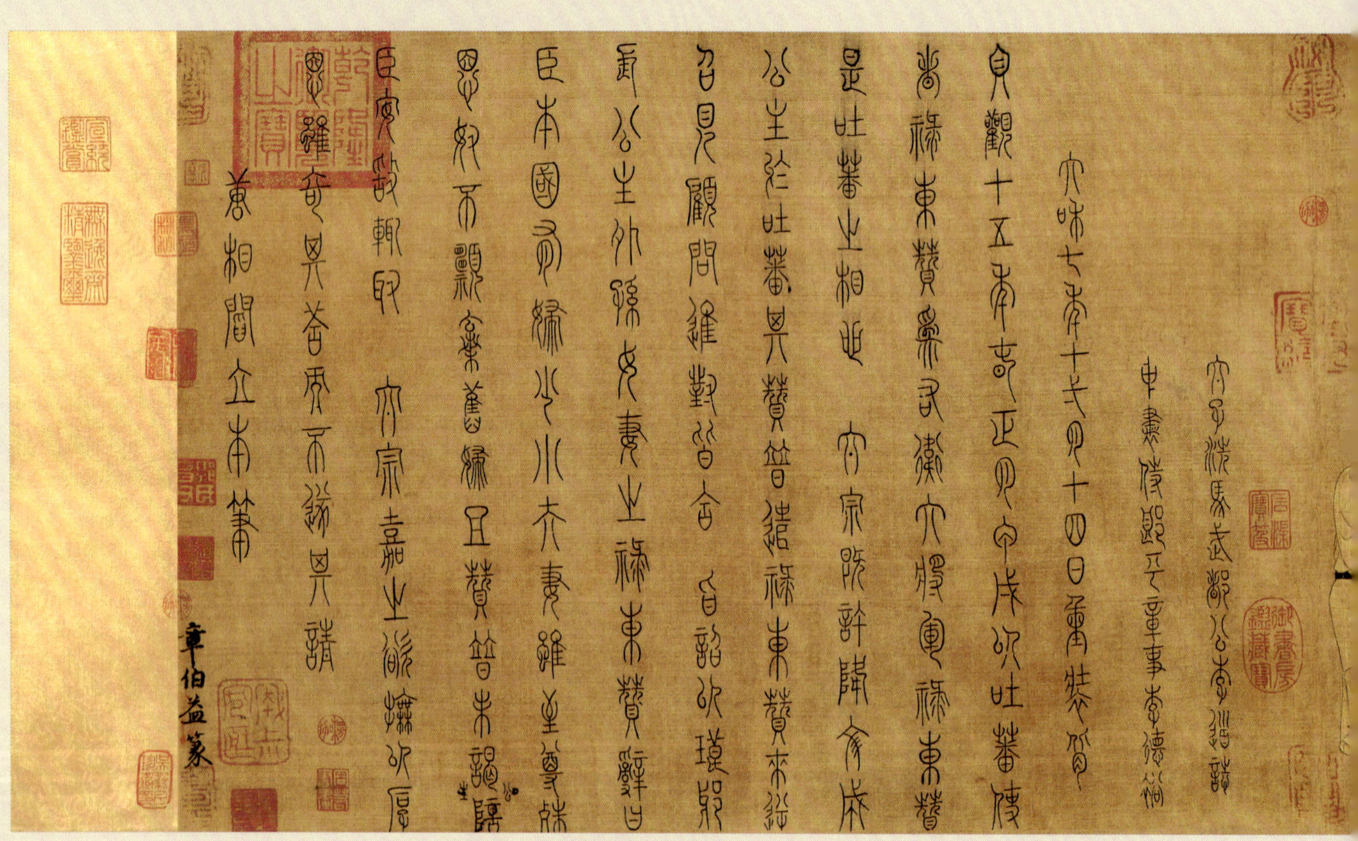

《步辇图》是记录汉藏联姻的国宝级画作，原作为唐代画家阎立本（约公元601年—673年）所作，现存版本为宋代摹本（一说为北宋摹本）。

《步辇图》描绘的是贞观十五年（公元641年），吐蕃赞普松赞干布派遣大相禄东赞至长安求娶文成公主的场景。这一事件是唐蕃和亲的重要历史节点，反映了唐代中原王朝与边疆民族的和平交往，以及汉藏文化友好交流的深远意义。

◐ 左侧三人依次为：红衣典礼官（引见者）、禄东赞（吐蕃使者，身着民族服饰，神情谦恭），以及白衣译员。

◐ 画面右侧为唐太宗李世民端坐于步辇之上，身形伟岸，神态雍容，彰显帝王威仪。

九名宫女簇拥步辇，姿态各异，或执扇，或持华盖，或抬辇，衣饰轻盈，线条流畅。

引

2013年，中国国家文物局发布《第三批禁止出境展览文物目录》，包含94件（组）一级文物，标志着中国最高等级文物保护的体系化进程迈入新阶段。此批文物在时间轴上纵贯史前至明清，类型较前两批更为丰富，将珍贵的彩塑、壁画、简牍、经卷、金银器及早期陶瓷等文物尽数纳入保护范畴，其中青铜器类16件，陶瓷类32件，玉器类9件，杂项类37件。它们不仅代表着特定历史时期的艺术巅峰与技术结晶，更是中华民族多元一体格局形成、文化交融与精神信仰演进的直接物证。

这批文物尤其填补了宗教艺术、边疆文化及早期典籍等领域的保护空白。它们或材质脆弱易损（如壁画、简帛），或体量庞大（如大型彩塑），或内涵独一无二（如重要典籍），对保存环境的稳定性与移动展览的安全性提出了近乎严苛的要求。每一尊塑像的庄严法相、每一幅壁画的斑斓色彩、每一枚简牍的墨书真迹，都承载着不可复制的历史信息与民族智慧。“禁止出境”的决断，是赋予这些国之瑰宝以最坚实的守护壁垒，让它们在故土之上安然讲述完整而连贯的华夏史诗。

第三章

第三批
禁止出境展览
文物

［102—195］

第一单元

青铜器

102

商子龙鼎

商　青铜器　壹级

与后母戊鼎并称“青铜双璧”，内壁“子龙”铭文乃迄今最早青铜龙字

通高 103 厘米，耳高 22 厘米，腹高 43 厘米，足高 36.5 厘米，口径 80 厘米。
传 20 世纪 20 年代河南省辉县出土，中国国家博物馆典藏。

子龙鼎是目前已知商代最大的青铜圆鼎，其出土背景缺乏明确记载，其铸造时间仅能通过其造型、纹饰及铭文推断接近商末周初；其造型雄伟，厚立耳微外撇，腹部宽大下垂，下承三蹄足，整体比例协调；因鼎内壁铸有铭文“子龙”而得名，这是目前已知青铜器铭文中最早的“龙”字。

鼎足上端饰饕餮纹

卷角像羊，角尖端内旋高凸，与足部耸立的扉棱相呼应，既强化了纹饰的飞扬之势，又通过纵向线条的穿插，赋予器物浑厚稳健的视觉平衡。

◐鼎颈饰两组饕餮纹交替环布：其一为有首无身式，瓶形角斜指，獠牙外露；其二首身俱全，犄角宽厚卷曲，尾部下勾，足后延伸长距。以鼻梁扉棱为中轴，兽身向两侧对称延展，形成立体化的“双身一首”构图，突破平面局限，极具空间张力。

◐铭文“子龙”二字极具艺术巧思，“子”字略小居上，“龙”字则以遒劲双线勾画，形若竖立蟠龙：瓶形犄角高竿，圆目怒睁，巨口贲张，龙尾向右上方腾卷，气势凌厉，似欲破壁而出。

20世纪20年代，子龙鼎于河南辉县重见天日后，旋即被日本山中株式会社劫掠倒卖至日本，长期由私人收藏家秘藏。直至2004年，其身影惊现大阪私人藏品展，引发轰动，中国文物部门闻讯而动，经跨国追踪与多轮谈判斡旋，终在“国家重点珍贵文物征集专项经费”的支持下，于2006年4月以4800万元成功迎归。

子龙鼎与后母戊鼎并称“商代青铜双璧”，一方一圆，象征中国古代礼制的森严与权力的集中。作为国家重器，其铭文“龙”虽与后世中华龙图腾无直接关联，但为研究商周龙文化提供了重要实物证据。

103 商四羊方尊

商 **青铜器 壹级**

青铜礼器巅峰之作，祭祀重器

上口最大径 44.4 厘米，高 58.6 厘米，重 34.6 千克。1938 年湖南省宁乡县（今宁乡市）黄材镇出土，中国国家博物馆典藏。

四羊方尊是商代晚期的一件青铜礼器，方形尊口，颈部高耸，肩、腹与足为一体，四只卷角神羊昂首分踞于四方，形成“四羊驮尊”的独特设计。静穆中暗涌生命张力，凝聚长江流域羊图腾崇拜与中原青铜文明精粹。羊在商代被视为“祥瑞之兽”，四羊分踞四方，对应商朝人的“四方风”观念。

◐ 通体披覆华美纹饰：颈部夔龙纹构成蕉叶纹带舒展如翼，肩部高浮雕游龙巡弋云端，羊身饰长冠鸟纹羽冠飘逸，足部饕餮纹威仪尽显。
分铸法令羊首立体悬浮，云雷纹底如星汉铺陈，八道飞棱纵贯器身，既掩范线又破方正之滞，将礼器庄严推向极致。

1938 年 4 月，湖南省宁乡县（今宁乡市）姜氏兄弟垦荒时意外掘出四羊方尊，文物商以 280 银元低价购得，经古董商多次倒卖拟走私海外。同年 11 月因战乱方尊在转移中被炸成 20 余碎片，残片藏入湖南省银行仓库封存。1952 年，再次寻获残件，1954 年，故宫修复专家赵振茂以传统铆接工艺耗时两年复原器身，1959 年入藏中国国家博物馆。

四羊方尊是南北文化碰撞的实证，它佐证了商文化向长江流域的扩展；作为战乱中重生、新中国修复的首件国宝，它持续传递着中华民族文化遗产保护的精神内核。

104 商龙纹兕觥

商 **青铜器** 壹级

酒器奇珍，祭祀宴飨重器；蟠龙潜渊，狞厉之美

高 19 厘米，长 43 厘米，宽 13.4 厘米。
1959 年山西省石楼县桃花者村出土，山西博物院典藏。

龙纹兕觥出土于商代北方方国（可能为“鬼方”或“土方”）贵族墓，其独特的造型与纹饰融合了中原与北方民族的青铜技艺，整体如一艘龙舟，背部设可开合盖板，腹腔中空以容酒浆。四侧铸贯耳，可悬吊于火上温酒；方形底座内凹，有聚热与稳固的作用。倾倒时托持尾部，酒液即从龙首獠牙间流出。

龙形觥两侧的鼍（鼍龙）纹罕见写实，结合山西陶寺遗址出土的鳄鱼骨板，佐证了商代山西地区温暖湿润的生态环境。作为商代晚期的青铜贵族礼器，此器物兼具温酒、过滤酒渣的实用性与祭祀仪式的礼制功能。

龙纹兕觥，目前全球仅此一件；出土后，该器被直接移交山西博物院，成为镇馆之宝，是研究商代方国文化、青铜铸造技术及民族交流史的重要实证。

105 商大禾方鼎

商 青铜器 壹级

人面神权的青铜印记

口长 29.8 厘米、宽 23.7 厘米、通高 38.5 厘米。
1959 年湖南省宁乡县（今宁乡市）黄材镇炭河里遗址出土，湖南博物院典藏。

大禾方鼎，又称“大禾人面纹方鼎”，商代晚期青铜器，以其独特的人面纹饰而闻名。器身碧绿，呈矩形，四柱足饰兽面纹，四周饰有四面半浮雕人面，额生双角、下颌獠牙，辅以细密云雷纹，堪称商代青铜艺术的孤品。

◐ 鼎内壁有铭文“大”“禾”二字，可能象征稻谷丰收。“大”字如跨步站立、双臂伸展的人形；“禾”字如稻穗饱满，压弯了头，形态惟妙惟肖。

国宝故事“假肢换真足”

1958 年，黄材镇农民垦荒时意外掘出此鼎，却将其视为废铜卖到废品站。幸好被拣选文物的师傅发现，共计 10 余块残片，经初步拼对研究，发现仅缺一条腿和底部。1961 年，缺失鼎足在宁乡被发现，经鉴定为大禾方鼎原件，终完成“假肢换真足”的修复。

“人面兽身”的推想

鼎身四面人面纹，人面额部双角似牛，下颌生爪，鼻梁高耸如扉棱，融合人、兽、神三重意象。有学者认为其或为“黄帝四面”神话的物化，象征“监御四方”的王权；亦有观点认为与长江流域傩文化相关，是巫祭仪式中沟通天地的神巫化身。

人首蛇（龙）身

人首鸟（兽）身

怪面怪身

大禾方鼎上的半人半兽形象，有饕餮、祝融等多种说法。它是史前图腾中常见的祖神崇拜形式，体现敬祖情结。中国古代传说中，英雄和始祖常被赋予神力与动物器官，《山海经》中有大量记载。这种形象形体似兽，智慧似人，可能是族群祖先、部族英雄，或是部族精神的象征。

与殷墟青铜器相比，大禾方鼎更具有地方特色，表明商王朝与南方方国之间存在文化互动，为“多元一体”中华文明的形成提供了早期例证。

106 / 铜人立像

商　青铜器　壹级

三千多年前的“世界铜像之王”，三星堆文明的通天圣像

高 260.8 厘米；人像高 180 厘米；底座横宽 48.5 厘米，纵长 46.7 厘米，高 35 厘米。
1986 年四川省广汉县（今广汉市）三星堆遗址二号祭祀坑出土，三星堆博物馆典藏。

这件铜人立像是迄今全球发现的同时期体量最大的青铜人物雕像，远超殷墟出土的小型玉石人像，被誉为“世界铜像之王”。当这尊高达 2.608 米的青铜巨人从四川省广汉县（今广汉市）的黄土中破土而出时，连见惯世面的考古学家也屏住了呼吸——比例接近真人，但手部、眼部被刻意夸张，赤足踏着神兽，双手虚握，仿佛三千多年前刚放下通天的法器。

这尊青铜立人像头戴回字纹冠，身着左衽礼袍，上饰龙纹和横向鹳鸟纹，前裾至膝，衣后摆如燕尾，足胫佩镯，赤足立于神兽方台之上。其右臂高举齐额，左臂屈曲环抱胸前，双手环握，掌心或曾紧攥象牙或玉琮，但发掘时未见实物；如今虽只余一片虚空，却比实物更令人战栗。部分观点认为手势本身即象征“虚空”——那是神权在握的隐喻。

人像的头冠、双臂、躯干及基座分别铸造，通过榫卯结构与铜焊技术精密接合，这是商代罕见的分铸嵌接法。其手掌环形孔洞采用失蜡法单独铸造成型。

铜人立像融合写实与抽象、本土与外来文化元素，是古蜀文明的神秘缩影；有人说他是颛顼，有人说是蚕丛，但是谁都不重要。真正震撼的是，在殷商王权用青铜铸鼎铭功时，三星堆选择将珍贵的铜料熔铸成一座通天的人形祭坛。当他的纵目穿透时空，我们终于读懂：中华文明的晨曦里，不只有黄河的礼乐，还有长江巫祝与神对话的神秘。

107 西周天亡簋

西周 **青铜器** 壹级

簋内底铸8行78字铭文，记载武王祭天的礼制重器

高24.2厘米，口径21厘米，底径18.5厘米。
清道光年间陕西眉县（今宝鸡眉县）出土，中国国家博物馆典藏。

西周天亡簋是西周初年的宗庙礼器，侈口深腹，四组兽首耳垂方形珥饰，圈足下接透雕蜗体兽纹方座，纹饰卷曲如云，主纹凸起，地纹云雷细若发丝，有学者认为其形制暗合“天圆地方”的宇宙观。

簋内底铸8行78字铭文，记载武王克商后于“天室”（太室山）祭天，以“柴祭”告祭上帝与文王，作器者“天亡”担任助祭；后日丁丑，武王于宗庙行宜祭，赏作器者“嘉爵”，遂铸簋铭功。此铭文实证《尚书》所载武王“祀于天室”史实，为西周早期“以山通天”的封禅传统提供物证，比秦始皇泰山封禅早八百年。

铭文：

乙亥，王又大豊，王凡三方，王祀于天室。降，天亡又王。

衣祀于王丕显考文王，事喜上帝，文王德在上。丕显王作省，丕肆王作赓，丕克乞衣王祀！丁丑，王飨大宜。王降。亡勋爵复觥。唯朕又蔑，每扬王休于尊簋。

簋身采用分铸嵌接工艺，兽耳、方座与器身分铸后以铅锡焊接，后演变为青灰色氧化层。其方座簋形制开创礼器新范式，影响延至战国曾侯乙墓。

作为西周从神权政治向礼制文明转型的标志性器物，西周天亡簋于2013年入选《第三批禁止出境展览文物目录》，是中国“早期国家治理体系”的核心物证。其青灰色氧化层与精细铸造，更成为中国古代科技与礼制文明的“双遗产”象征。

108 西周伯矩鬲

西周 青铜器 壹级

全球唯一带盖七牛首纹青铜鬲，
将北京城建的历史推进三千年

通高 33 厘米，口径 22.9 厘米。
1975 年北京市房山县（今房山区）琉璃河燕国墓地 251 号墓出土，首都博物馆典藏。

西周伯矩鬲出土于西周早期燕国贵族墓，是罕见的带盖七牛首纹青铜鬲；此墓规模中等，但伯矩鬲等级极高，推测墓主可能是“伯矩”本人或其近亲。同墓出土青铜器共20余件，但伯矩鬲是唯一带盖且纹饰最华丽的器物。此鬲造型敦厚庄重，由器盖与器身两部分组成，盖顶设环钮，器身侈口束颈，三足粗壮。

◐ 鬲在古代用于烹煮食物，这件西周伯矩鬲，平盖，立耳，盖钮由2个立体牛首构成，器身突出5组牛首，主纹浮雕牛首双目圆睁、獠牙外露，华丽的纹饰表明其已从实用器转向礼器，象征西周时期“太牢之祭”的最高祭祀规格。

盖内和颈部内壁铸有相同铭文“才（在）戊辰，匽侯赐伯矩贝，用作父戊尊彝”，揭示器主伯矩受燕侯赏赐贝币、铸器祭父的史实。“匽侯”的出现确证琉璃河遗址为西周燕国的始封地，比《史记》记载更早百年；“赐贝”记录反映西周“贝币—青铜”的价值兑换体系，佐证“财”字从“贝”的文字演化。此外，以伯矩命名的文物还有伯矩盘、伯矩簋、伯矩甗等。

伯矩鬲的牛首纹浮雕技艺远超同期器物，是西周早期青铜器的杰出代表，反映了西周宗法制度下的赏赐、祭祀礼仪及贵族家族关系，是研究燕国起源与西周分封制度的关键。

109 西周晋侯鸟尊

西周 青铜器 壹级

"一器载双瑞"鸟尊，见证晋国的诞生

高 39 厘米，长 30.5 厘米，宽 17.5 厘米。1992 年山西省曲沃县北赵村晋侯墓地 114 号墓出土，山西博物院典藏。

晋侯鸟尊是西周中期晋国宗庙礼器的代表作。其造型作凤鸟伫立回望状，鸟喙部可开合注酒，尾羽下卷成象鼻形支足，巧妙融合凤鸟祥瑞与“太平有象”寓意，堪称商周动物形尊的巅峰之作。

晋侯墓因盗墓者爆破有部分受损严重，鸟尊出土时已碎成百余片，后经多年修复，鸟尊得以呈现完整状态。

器盖内铸铭文“晋侯作向太室宝尊彝”，确证墓主为终结“叔虞封唐”地望争议的第一代晋侯燮父，且所刻的“晋”字是迄今为止最早的金文“晋”字。学术界推测其凤鸟造型融合周王室“凤鸣岐山”神话与晋地崇鸟信仰，象鼻足则暗合黄河流域“圣王执大象”的政治隐喻，是西周宗法制度与地域文化融合的实证。

晋侯鸟尊融合写实与象征手法，是西周青铜铸造技术的典范。其作为“六尊六彝”中的“鸟彝”，反映了周代礼器制度与祭祀文化；此尊以“一器载双瑞”（凤鸟通天、神象镇地）的意象，凝固了西周晋国“以礼承天”的治国哲学，堪称青铜时代的跨媒介艺术杰作。

110 西周㝬簋

西周 青铜器 壹级

商周时期最大青铜簋，被誉为“簋中之王”

通高 59 厘米，腹深 23 厘米。
1978 年陕西省扶风县法门镇齐村出土，宝鸡青铜器博物院典藏。

西周㝬（hú）簋，又称厉王簋，是西周晚期周厉王为祭祀先祖而铸造的青铜礼器。此簋出土时器型已残缺，经修复后，浑厚典雅，重 60 千克，是商周时期最大的青铜簋，被誉为“簋中之王”。双耳呈象首形，簋体下接方形底座，稳定性强。簋的腹部与方座饰直棱纹，颈部及圈足饰窃曲纹，曲直对比鲜明。

◐簋内铸铭文 12 行 124 字，为西周第十代君主周厉王（姬胡）亲作祭文，是迄今罕见的周王自作器。铭文自称“大宗小子”，自陈“夙夜不懈，虔敬先王基业”，祈求先祖赐福延祚，保佑周邦长治久安。字迹方折峻利，“王”字顶部增刻横笔，凸显王权至高无上的自我标榜。

西周㝬簋和五祀钟、宗周钟是由周厉王主导铸造的祭祀礼器中仅存的三件，五祀钟、宗周钟的铭文与㝬簋的铭文相互印证补充，是研究周厉王统治时期的政治、宗教及社会矛盾的重要史料。

111 西周逨盘

西周 青铜器 壹级

372 字铭文记载周朝历史，佐证《史记》真实性

通高 20.4 厘米、口径 53.6 厘米、重 18.5 千克。
2003 年陕西省眉县杨家村窖藏出土，宝鸡青铜器博物院典藏。

逨盘为西周晚期的青铜盥缶，与匜（yí）配套用于贵族沃盥礼仪，是西周礼仪制度中彰显家族地位和宗法传承的实用器物。出土的窖藏属于西周姬姓贵族单氏家族，其中共发掘出 27 件青铜器，全部器物中逨盘因铭文较多（372 字）而备受关注。

该器敞口折沿，圈足饰窃曲纹，双兽首衔环铺首，威严庄重，器表覆盖绿色铜锈。它的史学价值极高，其内底铸铭文 372 字，详述单氏八代先祖辅弼西周十二位君王的功绩，历数文王至宣王谥号，为西周青铜器中字数较多的铭文之一。

铭文简介：

铭文以家族史为主线，记录单氏八代先祖辅佐西周十二位君王的功绩。单父佐文王、武王灭商立周；公叔辅成王安邦；新室仲朝觐康王；惠仲蠡父征伐楚荆；零伯事龚懿二王；懿仲燮理孝夷朝政；龚叔佐厉王理政。铭文歌颂周王丰功伟绩，同时彰显家族荣耀，表达对周王“万年永命”的祝愿，堪称青铜器上的“家族史书”。

铭文采用编年体例，将家族史与王朝史互文书写，如“昭王南征荆楚”“穆王西征犬戎”等记载，与《史记·周本纪》世系高度吻合，为西周断代研究提供精准年表。

这种“家国同构”的叙事模式，既彰显周王“受命于天”的正统性，又构建了单氏家族的政治谱系。铭文中“天子万年永命”“保佑周邦四方”的政治颂辞，折射出宗法制与分封制交织的礼乐文明特质。其文字采用大篆书体，行款疏朗有致，被学界誉为“青铜器上的《尚书》”，为研究西周政治制度、家族史观及文字演变提供了不可替代的实物文献。

112 春秋越王勾践剑

春秋　青铜器　壹级

春秋时期的“天下第一剑”

通长 55.6 厘米，剑身长 45.6 厘米、宽 4.6 厘米。
1965 年 12 月湖北省江陵望山一号楚墓出土，湖北省博物馆典藏。

越王勾践剑是春秋时期吴越地区精湛铸剑技艺的代表作。此剑剑身狭长，剑刃锋利且无锈蚀，通体饰黑色菱形暗纹，剑格镶嵌蓝色琉璃与绿松石，整体造型华美精致，被誉为“天下第一剑”。剑身靠近处以鸟虫篆铭文铸有“越王鸠浅（勾践）自作用剑”八字，确证其为越王勾践的御用佩剑。

铭文采用春秋时期吴越地区特有的鸟虫篆字体，兼具实用性和装饰性，反映了区域文字艺术的高度发展。剑刃历经两千余年仍锋利如新，得益于表面氧化层的防锈工艺及铜锡铅合金的精密配比。

该剑的出土背景引发学术争议。由于越王勾践为春秋后期越国君主，而此剑出土的墓主为楚国贵族“邵固”，学者推测此剑可能因楚越联姻作为陪嫁，或通过战争缴获流入楚地，成为贵族身份的象征。

作为冷兵器技艺的巅峰之作，越王勾践剑不仅印证了勾践“卧薪尝胆”灭吴复国的历史，更成为中华文明在逆境中砥砺奋进的精神符号。其独特的装饰工艺与铭文艺术，折射出春秋时期区域文化交流的深度，为研究先秦冶金、书法及礼制提供了实物依据。

113

战国商鞅方升

战国 青铜器 壹级

战国"法治"与"统一"的千年见证

全长 18.7 厘米，容积 202.15 毫升。上海博物馆典藏。

商鞅方升铸造于秦孝公十八年（公元前 344 年），是中国古代度量衡史上的重器。此器为长方形带柄量器，以青铜范铸法制作，左壁铭文记载其为大良造商鞅制定的标准量器，以"十六又五分之一立方寸为一升"，通过"以度审容"的方法，以长度推导容积；底部增刻秦始皇廿六年（公元前 221 年）统一诏书，跨越商鞅变法至秦朝建立百余年，是现存唯一兼具商鞅、秦始皇两代铭文的官方量具。

◐ 铭文：

左壁刻“十八年，齐卿大夫众来聘；冬十二月乙酉，大良造鞅，爰积十六尊五分尊壹为升”。前壁刻“重泉”。底部刻“廿六年，皇帝尽并兼天下诸侯，黔首大安，立号为皇帝，乃诏丞相状、绾法度量则不壹歉疑者皆明壹之”。

款识印记：大良造鞅

商鞅方升是战国秦变法至秦统一的制度缩影。商鞅变法中统一度量衡对秦国经济、军事有着基础作用，后来秦始皇沿用此标准，延续政策，助力中央集权，是古代中国“书同文、车同轨”大一统理念的雏形。商鞅方升兼具考古实物与文献互证的双重价值，是研究战国至秦汉度量衡制度的直接证据。

114

战国错金银镶嵌丝网套铜壶

战国 **青铜器 壹级**

见证战国征伐的艺术之作

战国错金银镶嵌丝网套铜壶，又称陈璋圆壶，是战国中期的一件青铜容酒器；口沿内壁刻“廿五重金络壶受一孛五纣”，使用燕国量词“孛”“纣”，表明其原属燕国。公元前315年，燕国内乱，太子平与将军市被合谋攻打子之，齐将陈璋趁乱破燕都，毁宗庙、掠重器，得此壶后在圈足外缘刻铭纪功，“陈璋伐匽（燕）之获”，此器遂从燕宫礼器转为齐国战利品，见证了战国征伐。

器身束颈弧肩，颈饰错金银几何纹，肩腹对称分布四兽首衔环错金卷云纹，腹嵌错金银斜方格纹；外罩双层镂空铜丝网套，分上下两组，每组以48条蟠螭交织成镂孔底纹，缀以576枚错金银梅花钉，流光溢彩如星河倾覆；圈足底座镂孔如莲。

这件铜壶以纤薄之躯承载着战国诸国争锋时代对极致奢华的终极追逐，其上铭文补充了齐国伐燕的历史细节。它不仅是工艺奇迹，更是历史的见证者。

口径12.8厘米，腹径22.2厘米，底径13.8厘米，高23.6厘米。
1982年江苏省盱眙县南窑庄出土，南京博物院典藏。

115 西汉诅盟场面贮贝器

西汉 青铜器 壹级

完整呈现滇王杀祭诅盟的青铜器，堪称“西南夷史诗”

通高 51 厘米，盖径 32 厘米，底径 29.7 厘米。
1955—1960 年云南省晋宁县石寨山出土，中国国家博物馆典藏。

西汉诅盟场面贮贝器是古滇国时期贵族用来贮藏货币海贝的“存钱罐”。该器为筒形器身，束腰，两侧铸对称虎形耳，底部三兽爪足。器盖中央铸一干栏式建筑，屋顶人字形，平台由木柱支撑；主祭者垂足坐于高凳之上，周围陈列16面青铜鼓，平台左右展现椎牛刑马、屠宰牲畜场景；后方有击鼓乐师、待刑裸身人牲及持器妇女。器身共铸立体人物127人（残缺未计），出土时器内贮藏海贝300余枚，表明财富与权力。

据《华阳国志·南中志》记载，古代西南夷“好诅盟”，凡重大事件必立誓约、设祭坛、供牺牲。此器所铸场景即滇王主持的“立柱祭社”仪式：以人牲献祭、椎牛歃血为盟，通过神权约束部落联盟。平台后方的杀人祭柱场景，与同遗址出土的杀人祭柱贮贝器形成呼应。

作为唯一完整呈现滇王杀祭诅盟的青铜器，其上人物涵盖祭司、武士、乐师、牺牲者等阶层；以“盟誓”替代成文法，反映边疆族群契约精神的独特形态；干栏式建筑、铜鼓崇拜、人牲习俗，与中原宗庙礼制形成鲜明对比，凸显多元一体中华文明内涵；127 个人物最高仅 3 厘米，却须发毕现，椎牛者肌肉紧绷、待刑者肢体蜷缩，展现失蜡法铸造技艺的微观表现力。

此器所展现的庄严场景，凝固了边疆文明从部落联盟向早期国家转型的震撼瞬间，堪称青铜铸造的“西南夷史诗”。

116 西汉彩绘人物车马镜

西汉 青铜器 壹级

堪称"青铜上的帛画"

直径 27.5 厘米。1963 年陕西省西安市红庙坡出土，西安博物院典藏。

西汉彩绘人物车马镜是西汉时期的重要艺术品，镜体为圆形，三弦钮，钮座涂朱红色，镜背以两道绿色弦纹分为内、外两区，镜背四组画面生动描绘了西汉贵族享乐的生活场景。

内区淡绿色底，绘云气纹与红色花卉，辅以白色花瓣点缀；外区朱红色底，绘制了 17 个人物图案，展现了出行、谒见、狩猎、宴饮等场景，具有连贯的故事性。上色采用了不易氧化的矿物质颜料，朱红、石青、石绿等色彩搭配协调，画面生动。

彩绘铜镜存世极少，这面铜镜因色彩保存良好以及精湛的彩绘技法被视为中国古代彩绘铜镜的代表作之一，有着极高的艺术和历史价值；是研究西汉文化、工艺水平和社会风俗的珍贵实物资料。

彩绘铜镜对保存环境要求高，彩绘易剥落，除特别展览外，一般不在常设展线上展出。

117 西汉杀人祭柱场面贮贝器

西汉 青铜器 壹级

古滇国一场残酷的祭祀仪式

通高21厘米，口径24.5厘米，盖径31厘米。1955年云南省晋宁县石寨山出土，云南省博物馆典藏。

这件杀人祭柱场面贮贝器，是西汉时期滇国的青铜器，与诅盟场面贮贝器同出石寨山墓地，二者共同构成滇国“神权治国”的双重面相：前者以盟约凝聚部族，后者以血祭震慑四方。

器身腰部线刻人物群像，器盖铸立体祭祀场景，涵盖 52 人（包含脱落未复原的铜人）、1 猪、1 犬及 17 筐篮、11 罐、5 匹布帛等祭品，中央矗立蛇盘铜柱，柱顶立虎噬人圆雕，底座横卧鳄鱼，核心场景清晰展现了一场残酷的祭祀仪式：一名双臂反绑的裸体男子被缚于木牌上，即将受刑，其旁有一戴枷的裸体俑呈跪坐状；有一乘肩舆的妇女被四人抬着，似为主祭人，旁边伫立持斧刽子手，斧头高举作势欲劈，外围还另有多名参与者；此器生动记录了古滇国“血祭通天”的宗教仪式。

此器与诅盟贮贝器并置，二者一盟一祭，共同解码古滇国从部落联盟到神权国家的转型密码。

第二单元

陶瓷

118 新石器时代仰韶文化彩陶人面鱼纹盆

新石器时代·仰韶文化　陶器　壹级

中国新石器时代文化的标志性符号之一

高 16.5 厘米，口径 39.8 厘米。1955 年陕西省西安市半坡遗址出土，中国国家博物馆典藏。

此盆为仰韶文化半坡类型典型器物，泥质红陶胎，口沿饰黑彩间断带状纹，内壁以黑彩绘两组对称人面鱼纹，构图奇幻神秘。人面呈浑圆轮廓，头顶耸立尖锥状发髻与鱼鳍形冠饰，前额左黑右素，形成阴阳分野；双目细长微阖，鼻如倒“T”字挺立，口衔双鱼，鱼头与人唇廓重合，耳畔分饰游弋小鱼，形成人鱼共生图腾。两组人面间绘追逐游鱼，线条简劲流动，似暗喻生命轮回。

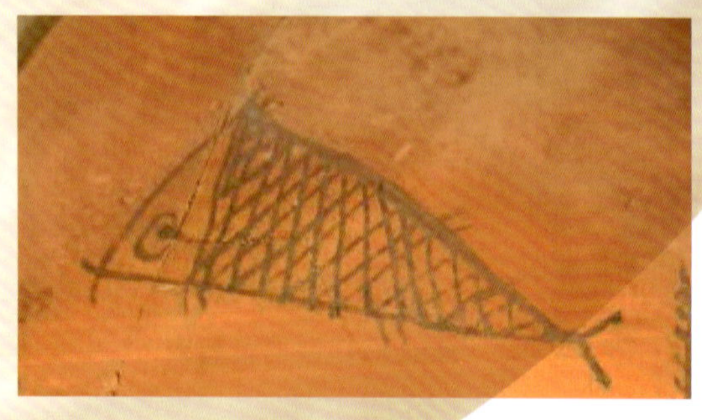

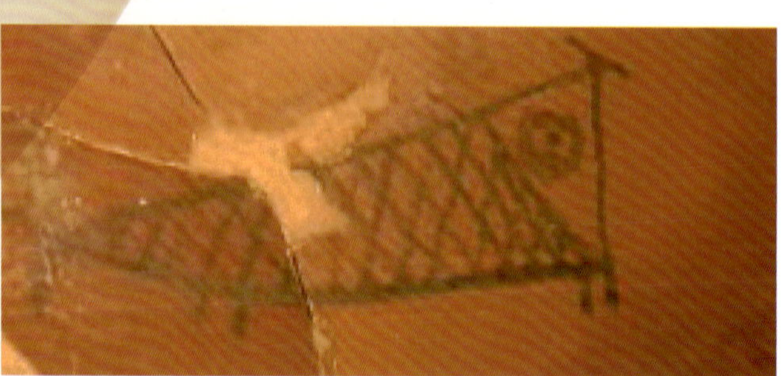

半坡先民临水而居，渔猎与农耕并重，鱼纹彩陶广泛出现于聚落遗址，尤以儿童瓮棺中多见。此盆作为棺盖覆于瓮棺之上，或与原始宗教的生死观相关——人鱼合体形象或为巫师通灵装扮，借鱼之神力为夭折幼童招魂度灵；亦有学者视其为氏族图腾，鱼被赋予引度亡灵、联通水陆两界的灵性。

此盆以天真与神秘交织的笔触，凝固了6000年前黄河流域先民的精神世界，被誉为“华夏童年最瑰丽的梦境”。其纹样超越装饰功能，成为解读新石器时代宗教、艺术与社会结构的密码，亦为中华文明“多元一体”基因提供了远古注脚。

119 新石器时代马家窑文化彩陶舞蹈纹盆

新石器时代·马家窑文化　陶器　壹级

中国最早的“人物画”杰作之一

高 14.1 厘米，口径 28 厘米。

1973 年青海省大通县上孙家寨出土，中国国家博物馆典藏。

此盆为泥质红陶，为上腹外弧、下腹内收的平底器型，口沿及外壁饰简练黑彩弦纹，内壁以黑彩绘三组舞蹈纹饰，每组五人携手踏歌，绕盆成环，将写实与象征熔铸一器，构成中国最早的“连环画”式叙事场景。

舞者头戴羽状发辫，身垂飘曳尾饰，面朝右前方步调一致，外侧两人双臂绘双线，似表现摆动频率之高。人物以单色平涂勾勒，线条圆劲如篆，足下弦纹若水波荡漾，陶盆宛若湖畔祭坛，凝固了先民踏浪而舞的欢腾瞬间。

关于舞蹈内容，学界有三重解读：

1. 狩猎舞：再现氏族猎后庆功场面，肢体语言模拟围猎动作；
2. 图腾舞：羽饰或为鸟兽化身，演绎“百兽率舞”的图腾戏剧；
3. 仪礼舞：环形构图象征生命轮回，踏舞祈求五谷蕃熟、族裔昌盛。

马家窑文化时期，手工业已经高度发达，作为马家窑彩陶巅峰之作，舞蹈纹盆不仅是原始乐舞的化石影像，更是华夏先民“以艺通神”的精神史诗。它将5000年前的集体仪式凝固于陶器之上，为重构新石器时代社会组织与信仰体系提供了不可替代的实证。

120 新石器时代马家窑文化彩陶贴塑人纹双系壶

新石器时代·马家窑文化　**陶器　壹级**

混沌初开的“性别罗盘”，凝聚先民对生命与神性的追问

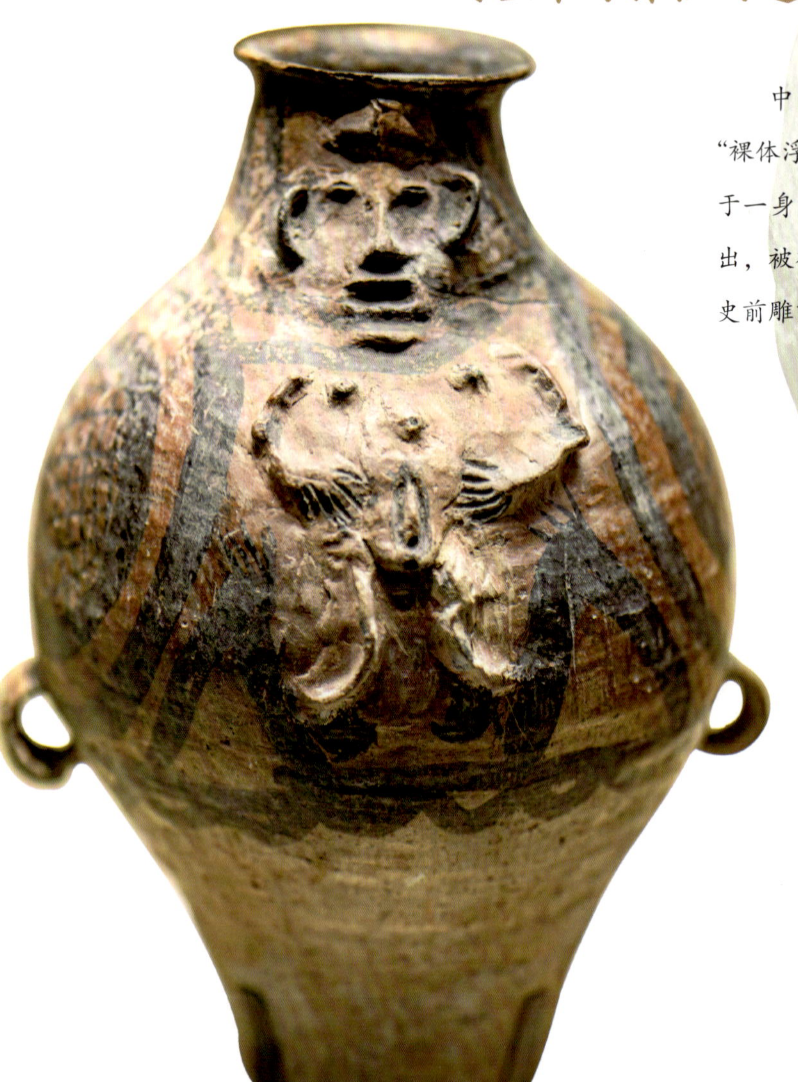

中国国家博物馆的解说词说，这件“裸体浮雕彩陶壶融浮雕和绘画的艺术手法于一身，在数以万计的彩陶器皿中脱颖而出，被誉为稀世艺术珍品。这件彩陶壶是史前雕塑艺术的杰作”。

高 33.4 厘米，口径 9.2 厘米。1974 年青海省乐都县（今乐都区）柳湾墓葬出土，中国国家博物馆典藏。

这件彩陶贴塑人纹双系壶是中国迄今发现的最早且最完整的浮雕人物彩陶壶。此壶泥质红陶胎，小口短颈鼓腹，双环形耳对称分布。它的造型结合了雕镂、贴塑、刻画及绘画多种工艺。

壶的上腹部有黑彩图纹，颈部捏塑立体裸体人像，头部塑于壶颈，五官清晰；身躯延至壶腹，双手交叠于腹前，乳头以黑彩点染；下腹处生殖器官形象凸显；背面绘披肩长发，双腿外侧饰蛙纹，壶颈背面更绘有巨型抽象蛙形，形成人蛙共生的神秘图景。

◐ 独特价值

1. 最早双性人像，揭秘原始性别观；
2. 立体叙事早商周时期 2000 年；
3. 蛙纹融合仰韶与西北萨满信仰，见证史前“彩陶之路”。

此壶非日用器，疑为氏族首领墓葬礼器，可能盛装祭祀液体或作通灵葬具，双性人特质或为引导亡灵穿越水陆之符号。

这件陶壶的人像立体塑造技术开后世雕塑先河，是数万件柳湾墓地陶器中唯一融合贴塑与彩绘的器物，堪称马家窑文化“艺术之冠”。

121 新石器时代仰韶文化彩陶网纹船形壶

新石器时代·仰韶文化　陶器　壹级

一幅凝固在陶土上的历史画卷

长 24.8 厘米，高 15.6 厘米。1958 年陕西省宝鸡市北首岭遗址出土，中国国家博物馆典藏。

彩陶网纹船形壶是一件便于携带的盛水器物，整体呈横置菱角形，两端尖角上扬如舟船形态。顶部中央设杯状壶口便于注水，肩部对称分布双环形耳，既符合人体工程学便于携带，又暗合舟船结构特征。

◐ 环形器耳与上扬的壶体曲线形成视觉张力，恰似舟船两侧的船舷造型，与纹饰共同强化水上劳作的主题表达。

◐ 壶身中央以黑彩绘制规整网格纹，模拟原始渔网的编织结构。

网格两侧饰有连续三角形纹带，锐角朝向与网格延伸方向一致，形似游鱼摆动的鳍部。这种“网—鱼”组合纹样构成完整的渔猎叙事场景。

网格纹是仰韶文化常见的纹样，通常被认为是渔网的象征。这件陶壶造型凝固舟船意象与瞬间渔猎场景，是黄河流域早期农耕文明与渔猎文明交融的物证；作为史前艺术中罕见的场景化叙事作品，此壶不仅展现仰韶先民的生产智慧，更预示了后来彩陶纹饰由几何图案向具象叙事的发展趋势。

122 新石器时代龙山文化彩绘蟠龙纹陶盘

新石器时代·龙山文化 陶器 壹级

中国史前文明的重要标志性文物

直径 40.7 厘米，底径 15 厘米，高 9 厘米。

1980 年山西省襄汾县陶寺遗址第 3072 号墓出土，中国社会科学院考古研究所典藏。

彩绘蟠龙纹陶盘是“中华龙图腾”的源头实证。陶盘整体为一个大而浅的平底盘，盘壁斜直，内壁以朱砂彩绘蛇躯鳞身的蟠龙纹，方首衔嘉禾，无角无爪，融合自然崇拜与农业信仰，是迄今所见较早的成熟龙形象之一。从这个意义上讲，该盘奠定了华夏“龙的传人”的文化基因。

该盘出土于高等级贵族墓，与玉器、鼍鼓等礼器共存，有学者认为其印证了《尚书》所载尧舜时代“协和万邦”的早期国家形态。其脆弱性（低温烧制、彩绘易剥落）及非实用属性，表明该盘专用于祭祀活动，或为部族权力象征，是早期的重要礼器之一。

该陶盘龙纹承载中华民族精神图腾，且同类纹饰陶盘仅此一件，与陶寺早期墓葬中普通朱彩陶盘形成鲜明等级差异，具有不可替代的史学研究价值。它证明了龙崇拜在中国核心地区源远流长，是中华民族精神的重要源头之一。

123 新石器时代仰韶文化彩陶人形双系瓶

新石器时代·仰韶文化　陶器　壹级

独特的人首造型与几何纹饰

高 32.3 厘米，口径 4 厘米，底径 6.8 厘米。
1973 年甘肃省秦安县邵店大地湾出土，甘肃省博物馆典藏。

这件彩陶人形双系瓶是新石器时代仰韶文化庙底沟类型的彩陶杰作。该瓶的制作结合雕镂、贴塑、刻画及绘画多种工艺，瓶口被塑造成人头的形状，使其在众多仰韶彩陶中脱颖而出。

瓶口圆雕人头像，披发垂额，齐刘海短发整齐划一，鼻梁挺直，小嘴微抿，五官比例协调，双眼与嘴部镂空成孔洞，耳垂穿孔可挂耳饰，造型写实精美。腹部黑彩绘三组弧线三角纹与斜线二方连续纹图案，瓶身浑圆腹部突出，结合仰韶文化母系社会背景，学界推测其圆鼓腹部或隐喻女性特征，部分研究认为其形象设计与生殖崇拜相关。

彩陶人形双系瓶以“人器合一”的设计、精湛的工艺与神秘纹饰，成为仰韶文化的标志性器物，传递着5000多年前黄河中上游地区先民的精神世界、宗教信仰和社会生活。

124 新石器时代大汶口文化彩陶八角星纹豆

新石器时代·大汶口文化 陶器 壹级

远古先民对太阳和宇宙的敬畏与思考

通高 26.4 厘米，口径 24.4 厘米，足径 15 厘米。
1978 年山东省泰安县（今泰安市）大汶口遗址出土，山东省文物考古研究所典藏。

豆是古代的一种礼器，多为青铜或陶制，用于祭祀和宴席中盛放食物，盛行于周代。彩陶八角星纹豆以泥质红陶制成，通体施深红色陶衣；器物为盆形豆盘，圆唇直口，造型端庄稳重。

口沿以白彩为底，绘有半月形与竖线相间的几何纹样；腹部则以白彩在外壁深红陶衣上勾勒五组方心八角星纹，星纹间以双列竖线分隔，形成规整而神秘的图案组合。

喇叭形圈足饰以连续的几何折线纹，整体彩绘以熟褐、赭红等天然矿物颜料为主，色彩对比鲜明，线条流畅灵动。

八角星纹是大汶口文化的典型符号，学界多认为其象征着太阳、方位或宇宙观，可能与早期先民对自然天象的崇拜相关。此豆兼具实用与礼器功能，既用于盛放祭品或食物，亦承载着氏族社会的精神信仰。其精湛的制陶工艺与纹饰内涵，不仅展现了大汶口文化彩陶艺术的巅峰成就，更为研究新石器时代黄河流域的社会结构、原始宗教及艺术观念提供了珍贵的实物资料，是中华文明曙光中一颗璀璨的星辰。

125 吴“永安三年”款青釉堆塑谷仓罐

三国吴 瓷器 壹级

“生死皆安”的极致想象，
一个生死无界的理想国

高 46.4 厘米，口径 11.3 厘米，底径 13.5 厘米。
1935 年浙江省绍兴市出土，故宫博物院典藏。

出土与流转之谜

此罐于20世纪30年代后期出土于绍兴，时值抗战烽火，江南文物大量流散。据故宫档案记载，此罐1950年代由浙江文管会从民间征集入藏，具体出土墓葬及早期流转细节已不可考。同时期绍兴出土的同类谷仓罐，如英国大英博物馆藏“青釉堆塑谷仓罐”，推测为战乱时期流失海外的，而此件留存得益于新中国初期文物抢救体系。此罐因铭文完整、品相绝佳，堪称绝品。

此罐以陶土凝固了三国江东的烟火人间，是乱世中“江南熟，天下足”的经济自信与生死哲思的见证。

此罐为三国吴地青瓷明器巅峰之作，制作于三国东吴景帝孙休永安三年（公元260年），通体施青釉，胎质灰白。器身分上下两部：上部堆塑三层崇楼、双阙、五联罐及百鸟、瑞兽；下部罐腹贴塑龟趺碑，碑刻“永安三年时富且祥宜公卿多子孙寿命长千亿万岁未见殃”，铭文兼具纪年与祈福功能。趺碑的乌龟周围一圈还饰有鹿、猪、鱼等动物及“飞”“鹿”等吉祥字样，象征五谷丰登与生态繁茂。

“永安三年”铭文为三国吴瓷断代标尺，印证孙休轻徭薄赋的治国方略。罐身崇楼、犬守门户象征豪族庄园经济；奏乐侍仆、百鸟争食再现贵族生活与粮储丰饶。龟趺碑融合中原龟卜与吴越水泽信仰，鱼龙纹饰暗合越人“水行山处”传统，实证汉文化与百越信仰的在地化融合，堪称解码三国江东社会结构的立体史册。

126 吴“赤乌十四年”款青釉虎子

三国吴 瓷器 壹级

一方青釉，凝固三国时代的技艺辉煌与礼俗争议

器高 15.7 厘米，长 20.9 厘米，口径 4.8 厘米。
1955 年江苏省南京市赵士岗吴墓出土，中国国家博物馆典藏。

吴“赤乌十四年”款青釉虎子是三国时期吴国的青瓷器物。“赤乌”乃吴国君主孙权的年号，“赤乌十四年”即公元 251 年。这一时期，江南地区制瓷工艺蓬勃发展，上虞窑等名窑林立，烧制出大量精美瓷器，该青釉虎子便是这一时代背景下的产物。该器通体施青釉，胎质灰白，器身呈蚕茧形，两端略膨，中腰微凹，底部有四足支撑；提梁设计精妙，呈现出背部高高弓起、似奔虎跃动的姿态，形象逼真。

虎子腹部刻有“赤乌十四年会稽上虞师袁宜作”的铭文，字文是先划在器坯上，再涂上青釉烧制成型的。此铭文不仅明确了虎子的制作时间、地点与工匠姓名，更为研究三国时期吴国的社会制度、手工业发展情况以及地域文化交流情况提供了珍贵的实物资料。

在江浙地区，虎子是魏晋南北朝时期常见的随葬器物。关于其用途，有人认为它是溺器，也有人提出可能是盛水器。但无论具体用途如何，虎子都体现了当时人们对瓷器的喜爱与广泛应用。瓷器自诞生以来，便凭借经久耐用、抗腐蚀性强、易于清洗等优点，逐渐取代其他材质的器物，成为人们日常生活中的主要用品。随着瓷器在日常生活中的普及，瓷器制作工艺也不断进步，器型愈发精巧生动，兼具实用性与艺术性。这件吴“赤乌十四年”款青釉虎子，正是这一发展历程的生动见证，它承载着历史的记忆，向我们诉说着那个时代的独特魅力。

127 吴青釉褐彩羽人纹双系壶

三国吴 瓷器 壹级

改写陶瓷史的六朝瑰宝

通高 32.1 厘米，口径 12.6 厘米，底径 13.6 厘米。1983 年江苏省南京市雨花区长岗村吴墓出土，南京六朝博物馆典藏。

这件吴青釉褐彩羽人纹双系壶是六朝青瓷艺术的巅峰之作。其釉下彩绘工艺的发现，颠覆了学术界“唐代始有釉下彩”的传统认知，将中国釉下彩瓷器的历史从唐代提前至三国，跨度近五百年，堪称陶瓷史上的重大发现。

此壶圆弧形盖，盘口束颈、圆鼓腹、平底，外施青黄色釉，盘口壶为六朝时期典型盛贮器，多用于酒水或粮食的存储。

此壶盖钮设计为回首鸟形，盘口束颈，圆鼓腹平底，造型敦厚庄重。

此壶以含铁矿料于瓷胎上直接彩绘，施青釉高温烧成，首创“胎上作画”技法。褐彩纹饰中，羽人、神鸟与佛像动静相映，技艺卓绝。作为国家一级文物，羽人纹盘口壶不仅改写了中国陶瓷工艺史，将中国釉下彩工艺的出现时间从唐代提前至三国，更以“瓷上丹青”的独特形式，再现了1800年前长江流域的社会信仰与审美风尚，是六朝文化多元共生的璀璨见证。

其胎质细腻，釉色青黄莹润，外壁以褐彩通体绘饰：肩部对称贴塑两尊佛像，两个双首连体鸟形系，四个铺首（兽面衔环），间隔排列；中腹绘仙草、云气、羽人（飞仙）等纹样，线条飘逸灵动，似描绘仙境飞升之景。这类纹饰既是装饰，也可能寄托了墓主对死后升仙的祈愿。

128 西晋青釉神兽尊

西晋 瓷器 壹级

南京博物院十件国宝级文物之一

高 27.9 厘米，口径 13.3 厘米。1976 年江苏省宜兴县（今宜兴市）周处家族墓出土，南京博物院典藏。

西晋青釉神兽尊是中国古代陶瓷艺术中的一件珍品，不仅展现了西晋时期青瓷工艺的高超水平，还融合了神话元素与实用功能，具有重要的历史、艺术和文化价值。

西晋青釉神兽尊整体造型奇特，器身堆塑出一只威严的蹲踞状神兽，其圆睛怒目、獠牙毕露，口中含有一颗圆珠，前爪高抬，后肢踞地，似随时准备跃起。工匠通过精妙的刻画纹饰展现神兽的双翼与毛发等细节，使其栩栩如生。

◐ 装饰工艺：

堆塑技法：神兽采用捏塑、模印等工艺，贴附于器身，肌肉线条与毛发刻画细腻。

纹饰：器身可能饰有弦纹、水波纹或戳印纹，简约中显古朴。

◐ 釉色与胎体：

青釉：釉层均匀，呈青灰或青黄色，因含铁元素在还原焰中呈色，釉面常有冰裂纹或积釉现象。

胎质：灰白胎，胎体较厚，烧结程度高，叩之有金石声。

学者通过此类器物探讨早期青瓷的传播路径及南北文化交流。多件神兽尊藏于中国国家博物馆、故宫博物院等，常作为六朝文物展的重点展品。与东汉釉陶相比，西晋青瓷釉色更纯净，造型更精巧；相较于东晋的素雅，西晋器物装饰更为繁复，神兽尊即为例证。

西晋青釉神兽尊是西晋时期南方越窑系青瓷的巅峰之作，是技术与艺术的结晶，不仅承载着古代匠人的智慧，更映射出乱世中对祥瑞的寄托。其独特的造型与精湛工艺，使之成为中国陶瓷史上不可或缺的瑰宝。

129 北齐青釉仰覆莲花尊

北齐 瓷器 壹级

北朝青瓷的杰作，存世罕见

通高 63.6 厘米，口径 19.4 厘米，足径 20.2 厘米。
1948 年河北省景县封氏墓群出土，中国国家博物馆典藏。

◐侈口长颈，橄榄形腹，外撇高足，形似佛塔，象征“浮屠藏珍”。颈肩六组桥形复系，可系绳悬挂，或为祭祀时固定幡旗。

北齐是南北朝时期北朝的一个政权，这是一个民族融合且艺术极其兴盛的时代，莲花作为圣洁象征，成为这一时期装饰艺术中最流行的主题，青釉仰覆莲花尊周身施以晶莹的青绿色釉，温润而雅致。盖顶雕琢覆莲瓣，腹部与足部以仰莲与覆莲相呼应，腹上部点缀贴花菩提叶，颈部对称贴饰飞天，中段环绕三圈弦纹，下部则是对称的忍冬与莲花纹饰。

北齐青釉仰覆莲花尊，工艺精湛，集刻画、贴塑、模印、浮雕于一体，极为珍稀罕见，多作为北齐门阀士族的墓葬礼器，是身份和地位的象征，代表了北朝时期北方青瓷烧造的最高成就。硕大的器型、饱满夸张的莲瓣、繁复的堆塑，都体现了北齐时期特有的艺术张力。

◐盖钮覆莲、盖沿仰莲，与器身仰覆莲瓣呼应，精美绝伦。

130 北齐白釉绿彩长颈瓶

北齐　瓷器　壹级

中国陶瓷史的里程碑

高 22 厘米，口径 6.8 厘米，底径 7 厘米。
1971 年河南省安阳市范粹墓出土，河南博物院典藏。

北齐白釉绿彩长颈瓶是迄今发现的最早的白釉加彩瓷器，其制作年代距今1500余年。该瓶侈口细颈，鼓腹圈足，底微凹，颈肩有弦纹。胎体施白釉，腹部一侧点缀翠绿彩釉，釉色莹润通透，晕染出朦胧意境。其工艺突破在于将低温铅绿釉与白瓷结合——白瓷素雅纯净，绿彩明快淡雅，形成鲜明对比，开创了中国瓷器由单色向多彩过渡的先河，为唐代三彩技艺奠定了基础。

这种白釉绿彩工艺源于北齐时期，绿釉因属低温铅釉，胎釉结合不牢易剥落，早先，这种器物多用于陪葬明器，汉代始用于素陶装饰，至北齐才与白瓷同步发展。出土此瓶墓葬的墓主范粹是北齐骠骑大将军，此墓为北齐纪年明确的贵族墓，墓中出土有青釉、白釉、彩釉、酱釉各类瓷器，明确了白瓷起源北朝晚期，为南北朝陶瓷研究提供了关键实物证据。

此瓶不仅是工艺技术的飞跃，更体现了古人突破传统的胆识——在白瓷素坯上挥洒绿彩，将书画意境融入瓷器。它以最朴素的“白＋绿”组合，启发了此后千年中国陶瓷的绚烂篇章。

131 / 隋白釉龙柄双联传瓶

隋 瓷器 壹级

迄今唯一明确刻有“传瓶”名称的隋代瓷器

《博览陶瓷》说：“中国是瓷器的故乡，中国最早的瓷器是青瓷，随后出现黑瓷，接下来产生白瓷。”

高 18.5 厘米，口径 5.2 厘米，
底径 2.5 厘米。
天津博物馆典藏。

隋白釉龙柄双联传瓶是隋代白瓷的巅峰之作，此瓶造型独特，双腹相连，以单颈盘口为特征，双平底刻有铭文“此传瓶有并”，是迄今唯一明确刻有“传瓶”名称的隋代瓷器，具有重要断代与定名意义。

瓶身最引人注目的为肩部两侧手工捏塑的双龙柄——龙身修长，曲颈探首，龙口衔接瓶口，姿态灵动似欲啜饮琼浆，虽捏塑手法简练，却生动展现隋代匠人对细节的精准把控与艺术想象力。双腹相连的设计罕见而实用，腹间设双系可穿绳提携，兼具功能性与创新性。釉色莹白匀净，胎质细腻坚致，釉面光润如玉，印证隋代白瓷已突破早期釉色泛青的局限，标志着中国白瓷烧制技术的成熟。

（隋白瓷龙柄传瓶，陕西西安李静训墓出土，现藏于中国国家博物馆。）

此瓶与中国国家博物馆所藏李静训墓出土传瓶造型相仿，然其独特性在于铭文实证，为研究隋代器物命名、用途及酒器文化提供了直接依据。其浑厚凝重的器型承袭北朝遗风，而灵动的龙柄与精巧比例又彰显隋代审美转型，堪称融合实用与礼制、技艺的稀世之作，不仅是中国陶瓷史上白瓷发展的重要里程碑，亦是隋代社会风貌与工艺精神的缩影。

132

唐青釉凤首龙柄壶

唐 瓷器 壹级

一只壶里的盛唐与世界，丝路交融的瓷艺绝唱

通高 41.3 厘米，口径 19.3 厘米，足径 10.2 厘米。
传河南省汲县（今卫辉市）出土，故宫博物院典藏。

唐青釉凤首龙柄壶是唐代青瓷艺术的典范之作，壶身修长挺拔，口沿微微向外张开，壶颈细长；通体施青釉，造型奇绝，工艺精湛，完美融合中外文化元素，被誉为唐代陶瓷史上兼具实用性与艺术性的巅峰之作。

◐壶身以凤首为盖，壶口与盖沿巧妙接合成凤鸟昂首之姿，壶体线条挺拔如凤身直立。壶柄设计尤为独特，以立体捏塑技法呈现一条盘曲而上的蟠龙，龙口衔住壶口，似欲啜饮琼浆，龙足分踞壶肩与喇叭形底座，姿态矫健灵动，尽显唐代工匠“以形写神”的创造力。胎体厚重坚实，釉色青翠莹润，釉面玻璃质感鲜明，承袭北朝北方青瓷雄浑风格，又融入唐代工艺的精细特质。

◐腹部主体纹饰：分上下两层，上层以联珠纹围成七组圆形开光，内嵌西域力士舞蹈浮雕，人物动态鲜活；下层环饰七朵宝相花，寓意佛国圣洁，反映唐代佛教艺术的渗透。

◐辅助纹样：口沿、颈、肩及胫部分饰联珠纹、莲瓣纹、卷叶纹等，纹饰间以弦纹分隔，层次分明，结构严谨，展现唐代装饰艺术的秩序美与多元融合。

此壶是丝绸之路文化交流的见证：其凤首造型源自波斯萨珊王朝（公元 226 年—642 年）金银器中的“鸟首壶”传统，而龙凤主题、宝相花纹等则根植于中国本土文化，体现唐代对外来元素的吸收与再造。它不仅是唐代制瓷技术（如高温釉烧制、复合装饰技法）的集大成者，更以独特的艺术语言诠释了盛唐开放包容的时代精神，为研究唐代中外艺术交流、陶瓷工艺演变提供了珍贵实物资料，现被视为唐代青瓷最具代表性的存世珍品之一。

133

唐鲁山窑黑釉蓝斑腰鼓

唐 陶瓷器 壹级

丝路乐魂的釉色狂想

长 58.9 厘米，鼓面直径 22.2 厘米。
20 世纪 70 年代河南省鲁山段店窑址出土，故宫博物院典藏。

唐鲁山窑黑釉蓝斑腰鼓是唐代鲁山窑烧制的精美花瓷腰鼓，呈广口纤腰形状，鼓身凸起七道弦纹。通体施以黑釉，饰以蓝白色斑块，如云霞缥缈，优美典雅，是鲁山花瓷的代表作，体现了唐代陶瓷艺术的高水平。

◐ 腰鼓形制承袭西域木腔乐器，器身纤长，两端阔而中腰细，腔体施黑釉为底，泼洒铜蓝、月白釉斑，釉层高温窑变流淌，如羯鼓急奏时飞溅的音符。

鲁山花瓷的制作工艺是在黑釉、黄釉等基础上，饰以天蓝或月白色的斑点或斑块，形成独特的艺术风格。这种工艺打破了单色釉的局限，开启了高温窑变釉瓷的先河。鲁山花瓷的烧成温度高达1280℃至1300℃，硬度和耐磨度都很高，代表了当时陶瓷工艺的最高水平。

◐ 腰鼓是由西域传入中原的一种乐器，历经两晋、南北朝、隋、唐，被吸收进唐乐，并烧制成陶瓷腰鼓。唐玄宗酷爱音乐，尤其钟爱羯鼓，曾称赞“不是青州石末，即是鲁山花瓷”，可见鲁山花瓷在当时备受推崇。

鲁山花瓷的烧制，不仅丰富了唐代的陶瓷艺术，也反映了当时中外文化交流的盛况，是研究唐代音乐、舞蹈和中外文化交流的重要实物资料。它见证了唐代社会的繁荣和开放，体现了中华民族的创造力和审美追求。

134 唐代陶骆驼载乐舞三彩俑

唐　陶瓷器　壹级

丝绸之路上的流动乐团

骆驼头高 58.4 厘米，首尾长 43.4 厘米，舞俑高 25.1 厘米。1957 年陕西省西安市鲜于庭诲墓出土，中国国家博物馆典藏。

陶骆驼载乐舞三彩俑是唐玄宗开元年间的唐三彩，陶俑塑造的骆驼昂首挺立，驼背上驮着5名汉、胡男子，中间胡人起舞，4名男子围坐演奏，其中一人手持琵琶，人物的面容、服饰、乐器均带有鲜明中亚或西域特征。据推测，当时乐器配置应是一人弹琵琶、一人吹筚篥、二人击鼓，均属胡乐。此陶骆驼载乐舞三彩俑比例夸张，造型生动，釉色鲜明，堪称唐三彩艺术典范。

此件陶俑展现的，应是唐代长安百戏中的精彩杂技节目，唐代百戏种类丰富，有盘杆使、吞剑伎等；在当时，长安城东市和西市均设百戏班子，既可自主演出，也可供人雇演；唐玄宗曾“召两市杂戏以娱贵妃”，足见其盛行。

“骆驼载乐舞”节目融合杂技与马戏元素，看点有二：一是双峰骆驼一次驮载5名成年男子需训练有素；二是5位艺人在驼背无围栏平台上载歌载舞，可见技艺高超。

唐代高空平衡技巧表演水平极高，驯兽技艺也颇为出色，唐玄宗生日时，马匹会为他衔杯祝寿，还有舞象、舞犀等大型动物演出。因此，“骆驼载乐舞”节目在长安十分受欢迎，西安中堡子村唐墓也曾出土过类似作品。

唐玄宗时期，中亚众多乐师与歌舞者定居长安。陶骆驼载乐舞三彩俑不仅是一件艺术品，更是唐代“引进来”的文化态度实证——异域音乐、舞蹈、服饰都被吸纳为中华文明的一部分。

该文物以陶土凝固丝路乐舞的瞬间，成为研究唐代社会娱乐、跨文化互动及工艺美学的三维史证。

135 唐长沙窑青釉褐蓝彩双系罐

唐　陶瓷器　壹级

唐代工艺与跨文化交流的瑰宝

高 29.8 厘米，口径 16.3 厘米，底径 19.5 厘米。
1974 年江苏省扬州市唐城遗址出土，扬州博物馆典藏。

此罐是唐代长沙窑釉下彩瓷的巅峰之作。直口鼓腹，肩饰双系，胎质灰白，通体施青黄釉，釉色莹润。纹饰布局疏密有致，既有波斯联珠纹的异域风格，又融入中国传统莲纹的写实意境，展现了唐代中外文化交融的独特审美。

◐ 最大特色在于釉下褐、绿双彩的创新运用：以褐彩勾线勾勒联珠纹、卷云纹及莲花纹骨架，绿彩填色渲染叶脉与花蕊，形成浓淡相宜的笔墨韵味。
釉下多彩是长沙窑最负盛名的装饰技法。

1998 年，印尼“黑石号”沉船出土大量长沙窑瓷器，这说明长沙窑瓷器经由海上丝绸之路远销国外，因此，此罐是古代海上丝绸之路贸易的重要实证。其首创的釉下彩绘技法打破青瓷单一釉色传统，开创了中国陶瓷彩绘先河，装饰纹样融合了中国传统元素与外来文化，是盛唐开放包容气象在物质文化上的反映。

136 / 唐越窑青釉褐彩云纹五足炉

唐 **瓷器** 壹级

“千峰翠色”的实证，晚唐贵族生活与工艺文化的立体缩影

通高 66 厘米，口径 36.5 厘米，底径 41 厘米。
1980 年浙江省临安市（今杭州市临安区）水邱氏墓出土，临安市文物馆典藏。

越窑青釉褐彩云纹五足炉制于唐天复元年（公元 901 年），出土于吴越国君主钱镠之母水邱氏墓，是晚唐五代吴越国宫廷用器的典范。此炉由穹顶镂空盖、鼓腹炉身及高足座三部分组成，体量恢宏，为现存唐代青瓷熏炉之最。出土时炉内残留香灰，经检测含沉香、乳香成分，印证了吴越贵族通过海上丝绸之路获取域外香料的史实。

◐ 穹顶盖：采用镂空缠枝莲纹设计，既保证香气氤氲，又展现立体雕刻之精妙。

◐ 炉身：鼓腹处以釉下褐彩绘卷草纹，肩部模印贴塑覆莲瓣，腹部阴刻缠枝牡丹，将绘画、雕刻与贴塑工艺熔于一炉。

◐ 兽足座：五只兽面蹄足威猛雄健，獠牙怒目，融合中原饕餮纹与吴越巫傩文化，兼具镇邪祈福之意。

该熏炉集实用、礼制与艺术于一体，不仅是唐代香文化鼎盛的缩影，更为研究吴越国工艺、贸易及中外文化交流提供了关键物证。钱镠以“孝”闻名，此炉为其母特制，赋予文物底蕴。

137

唐长沙窑青釉褐彩贴花人物纹壶

唐　瓷器　壹级

丝路文明的瓷艺见证

高 16.4 厘米，口径 5.8 厘米，底径 9.9 厘米。
1973 年湖南省衡阳市司前街水井出土，湖南博物院典藏。

此壶造型精巧，鼓腹卷唇，肩设双系，前有多棱短流，后置执鋬（pàn），兼具提携与执握功能；通体施青釉，釉色泛灰黄，釉下以褐彩点缀贴花部分。其最引人注目的，是通体以模印贴花工艺装饰的三组纹样——出水口下的袒胸舞女、左侧方塔与右侧立狮，生动展现了唐代中西文化交融的璀璨篇章。

◐ 壶身核心纹饰为一名西域舞者：她袒露肩臂，身披轻纱，立于蒲团之上翩然起舞，紧身短裤勾勒出健美的肢体曲线，衣褶随舞姿飞扬流转。这是隋唐风靡的“胡旋舞”，舞者需在毡毯上急速旋转腾跃，正如白居易笔下“左转右转不知疲，千匝万周无已时”的炽烈场景。史载安禄山虽体胖，却以胡旋舞“疾如风”取悦唐玄宗，足见此类舞蹈的流行。壶上舞女与唐诗相映，印证了西域乐舞对中原文化的深刻影响。

此壶产自长沙石渚窑，该窑兴起于公元8世纪末，以彩瓷革新打破南北青白瓷垄断。其产品凭借多元釉色、低廉价格及适应海外需求的纹饰，成为唐代外销瓷主力。此壶集釉彩、贴花、域外题材于一体，既是长沙窑融会南北工艺、吸纳异域文明的缩影，亦映射出大唐开放包容的时代气象。壶上旋转千年的胡旋舞影，至今仍诉说着那条横跨陆海的文明对话之路。

138 / 唐三彩骆驼载乐俑

唐 **陶瓷器 壹级**

千年前的“流动演唱会”

通高 58 厘米，驼高 48.5 厘米。
1959 年陕西省西安市中堡村唐墓出土，陕西历史博物馆典藏。

这尊唐三彩骆驼载乐俑，以驼背为流动舞台，将盛唐时期丝绸之路上商旅乐团的鲜活场景凝于方寸之间。驼峰间架设的彩毯平台上，七名胡人乐手盘坐奏乐，中央的汉装歌女随乐咏唱。胡乐激越与汉调悠扬交织，恰是盛唐文化包容共生的缩影——彼时的长安城，波斯弦音、粟特旋舞、天竺梵呗在此交融，催生出《霓裳羽衣曲》的盛世风华，而这支驼背乐团正以艺术的形式，再现了“万国衣冠汇长安”的恢宏气象。

【分塑釉彩，匠心天成】

唐三彩骆驼载乐俑集中展现了唐代低温釉陶的工艺精髓。其胎体以瓷土制成，采用“刻花填彩”技法，先于素胎雕刻纹样再施釉色。施釉工艺融合“分区施釉”“点染融彩”与“溜釉法”：分区布局单彩、双彩及三彩；以点染仿水墨晕染，形成斑驳肌理；再以溜釉倾注釉汁，借铅釉高温流动特性，使绿、黄、褐等色自然交融，呈现玻璃质流光效果。造型上，骆驼采用左右合模、乐俑前后合模分体制坯，经粘接法精密组装，再以雕塑法刻画人物神态、衣纹等细节。全器分体塑形、二次烧成，兼具模制效率与艺术表现力，堪称唐代陶俑“塑绘合一”的典范之作。

骆驼昂首嘶鸣，立于长方形底座之上，驼峰间架设平台，铺满斑斓彩毯。七名身着汉服的胡人乐手盘坐四周，手持筚篥、琵琶、箜篌等西域乐器，神情沉醉，似在合奏异域妙音；中央立一唐装女子，高髻长裙，扬臂展喉，宛若随乐起舞高歌。八人姿态各异，却和谐共融，连骆驼也似踏着节奏稳步前行。

这尊载乐俑实证了唐朝商队走丝绸之路时，骆驼背上不光驮货物，还带着乐队给沿途的人表演，1300年前的中国就有这种“流动演唱会”。这尊三彩陶俑杰作不单是一件陪葬明器，也是盛唐开放气象的缩影，泥坯釉色里刻印着人类艺术共鸣的永恒印记。

139 五代耀州窑摩羯形水盂

五代 瓷器 壹级

釉色里游动的文化气息

高 9.3 厘米、长 14 厘米、宽 7.3 厘米、底径 4.4 厘米。
1971 年辽宁省北票市水泉辽墓出土，辽宁省博物馆典藏。

五代耀州窑青釉摩羯形水盂是一件极具代表性的古代文房用具，主要用于研墨时盛水，属于文房“笔墨纸砚”之外的重要辅助工具。摩羯纹在五代时期被广泛应用于瓷器装饰，既象征“镇水辟邪”，又寓意“鱼跃龙门”“青云直上”，契合了文人对仕途的追求。这种纹饰在辽代器物中较为常见，而耀州窑青瓷上的摩羯纹则进一步凸显了辽宋间贸易与文化的互动。

这件水盂的设计精巧，器物内部分为前后两室：前室用于储水，后室则可能用于调和墨液或存放小工具（如笔舔）。其摩羯鱼尾上翘形成的“U”形开口，不仅便于倾倒水流，还增添了艺术美感。

水盂的外壁雕刻有鱼鳞和羽翼，还贴塑了水珠纹。这些设计不仅增强了防滑握持的实用性，还通过摩羯跃水的动态造型呼应了其盛水功能，体现了“器形即功能”的巧妙设计理念。从五代到宋代，文房用具逐渐向精致化方向发展，水盂的造型也从简单的罐形发展为鸟兽、植物等仿生造型。这件以摩羯为形的水盂，将日常用品升华为案头雅玩，反映了文人阶层对“雅致生活”的追求。

作为辽宁省博物馆的镇馆之宝，这件水盂不仅具有重要的历史和艺术价值，更是研究古代文化交流的珍贵实物。

140 / 五代越窑莲花式托盏

五代　瓷器　壹级

中国陶瓷史上秘色瓷的典范之作

碗高 8.9 厘米，口径 13.9 厘米，盏托高 6.6 厘米；口径 14.9 厘米，底径 9.3 厘米，通高 13.5 厘米。

1956 年江苏省苏州市虎丘云岩寺塔出土，苏州博物馆典藏。

这件越窑秘色青瓷莲花碗由碗与盏托组合，整体外部有七组莲花浮雕，湖绿色玉质。唐代诗人陆龟蒙描述秘色瓷说：“九秋风露越窑开，夺得千峰翠色来”。这套托盏因胎釉精良、形制标准，被学界视为五代秘色瓷的断代标准器。

这套托盏胎质灰白细腻，釉色莹润如玉，呈现出秘色瓷特有的“千峰翠色”质感。其釉面温润如玉，且因施釉均匀，几无垂流痕迹，展现了越窑巅峰期的制瓷技艺。此器直口深腹圈足，盏托形似高足豆盘，盘口外翻，束腰，圈足外撇，整体造型宛如一朵盛开的莲花。碗身外壁、盏托盘面及圈足均饰以重瓣莲纹，碗外壁三组，盏托上下部分各两组，通过浅浮雕工艺凸起，线条流畅，层次分明，既模拟莲花自然形态，又赋予器物庄重典雅之美；盏托底部中心镂有小圆孔，孔边刻窑工标记“项记”，印证五代越窑的工匠制度。

秘色瓷为五代吴越国王室垄断的御用瓷器，现今秘色瓷存世不足百件，此盏为唯一完整成套的莲花式托盏，堪称“青瓷魁首”。

141 五代耀州窑青釉刻花提梁倒流壶

五代　瓷器　壹级

青釉玄机中的时空逆流

高 18.3 厘米，腹径 14.3 厘米。1968 年陕西省彬县出土，陕西历史博物馆典藏。

耀窑瓷始于唐、盛于宋，以青釉刻花工艺著称。此壶呈倒置团柿形，通体施橄榄青釉，有伏凤提梁、无盖倒流、母子狮塑、缠枝牡丹刻花四重奇技，极富创造性，将实用性与艺术性完美结合。倒流壶的设计尤为独特，壶身无盖，却能从壶底注水，水自壶嘴倒出，仿佛时空逆流，展现了古代工匠的非凡智慧与创造力。壶身刻缠枝牡丹纹，寓意富贵吉祥，而壶流与提梁则塑成伏凤与母子狮形，不仅美观，更添祥瑞之气。

壶身采用伏凤式提梁，提梁如同一只伏卧的凤凰，凤首高翘，轻盈地落在壶盖上。壶盖以花蒂的形态象征，与壶身连为一体，增添了艺术美感。

在盖与壶衔接处，堆塑了一组哺乳的母子狮。母狮张口露出牙齿，形成壶的出水口，而幼狮依偎在母狮腹下吸吮乳汁，形象生动，富有情感，展现了工匠的高超技艺。

梅花形注水孔的巧妙设计：壶的底部中心设有梅花形注水孔；使用时，需将壶倒置，从底部注水，正置后水不会泄漏。这种设计利用物理学中的连通器原理，展现了古人非凡的智慧。

此壶不仅是五代耀州窑青瓷艺术的巅峰之作，更是中国古代陶瓷工艺中实用与审美并重理念的典范；其不可打开的壶盖、倒灌不漏的物理学原理设计，可见古人“物以载道”的巧思与智慧。

142 北宋汝窑天青釉弦纹樽

北宋　瓷器　壹级

"大道至简"的美学精髓与"雨过天青"的文人意境

高 12.9 厘米，口径 18 厘米，底径 17.8 厘米。
故宫博物院典藏。

汝窑天青釉弦纹樽是北宋汝窑的代表作品，以其淡雅的天青釉色、简约的造型和精细的工艺闻名于世，该器物是研究汝窑瓷器的重要实物。其造型灵感源自汉代青铜樽，兼具仿古韵味与宋代极简美学观念。此樽直口平底，口径与底径相近，下承三足，整体轮廓简洁端庄。器表满施淡天青色釉，釉质如玉般莹润，釉层布满细密开片，呈现出独特的“冰裂纹”效果。足底露胎无釉，胎质细腻呈香灰色，底部可见五枚微小支钉烧造痕迹，印证其采用“裹足满釉、支钉托烧”的精细工艺。

樽身以简洁的凸纹线条分割出层次，给人以内敛优雅之感。釉面开片原为胎釉收缩率差异导致的工艺缺陷，但汝窑匠人将其转化为自然天成的装饰——“冰裂纹”——赋予器物灵动深邃的视觉意趣。此类开片在传世汝窑器中普遍存在，成为其标志性特征之一。

汝窑作为北宋晚期宫廷御窑，仅存世约40年，传世瓷器不足百件。三足樽全球仅存三例。其淡天青釉色与冰裂开片，凝练宋代“大道至简”的美学精髓，完美诠释“雨过天青”的文人意境。此樽不仅是汝窑工艺巅峰的实证，更为研究北宋宫廷用器制度、青瓷烧造技艺及理学影响下的造物理念提供了孤品级样本，以稀缺性、艺术性与历史穿透力，成为中华文明物质文化的永恒象征。

143 北宋官窑弦纹瓶

北宋 瓷器 壹级

"天青色等烟雨"的官窑代表作

高 33.6 厘米，口径 9.9 厘米，足径 14.2 厘米。
故宫博物院典藏。

北宋官窑弦纹瓶是宋代官窑瓷器杰作，器型庄重典雅，以极简的线条与温润的釉色诠释了宋代“清水出芙蓉”的审美境界。此瓶仿汉代铜器形制，洗口、长颈、圆腹、高圈足一气呵成，通体仅以七道凸起弦纹为饰，化繁为简，于素净中见深意，堪称宋代官窑“少即是多”艺术哲学的完美注解。

瓶身施粉青釉，釉质肥厚如凝脂，釉色清透似碧玉，静穆中透出微妙的青蓝调，正是宋人追慕的“雨过天青”之色。釉面密布自然开片，冰裂纹交织如网，赋予器物沧桑古雅的气质。尤为巧妙的是，宋代工匠将釉料冷却收缩形成的“缺陷”转化为浑然天成的纹饰，使人工与天意相融，暗合道家“自然无为”的意趣。圈足两侧设长方形穿带孔，既保留仿古铜器的实用细节，又为素器增添灵动之韵。

此瓶摒弃彩绘雕琢之技，仅以弦纹破空疏朗，通过釉色、造型与开片的精妙平衡，将陶瓷艺术推向形而上的精神层面。作为宋代官窑经典器型，它不仅印证了宫廷“尚青、崇玉、慕古”的审美取向，更以含蓄内敛之美，成为后世追溯宋人精神世界的文化符号。千年流转，它静立故宫，仍以无声之姿诉说着大宋风雅。

144 北宋钧窑月白釉出戟尊

北宋 瓷器 壹级

钧窑制瓷工艺的最高水平

高 32.6 厘米，口径 26 厘米，足径 21 厘米
故宫博物院典藏。

北宋钧窑月白釉出戟尊是宋代宫廷陈设用瓷中的珍品。其造型仿自商周青铜器，通体施月白釉，釉色温润如玉，喇叭口，扁鼓腹，在器物的口沿下方、腹部中央、圈足上方三个关键部位，等距离地装饰有方棱形的凸起线条，称为“戟”或“出戟”，是此尊最显著的特征。

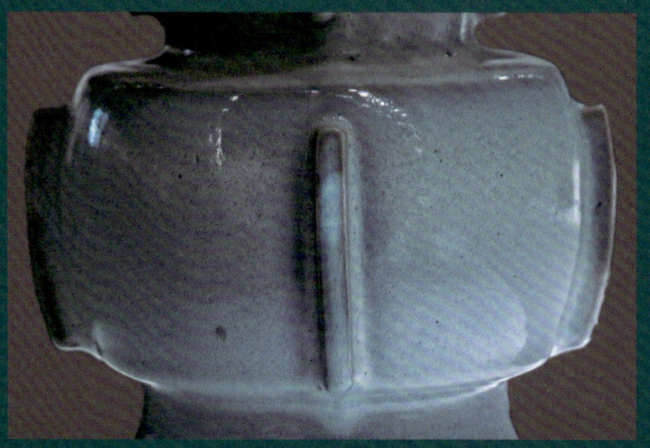

此尊通体施以月白色釉，釉色淡雅柔和，犹如月光般皎洁。同时，它釉层肥厚，釉面光洁细腻，呈现出乳浊而不透明的效果，具有独特的玉质感。

釉内气泡密集，釉面有棕眼，这是钧窑瓷器的典型特征。边棱处因高温烧成时釉层熔融垂流，致使釉层变薄，映现出胎骨呈黄褐色，形成了自然的装饰效果。

圈足内壁刻画有数目字“三”。据现存实物证明，器底所刻数字越小，器形越大。这一细节不仅体现了宋代钧窑瓷器的制作规范，也为研究当时的烧制工艺和器物分类提供了重要线索。

钧窑出戟尊在传世钧窑瓷器中极为罕见，全球仅约 10 件左右。故宫博物院收藏的这件月白釉出戟尊，是其中的佼佼者，代表了北宋钧窑制瓷工艺的最高水平。它不仅具有极高的艺术价值，也是研究宋代宫廷文化和制瓷技术的珍贵实物。

145 北宋定窑白釉刻莲花瓣纹龙首净瓶

北宋 瓷器 壹级

"定瓷之王""千年白瓷第一瓶"

高 60.9 厘米，腹径 19.1 厘米，底径 10.1 厘米。
1969 年河北省定县净众院塔基地宫出土，定州市博物馆典藏。

定窑白釉刻花龙首净瓶是北宋定窑瓷器的巅峰之作，为定窑经典的牙白色釉，体量恢宏，造型修长典雅，被誉为“定瓷之王”。净瓶（也称“军持”），是一种源自印度、用于贮水净手的特殊器物。

◐瓶身分颈、肩、腹三段，长颈中部装饰一轮状圆盘，圆盘上饰有双层覆莲瓣纹，颈上端三道凸弦纹之间刻有莲瓣纹，长颈下部做竹节纹状处理；肩部三重覆莲纹与腹部四重仰莲纹上下呼应，中间刻有菊花纹，整体装饰以莲花为主，象征清净庄严。

◐最具特色之处在于其肩部一侧塑龙首短流，龙首昂首怒目，獠牙外露，整条龙显得栩栩如生。瓶身通体以刻花技法装饰缠枝花卉，刀法遒劲利落，线条如行云流水，在莹白釉色映衬下形成浅浮雕般的立体效果，尽显定窑“白如雪、薄如纸、声如磬”的工艺特色。

定窑虽为民窑，但曾烧制贡御瓷器，此器形制宏大、装饰繁复，或为皇家敕令特制，体现了定窑登峰造极的成型与刻花技艺。作为存世定窑瓷器中尺寸最大、装饰最精的净瓶，是宋代制瓷业的里程碑，其作为南北瓷艺交流的珍贵物证，被誉为“千年白瓷第一瓶”。

146

北宋官窑贯耳尊

北宋 瓷器 壹级

“紫口铁足”北宋官窑的代表作

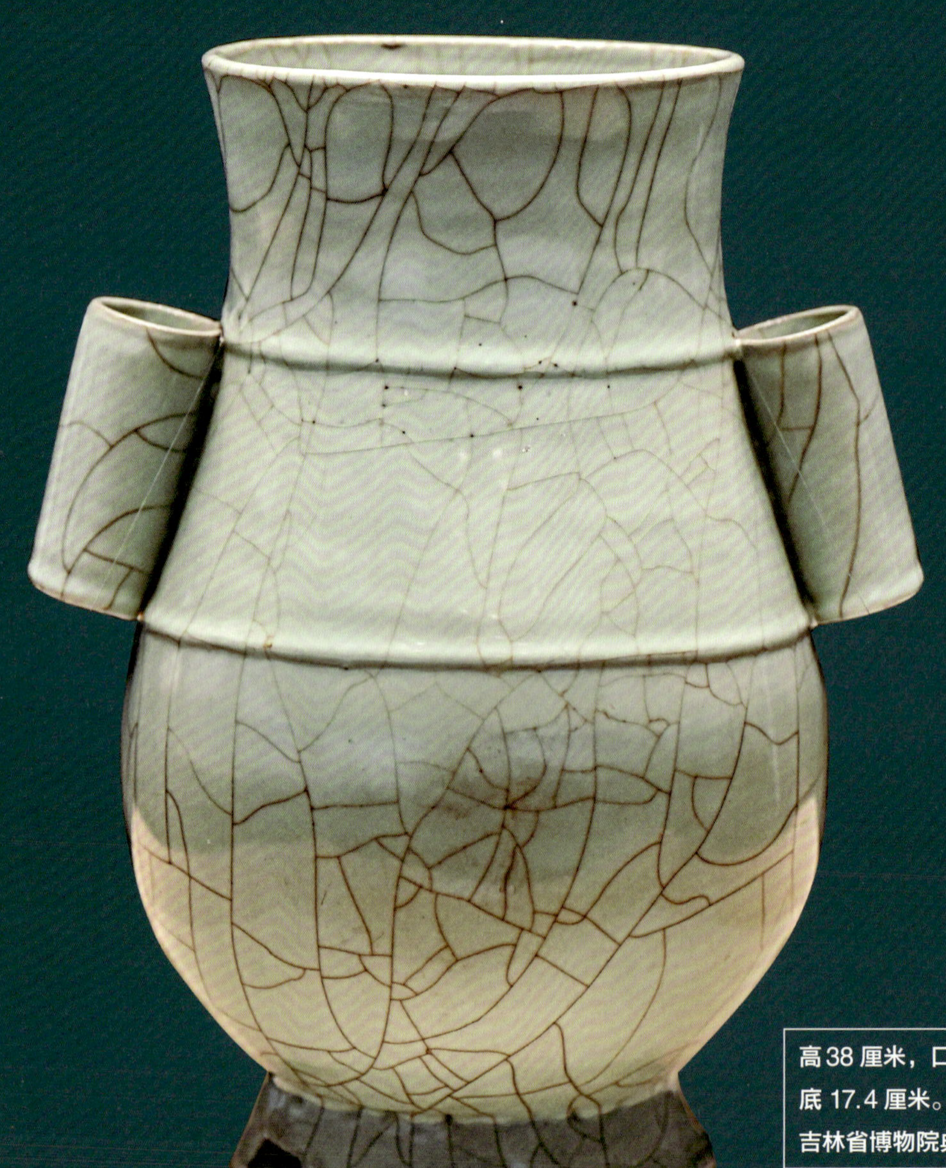

高 38 厘米，口径 18.5 厘米，底 17.4 厘米。
吉林省博物院典藏。

北宋官窑贯耳尊是宋代瓷器瑰宝，承载着千年宫廷美学与工艺智慧。此尊仿商周青铜礼器而制，名称来源于器身颈部两侧对称贴附用作穿绳的管状竖直小耳（称为“贯耳”）。器型端庄典雅，直口微敛，鼓腹下垂，圈足外撇，线条流畅中透出古朴之风，体现了宋代文人“崇古尚礼”的审美意趣。

其釉色尤为引人瞩目，通体施天青色乳浊釉，釉质莹润如玉，开片疏朗自然，如冰裂交织，展现出“雨过天青”的静谧之美。釉面遍布开片（裂纹），层次丰富，有着“金丝铁线”的效果。胎骨灰黑致密，口沿釉薄处隐现“紫口”，底足无釉处呈深褐色“铁足”，这一“紫口铁足”特征恰是北宋官窑的典型标识。器物采用支钉满釉烧造，足底留细小支钉痕，工艺精湛至极，彰显宫廷御窑的严苛标准。

作为宫廷专供瓷器，此尊或用于祭祀、陈设，凝聚着宋徽宗时期“天人合一”的哲学追求。其仿古造型与自然釉色，既是对传统的致敬，亦是宋代瓷器艺术化的巅峰表达。因北宋官窑传世稀少且窑址未明，此件贯耳尊更为研究宋代官窑制度、制瓷技艺提供了珍贵实证。

历经千年辗转，这件承载着皇室荣光的器物现珍藏于吉林省博物院，成为公众领略宋韵风华的重要窗口。它不仅是一件器物，更是一段凝固的文明史，诉说着大雅之宋的审美高度与文化自信。

147 宋登封窑白釉珍珠地划花双虎纹瓶

宋　瓷器　壹级

瓷上虎魄，千年遗珍

高 32.3 厘米，口径 7.3 厘米，足径 9.5 厘米。故宫博物院典藏。

登封窑是晚唐兴起的民窑，在北宋时期发展达到鼎盛，以白釉珍珠地划花为标志性工艺。这件瓷瓶是宋代登封窑瓷器的代表作，瓶身呈橄榄形，侈口圆唇、短颈、敦实流畅，胎体为灰褐色，上面装饰珍珠地划花、双虎纹、莲瓣纹等特色元素，生动写实，极具张力。

◐ 珍珠地划花

珍珠地：指在瓷器表面用细管状工具戳印出密集的小圆圈（形似珍珠），形成底纹，再于空白处划出主体纹饰。

划花技法：在胎体半干时，用竹刀或铁针刻画出流畅的线条，形成图案，之后施透明釉烧制。这种工艺要求工匠具备高超的技艺，稍有不慎便可能破坏整体效果。

对比鲜明：珍珠地的细密底纹与划花的主体纹饰形成虚实对比，层次感极强。

◐ 生动的双虎搏斗纹饰

瓶身主题纹饰为双虎搏斗的场面。一只老虎站立，张牙舞爪，另一只作欲扑之势，两者动作夸张，形象逼真。背景辅以洞石、芭蕉等元素，增添了画面的生动性和自然气息。

虎为百兽之王，虎纹饰表达了宋人的勇武精神和对平安吉祥的祝愿。这件在同期窑口中独树一帜，未见雷同的瓷瓶，展现了唐宋艺术交融缩影中民间的制瓷智慧，是研究宋瓷技术与文化的重要载体。

148 元青花萧何月下追韩信图梅瓶

元　瓷器　壹级

元代青花瓷的巅峰绝唱

高 44.1 厘米，口径 5.5 厘米，底径 13 厘米。
1950 年代江苏省南京市印堂村观音山沐英墓出土，南京市博物馆典藏。

此梅瓶出土于明代黔宁王沐英墓，墓主为明初开国功臣，证实元代顶级青花瓷在明初仍被视为珍品随葬。其烧制于14世纪中叶景德镇窑，以进口“苏麻离青”钴料绘就，以历史典故入瓷，是现存元代青花人物故事纹瓷器中工艺最精、品相最佳者。胎质洁白致密，釉色纯净透明，瓶身青花发色苍翠浓艳印证了元代制瓷技术高超。

◐梅瓶小口短颈、平底，造型挺拔优雅，白釉莹润，青花浓翠。器身分六层纹饰：腹部主体绘“萧何月下追韩信”历史场景，韩信勒马驻足河畔、萧何策马疾追的戏剧性瞬间与山石、松竹、梅花、芭蕉交融，人物神态生动，构图疏密有致；肩部缠枝莲、胫部仰莲瓣等辅助纹样层次分明，繁而不乱。

按原有的资料与认知，国内现存元代青花瓷仅100余件，绘人物故事题材者不足10件，同题材元青花梅瓶全球仅存3件，除了这件沐英墓出土的瓷瓶，其余两件，一件在2011年以8.4亿港币被拍卖，另一件下落不明；这件元青花萧何月下追韩信图梅瓶将中国水墨画的写意技法与西亚钴料呈色工艺完美结合，再加上纹饰的历史深度、稀缺性和高价值被称为“中国瓷器三绝”。

149 元蓝釉白龙纹梅瓶

元　瓷器　壹级

世界罕有的元代蓝釉白龙纹梅瓶

高 43.5 厘米，口径 5.5 厘米，底径 14 厘米。
1984 年从江苏省扬州市文物商店收购，扬州博物馆典藏。

元蓝釉白龙纹梅瓶是元代景德镇窑的巅峰之作，被誉为“瓷器中的帝王”。其通体施高温钴蓝釉，釉色如深海宝石，莹润凝重；瓶身以留白技法塑一条三爪白龙腾跃云间，龙身矫健，鬃毛飞扬，周身饰火焰纹，展现出元代皇权的威严与草原民族的豪迈气韵。

◐典型梅瓶造型——小口、丰肩、瘦底，线条流畅挺拔，兼具实用性与观赏性。

元代蓝釉瓷器的钴料多从波斯进口（称“苏麻离青”），因成本高昂、成品率低，多为皇家与贵族使用。此梅瓶或为元朝宫廷祭祀礼器，釉色之纯净至今难复刻。

按原有资料，目前全球仅存3件元代蓝釉白龙纹梅瓶，分别藏于扬州博物馆、巴黎吉美博物馆及北京颐和园，扬州所藏为最大、品相最佳者，因此被公认为“孤品中的巅峰”。

第三单元

玉器

150 新石器时代红山文化玉龙

新石器时代·红山文化　玉器　壹级

"中华第一龙"

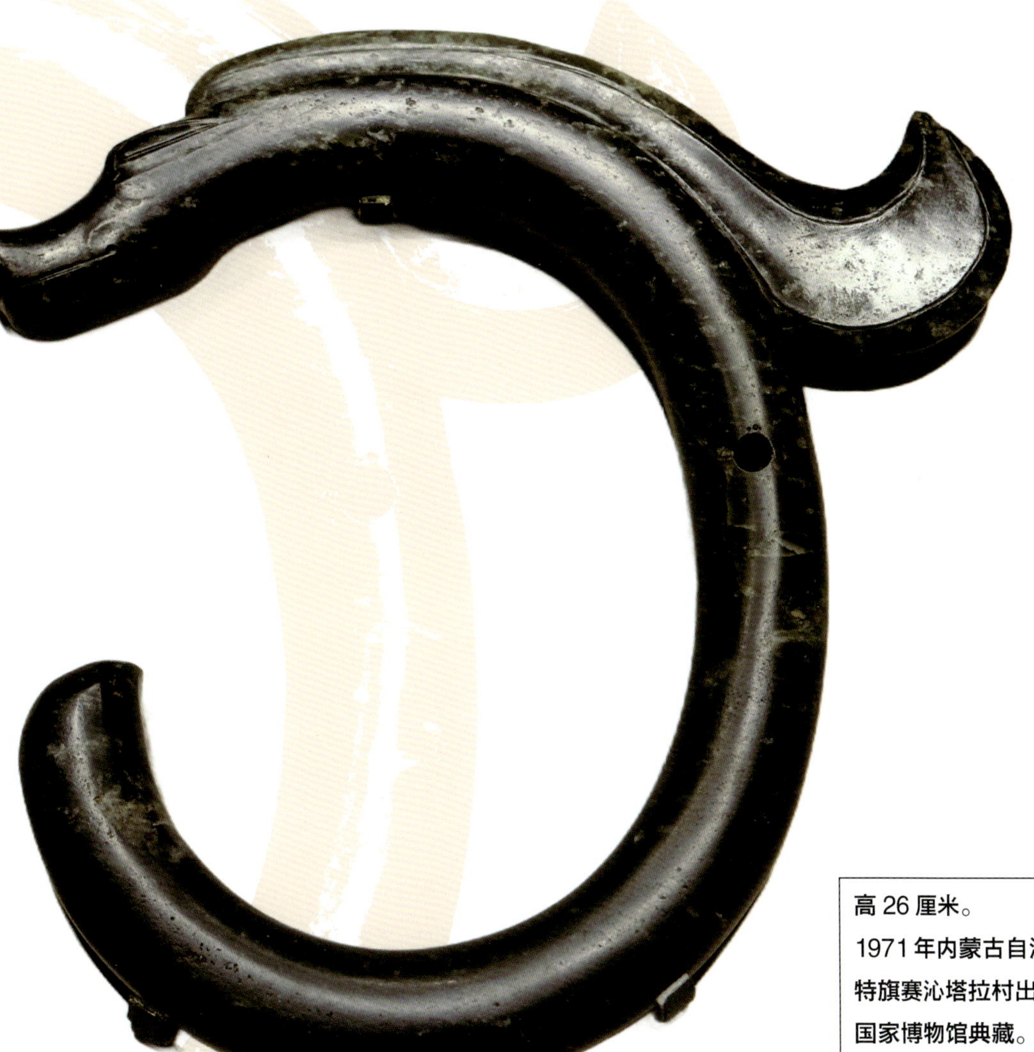

高 26 厘米。
1971 年内蒙古自治区翁牛特旗赛沁塔拉村出土，中国国家博物馆典藏。

玉器是红山文化最突出的文化特征和精神象征，其制作代表了当时中国乃至东亚玉器工艺的最高水平之一，形成了独特的“唯玉为葬”的习俗。这件红山文化玉龙是新石器时代晚期的杰出玉器代表，是已知红山玉龙中体型最大、最精美的一件。

玉身由墨绿色的岫岩玉雕琢而成，周身光洁，细部运用浅浮雕、阴刻等手法，线条流畅自然，首尾相接，形成一个接近字母“C”的形状，这是红山玉龙最标志性的特征；龙头部有明显的猪的特征，被认为是“猪龙”造型的典型代表。

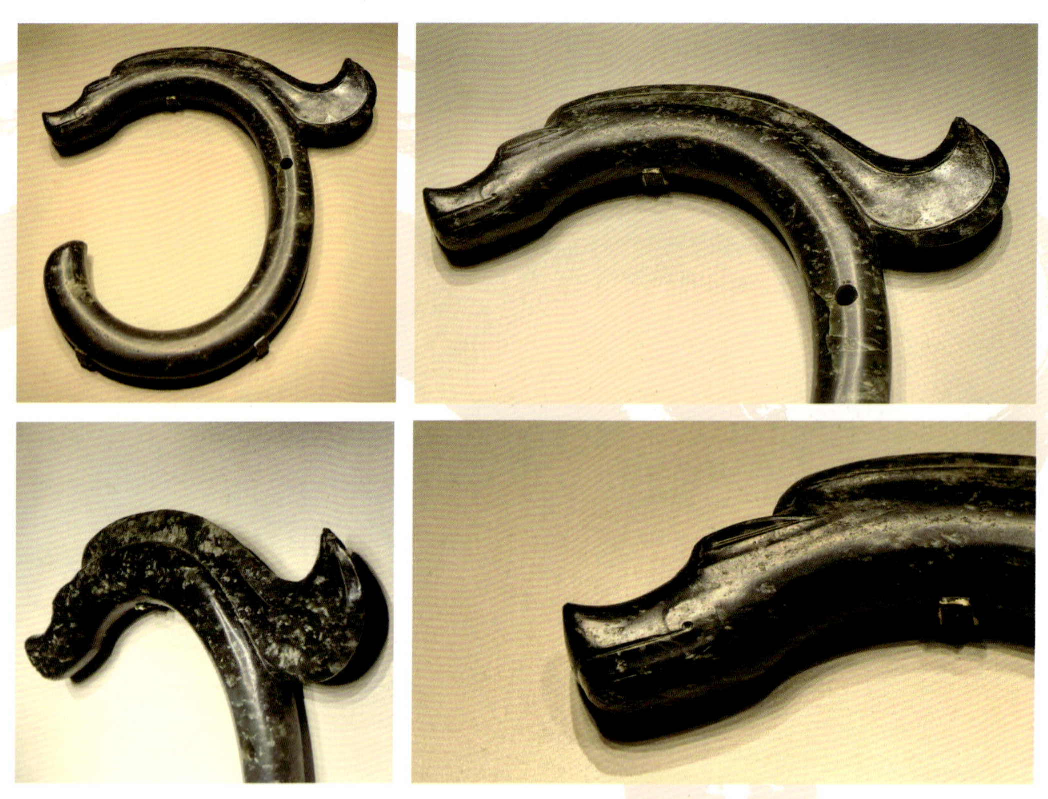

其造型简洁却极具神韵，头部长吻修目，鬃鬣飞扬，躯体卷曲若钩，展现出一种古朴而神秘的美感。龙首部分尤为精致，吻部修长，鼻部前突并上翘起棱，端面截平，两个并排的鼻孔更添几分生动。龙眼突起呈棱形，目光炯炯，仿佛蕴含着无穷的力量与智慧。

从龙的形象演变来看，红山文化玉龙已经具备了龙的基本特征，如巨头、大口、曲身等，比商周青铜器上的成熟龙纹早了两三千年，对后世龙文化的发展有着深远的影响；红山文化玉龙不仅是一件精美的艺术品，更是连接过去与未来的桥梁，让我们得以窥见远古先民的智慧与创造力，感受中华文明的博大精深，其独特的艺术魅力和深厚的历史底蕴，被誉为“中华第一龙”。

151 新石器时代良渚文化神人兽面纹玉钺

新石器时代·良渚文化　玉器　壹级

史前王权的“终极符号”

通长 17.9 厘米，上端宽 14.4 厘米，刃部宽 16.8 厘米，最厚 0.9 厘米，孔径 0.55 厘米。1986 年浙江省余杭县（今杭州市余杭区）反山 12 号墓出土，浙江省博物馆典藏。

良渚文化（约公元前3300年—前2300年）是长江下游新石器时代晚期文明，以巨型水利工程、精密玉器制作和早期国家形态闻名，被誉为“中华五千年文明实证”。其以玉琮、玉钺、玉璧为核心的礼器系统，开创了中国“以玉礼天”的传统。

神人兽面纹玉钺是中国新石器时代晚期良渚文化最具代表性、等级最高的礼仪玉器之一。它由透闪石玉精琢而成，呈“风”字形，刃部宽16.8厘米却仅厚0.9厘米。钺体上角两面浅浮雕神人兽面纹——戴羽冠神人骑跨獠牙兽面怪兽，下角刻神鸟纹，纹饰对称精准，阴线细若发丝，展现无金属工具时代的工艺巅峰。玉钺配套白玉钺瑁、钺镦及嵌玉木柄，构成迄今唯一完整的良渚玉钺仪仗。

玉钺与“玉琮王”同出反山12号墓（随葬玉器647件），墓主为良渚古国执掌神权与军权的最高统治者。神人兽面纹象征“巫王合一”的统治合法性：神人通天地，兽面驭自然，神鸟承袭河姆渡文化鸟图腾，串联长江流域信仰体系。钺身孔洞残留捆扎痕，印证其垂直缚于木柄，用于祭祀盟誓，宣告“神授征伐”权威。

作为良渚神权政治的物化象征，此钺从采矿、雕琢到纹饰设计，需耗费数年集体劳作，凸显阶层分化与社会动员能力。它不仅是中华文明“祀戎一体”政教传统的最早见证，更为商周礼制提供了纹饰与权力符号的源头。

152 夏七孔玉刀

夏 玉器 壹级

夏代礼制的见证

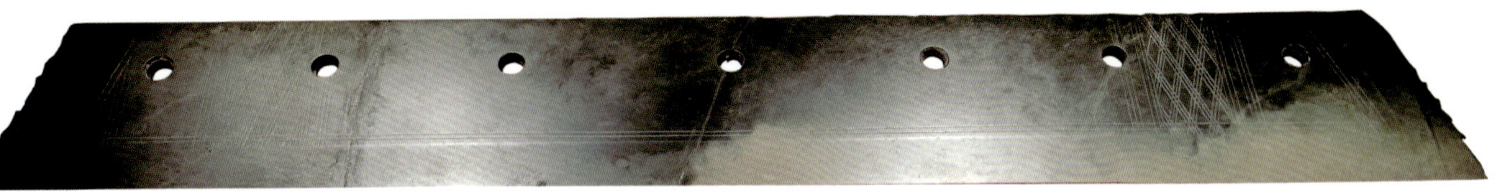

长 60.4—65 厘米、宽 9.5 厘米。最厚 0.4 厘米。
1975 年河南省偃师县（今洛阳市偃师区）二里头遗址出土，二里头夏都遗址博物馆典藏。

七孔玉刀是二里头文化最具代表性的玉礼器之一，是二里头遗址出土的最大的玉器，展现了夏代玉器制作的高超技艺。二里头遗址被学界视为夏代中晚期都城，玉刀的出土为“夏文化”的存在提供了直接物证。

玉刀以墨绿色玉料制成，局部因年代久远形成黄色沁斑。整体呈肩窄刃宽的扁平梯形，两侧装饰对称的扉牙，刀身两面均以交叉直线阴刻出规整的网状和几何纹饰。刀背上等距排列七个圆孔，孔壁光滑，推测用于穿系固定。

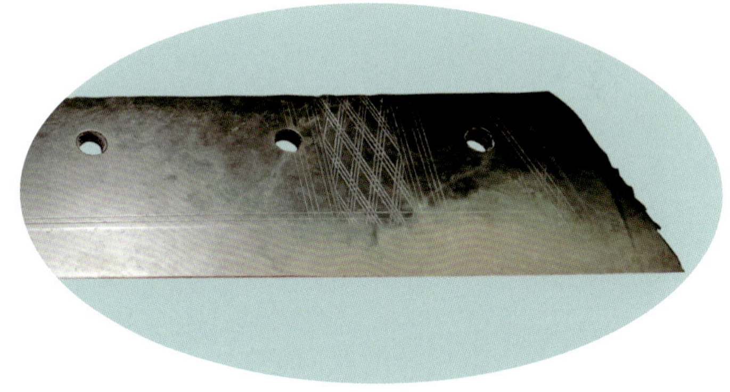

夏七孔玉刀并非实用兵器，而是作为礼器，象征权力与地位的仪仗用具。玉刀的历史可追溯至新石器时代，夏商时期发展成熟，至西周逐渐减少。此器保存完好，是迄今所见纹饰最精美、体量最大的夏代玉刀，堪称绝品。它的出土为研究夏代礼制、手工业水平及社会结构提供了重要实物依据。

注：此“七孔玉刀”解读源于“二里头为夏中晚期都城”的观点。

153 西周晋侯夫人组玉佩

西周　**玉器**　壹级

晋侯夫人的 204 件组玉佩

最大璜长 15.8 厘米。
1992 年山西曲沃 M63 墓（晋穆侯次夫人墓）出土，山西博物院典藏。

西周晋侯夫人组玉佩是西周晚期的顶级礼仪玉饰，组玉佩复原长度约158厘米，由玉璜、玉珩、冲牙、玉管、绿松石珠、玛瑙管等组成，共204件；主体分三列，中列纵贯19玉璜、3玉珩、2玉雁；左右列各13玉璜、1冲牙，以玛瑙管与绿松石珠串联，形成对称结构；其中最大璜长15.8厘米，代表了西周晋国的最高治玉水平。

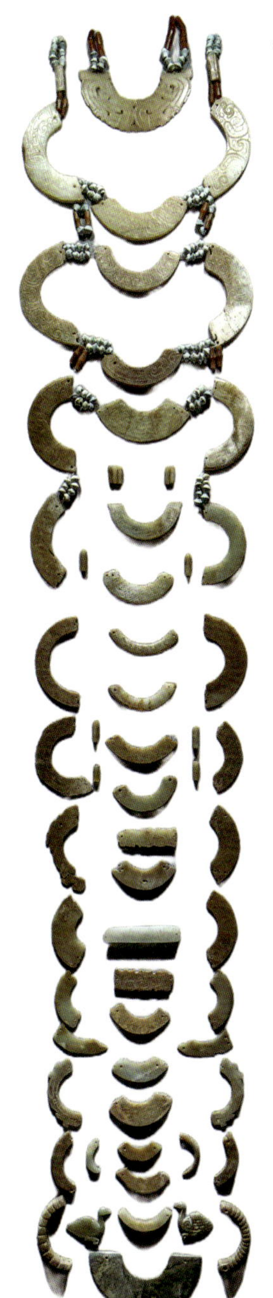

◐ 玉璜数量达45件，形态多样，有半环状、扇形、蚕形等。玉璜上雕刻着精美的纹饰，如双龙纹、双首鸟纹、人龙合体纹等，细节十分精密。

玉珩、冲牙、玉管与主配件玉璜共同构成了玉佩的主要部分，增加了玉佩的层次感和美观度。

绿松石珠、玛瑙管作为串联部件和点缀，使玉佩色彩丰富，更加华丽。

◐ 玉佩下端的两件玉雁和玉蚕形璜造型生动，栩栩如生，为整件玉佩增添了生机与趣味。

组玉佩是贵族身份的标志，佩戴时从脖颈垂至脚踝，规束佩戴者的仪态，行走时需缓步保持端庄，避免玉件碰撞发出声音或碎裂，组玉佩是展现西周贵族礼制与德行的载体。

晋侯夫人组玉佩的出土，为我们研究西周时期的玉器工艺、礼仪制度和社会风俗提供了宝贵的实物资料。

154 战国多节活环套练玉佩

战国 玉器 壹级

战国玉雕工艺的百科全书

通长 48 厘米，宽 8.3 厘米，厚 0.5 厘米。
1978 年湖北省随县（今随州市）曾侯乙墓出土，
湖北省博物馆典藏。

战国多节活环套练玉佩，又称十六节龙形玉佩，此佩以青白色玉料雕琢，质地莹润，工艺繁复，分雕连缀，整体呈现出一条蜿蜒的“大龙”形状，展现了战国时期玉器制作的高超技艺。

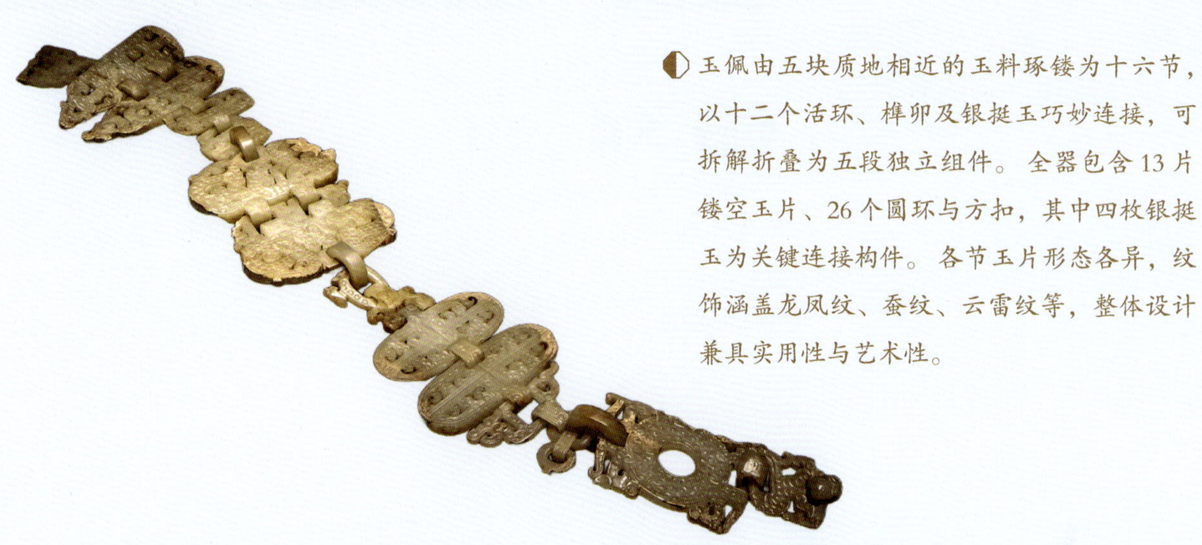

玉佩由五块质地相近的玉料琢镂为十六节，以十二个活环、榫卯及银挺玉巧妙连接，可拆解折叠为五段独立组件。全器包含 13 片镂空玉片、26 个圆环与方扣，其中四枚银挺玉为关键连接构件。各节玉片形态各异，纹饰涵盖龙凤纹、蚕纹、云雷纹等，整体设计兼具实用性与艺术性。

玉佩以镂空透雕为主，辅以浮雕、阴刻等技法，刻画出 37 条龙、7 只凤及 10 条蛇，细节处可见精微刻画。其活环套接技术精湛，环扣衔接严丝合缝，开合自如，远超同期玉作水平。

此佩突破周代组佩的程式化规制，折射出战国社会礼制松弛背景下艺术创作的蓬勃生机。作为迄今所见环节最多、工艺最复杂的战国玉组佩，其活环技术将中国玉器套接工艺的历史提前近 2000 年，被誉为“战国玉雕工艺的百科全书”。

155 西汉“皇后之玺”玉玺

西汉 玉器 壹级

迄今唯一考古发现的汉代皇后玺印

边长 2.8 厘米，高 2 厘米，重 33 克。

1968 年陕西省咸阳市韩家湾狼家沟出土，陕西历史博物馆典藏。

西汉“皇后之玺”玉玺是中国汉代宫廷玺印的珍贵遗存，是迄今为止中国考古发现唯一的一枚汉代皇后玉玺，也是年代最早、等级最高、保存最完整的皇后印玺。此玺以新疆和田羊脂玉雕琢而成，质地温润莹洁，凝如脂膏，螭虎钮式，具有极高的历史与艺术价值。

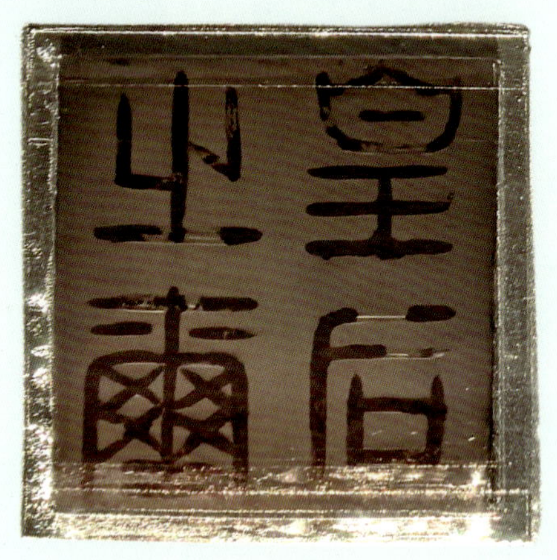

玉玺顶部圆雕螭虎钮，螭虎双目圆睁，身躯蜷曲，威猛雄健，象征皇权至高无上；玺体四面阴刻云纹，线条流畅简练。

印面篆刻“皇后之玺”四字，布局端方严谨，笔势圆劲浑厚，尽显汉代篆书“缪篆”的规范化特征。其钮式、尺寸与《汉宫旧仪》“皇后之玺，金螭虎钮”的记载高度吻合，印证了秦汉帝后玺印制度的严谨性。

此玺出土地点距汉高祖刘邦与吕后合葬墓仅千米，结合吕雉（公元前 241 年—前 180 年）作为中国首位临朝称制女性的特殊地位，学界普遍认定其为吕后生前御用之物。吕后曾参与汉初政治斗争，掌权期间推行休养生息政策，此玺既是其权威的象征，亦为汉代女性参政的罕见物证。

作为秦汉帝后玺印制度的唯一实物遗存，“皇后之玺”填补了传世文献的空白，为研究汉代礼仪、篆刻艺术及和田玉文化传播提供了关键依据。其螭虎钮造型与严谨篆法，既承袭战国玉雕写实风格，又开后世官印形制之先河，堪称汉代玺印艺术的典范。

156 东汉镂雕东王公西王母纹玉座屏

东汉　玉器　壹级

中国发现最早的玉质屏风

高 16.9 厘米，长 15.6 厘米。
1969 年河北省定州县（今定州市）中山穆王刘畅墓出土，定州市博物馆典藏。

这件玉座屏是东汉时期玉雕艺术的杰出代表，采用镂空透雕和多层立体雕刻技术，由四片新疆和田玉——上下两块透雕半月形玉片和两侧支架——组成。两侧支架为连璧形，透雕龙纹；中间两块玉片略呈半月形，两端有榫插入支架内，展现了汉代工匠精密的构思和卓越的玉雕技艺。

◐上层玉片：正中透雕西王母形象，分发高髻，凭几端坐，身旁有羽人、朱雀、狐狸、三足乌等神兽。

◐下层玉片：正中透雕东王公形象，发后梳，凭几端坐，周围有羽人、熊、玄武等。

◐神话寓意：西王母和东王公是道教神话中的男女仙之首，象征着长生不老和仙界的美好。

作为一件随葬用的小型玉屏风，它反映了东汉贵族对长生的向往；东汉镂雕东王公西王母纹玉座屏是目前发现的最早的玉质屏风，其艺术表现力、设计的复杂性、制作的精密度，是研究汉代玉器工艺和美术史的重要实例。

157

西晋神兽纹玉樽

西晋　玉器　壹级

玉雕的千年绝唱

高 10.5 厘米，口径 10.5 厘米。
1991 年湖南省安乡县西晋刘弘墓出土，湖南博物院典藏。

西晋神兽纹玉樽虽出土于西晋刘弘墓，但其制作于东汉年间，器型纹饰完美承袭东汉玉雕的雄浑气韵；整体呈直筒形，玉质受沁后现为不透明的灰白色，色泽器表保留光泽。

◐ 器身由三道弦纹分为三个部分：

上部装饰有双铺首衔环，螭虎穿云、苍龙吐雾，以及仙人驭兽的图案。

下部则刻画了三组神兽搏斗的场景，包括仙人持丹引龙虎相斗、螭熊交缠角力，以及龙蛇翻卷吐信等形象。

底部由三只圆雕蹲熊承托器底，熊掌肌肉表现力强，显得稳固而有力。

玉樽上的浮雕层次丰富，云纹等细节处理精细。

这件玉樽的纹饰精美、细密，匠人采用汉八刀、游丝毛雕等技法，让神兽鳞甲在起伏中纤毫毕现。尤为惊人的是流动的云气纹，既作为画面分隔又充当动态引导，使静止的玉面产生时空流转的幻象。这种“满工不滞”的雕刻境界，印证了《考工记》“天有时，地有气，材有美，工有巧”的造物哲学。

作为现存汉代玉容器中最华贵的“玉樽王”，它不仅见证了楚地贵族“事死如生”的厚葬之风，更凝固了东汉天人感应思想与楚巫文化的交融。2013年这件国之瑰宝被列入《第三批禁止出境展览文物目录》，让后世得以永远仰望这份“刀尖上的汉魂”。

158 元"统领释教大元国师之印"龙钮玉印

元　玉器　壹级

汉藏交融的权力见证

印面长 12.4 厘米，宽 12.1 厘米，高 11. 4 厘米，重 3.27 千克。
西藏博物馆典藏。

西藏文化博物馆馆员展丽丹在《中央政府直接管辖西藏地方的见证元代"统领释教大元国师之印"管见》一文中说："这枚印章，是中央政府直接管辖西藏地方的重要历史见证，实证了西藏自古以来就是祖国神圣领土不可分割的一部分。"

这方元代"统领释教大元国师之印"龙钮玉印，青玉材质，质地温润如脂，印体为传统扁方形制。印文"统领释教大元国师"八字，以元朝官方文字八思巴文篆刻。

◐ 印钮之上，一对玉龙盘踞，龙首相背而望，龙身弓曲蓄力。龙头突出，头上双角，眉弓隆起，双目炯炯如炬，迸射威严。龙鼻上刻有如意云纹。龙口怒张，利齿森然，颌下长须垂落，拂掠足畔。龙足遒劲，五爪开张，锋芒毕露。匠人以重刀深雕技法突出五爪抓地、怒目威严之态，整体庄重古朴、气势雄浑。

印的上部为龙形钮，钮上雕有双龙，据《新元史》"一品、二品用玉"之制，此五爪龙钮玉印属元朝高等级玉印，彰显国师位极人臣的尊荣。此印的存在，实证了西藏自元代起便处于中央政权有效管辖之下。其形制、文字与功能，无不体现"多元一体"的中华文明特征。今日观之，它不仅是艺术珍品，更是中国领土完整与民族融合的金石铁证，为驳斥分裂史观提供了无可辩驳的实物依据。

第四单元

杂 项

159 / 太阳神鸟金箔片

商　金器　壹级

古蜀金沙文明“太阳神鸟”信仰的核心载体

外径 12.53 厘米，内径 5.29 厘米，厚 0.02 厘米。2001 年四川省成都市金沙遗址出土，成都金沙遗址博物馆典藏。

太阳神鸟金箔片是中国商周时期古蜀文明的巅峰之作。此金箔以纯度极高的黄金捶揲而成，薄如蝉翼，轻盈透亮，为迄今发现商周时期最薄、纹饰最精妙的金器之一。

◐金箔呈规整圆形，采用捶揲、剪切、镂刻等工艺制成。
正面光洁如镜，纹饰分内外双层：内层中心为无框圆轮，周围均匀分布十二条细长獠牙状芒刺，呈顺时针旋转，象征炽烈太阳；外层环绕四只神鸟，逆时针展翅翱翔，鸟首衔接，三趾利爪舒张，羽翼层叠如云，与内层日轮形成动静相生的视觉韵律。

该金箔纹饰后被选为“中国文化遗产标志”，成为中华多元一体文明的有力实证。

作为古蜀金沙文明“太阳神鸟”信仰的核心载体，此金箔与同期出土的青铜神树、金面具等共同构建了神秘的古蜀祭祀体系。其纹饰设计不仅承载着先民对自然与宇宙的认知，更揭示了西南地区与中原文化的深层互动。该器改写了中国黄金工艺史，为探索商周时期区域文明交融提供了关键物证，彰显了中华文明“满天星斗”的辉煌格局。

160 金杖

商 金器 壹级

古蜀文明的权柄密码

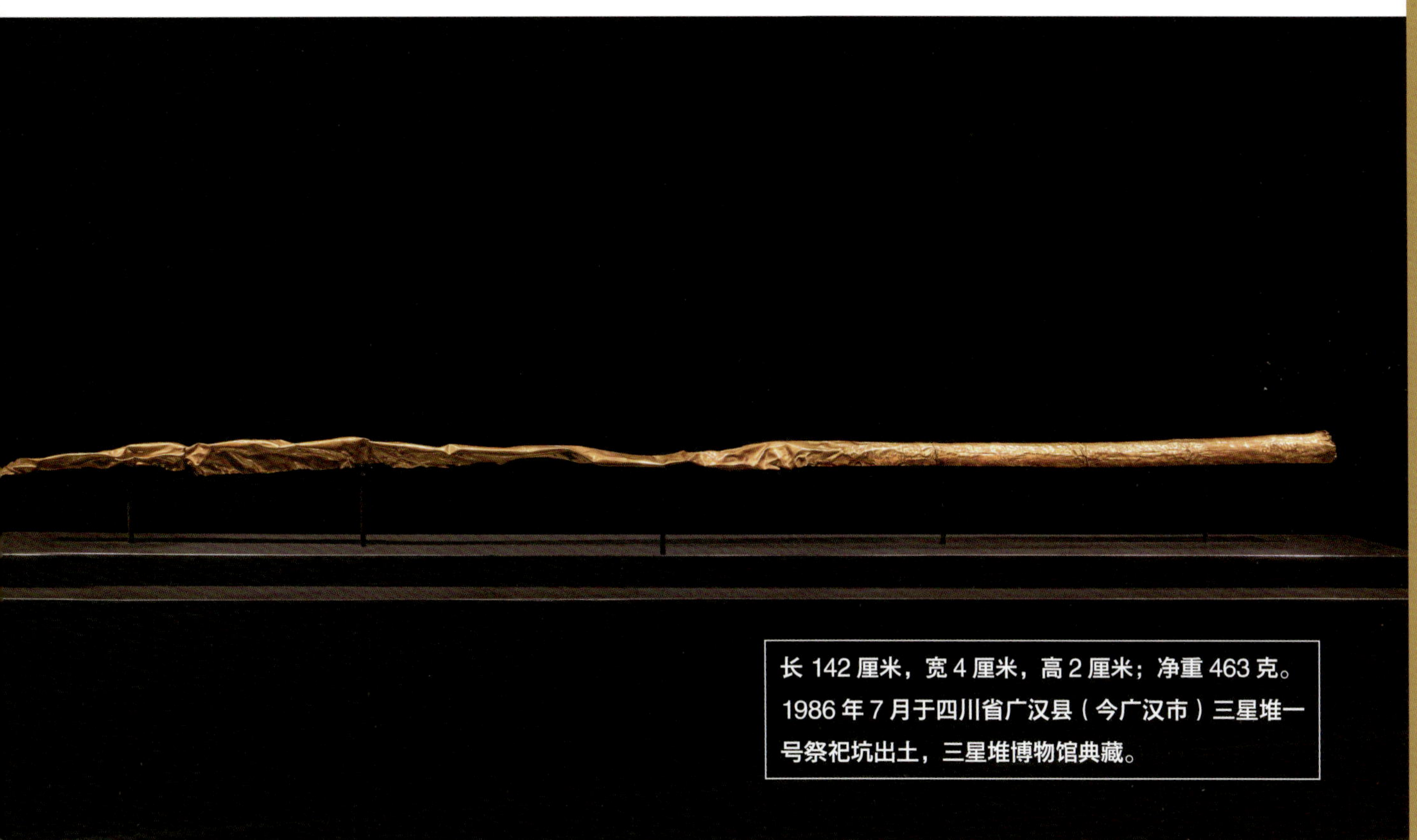

长 142 厘米，宽 4 厘米，高 2 厘米；净重 463 克。1986 年 7 月于四川省广汉县（今广汉市）三星堆一号祭祀坑出土，三星堆博物馆典藏。

三星堆出土的这件金杖是中国境内发现的年代最早、体量最大、最重、纹饰最丰富的金杖，象征着古蜀国最高统治者至高无上的权力。

这件以金皮包覆木杖的遗存，木芯虽已炭化，却以极薄的匀质金皮和内部残留的木渣，印证了古蜀“金木复合”工艺的精湛。其核心价值不仅在于材质与工艺，更在于镌刻于金杖一端、长达 46 厘米的神秘图案。

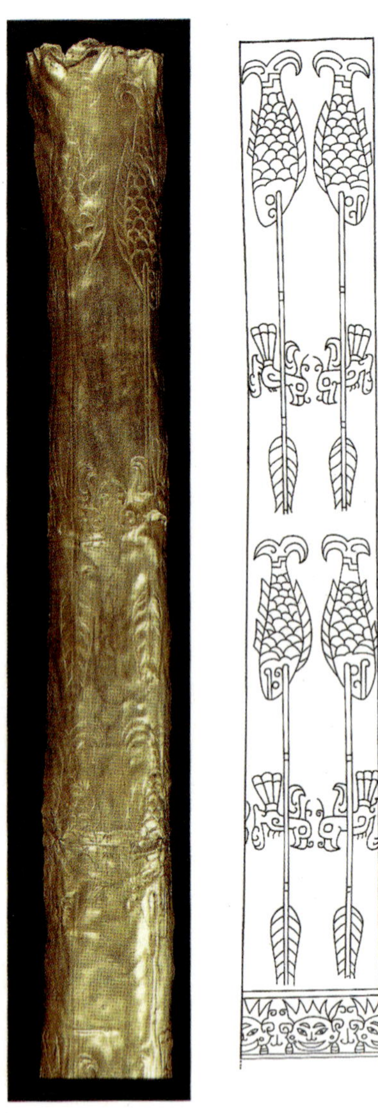

三星堆金杖与图案

◐ 图案分三组展开叙事：

端头处雕有头戴锯齿冠饰、并坠有三角耳饰的人像，含笑的面容与太阳纹冠饰或暗示其通神祭司的身份；

中后段则以“箭穿鸟鱼”为核心母题，鸟（似水禽）与鱼被箭矢贯穿颈首，构成极具张力的视觉符号。

学界对此解读多元——或认为鱼、鸟分别象征古蜀鱼凫、柏灌两大部族，箭矢代表王权统合；或解读为古蜀人以箭为媒介连接天（鸟）地（鱼），展现对宇宙秩序的掌控。

作为三星堆“神权王国”的至高象征，金杖颠覆了中原以鼎为核心的礼器传统，其形制或与西亚、中亚权杖文化存在关联，引发文明交流的遐想。而“巫王合一”的意象，更凸显古蜀政权“君权神授”的特质。这件金杖以跨越三千年的璀璨光芒，实证了长江上游青铜文明的独立性与创造力，成为中华文明多元一体格局的震撼注脚。

161 战国包金镶玉嵌琉璃银带钩

战国中期　杂项类　壹级

战国带钩制作技艺的巅峰代表

带钩长 18.7 厘米，宽 4.9 厘米；玉玦直径分别为2.6厘米、3.5厘米、3.5厘米。1951 年河南省辉县固围村 5 号战国墓出土，中国国家博物馆典藏。

带钩，作为古代腰饰玉器，其起源可追溯至新石器时代良渚文化。战国时期，带钩使用最为普遍。这件带钩以白银为胎体，通体鎏金，规制远超普通带钩。其工艺集鎏金、镶玉、嵌琉璃及精雕纹饰于一体，彰显贵族阶层的审美与技艺追求。

◐ 此带钩以青白玉雕龙首为钩首，腹部以银鎏金浮雕琵琶形托底，两侧饰高浮雕双夔龙纹，腹端原嵌夔龙首（已佚失）。钩身镶嵌三块白玉谷纹璧，璧心嵌入地中海风格的蜻蜓眼琉璃珠（一珠缺失），将玉雕、鎏金、琉璃镶嵌等工艺熔铸一体，堪称战国奢侈品工艺的巅峰之作。

这件包金镶玉嵌琉璃银带钩尤为卓绝，融合多种工艺，构思精妙，纹饰瑰丽，堪称战国带钩制作技艺的巅峰代表，生动体现了当时手工业的精湛水准。

162 / 西汉“滇王之印”金印

西汉 **金器** 壹级

汉朝“因俗而治”与“多元一体”文明形态的体现

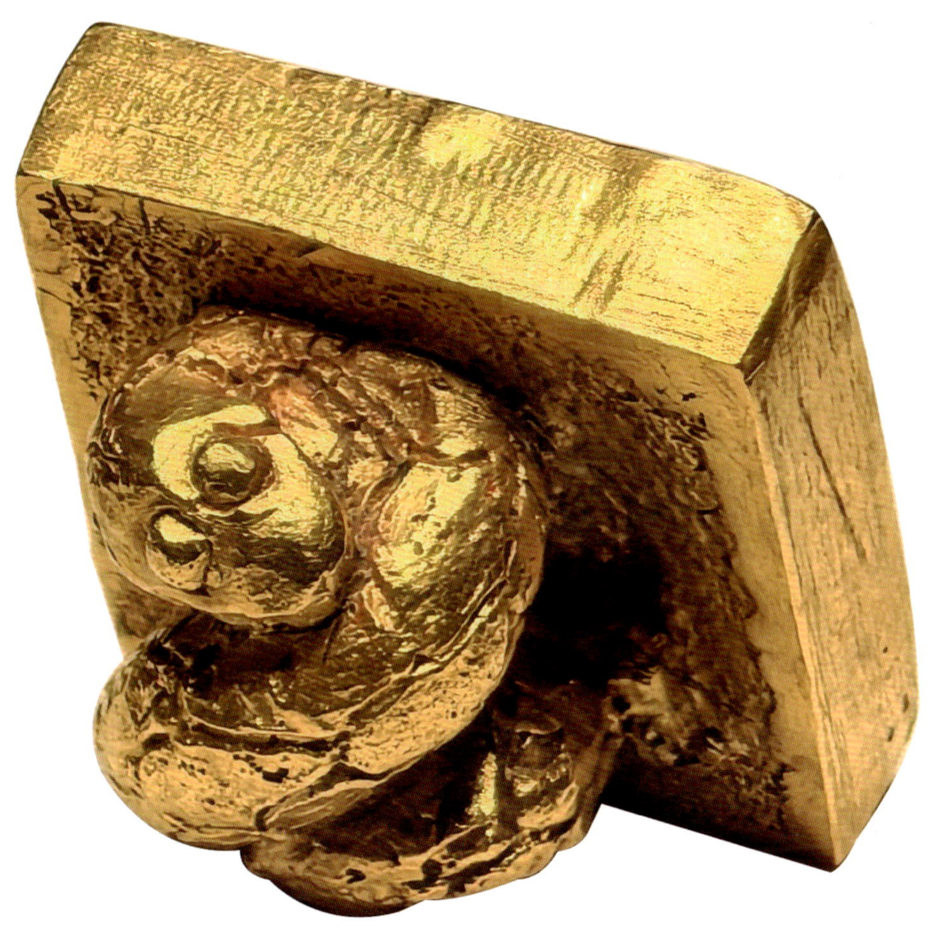

高 1.8 厘米，边长 2.3 厘米，重 89.5 克。
1956 年云南省晋宁县（今昆明市晋宁区）石寨山古墓群出土，中国国家博物馆典藏。

这枚印章由纯金制造，印面为正方形，印钮造型是一条盘曲的蛇，是“滇王之印”最显著的特征；这件“滇王之印”金印的出土为确认古滇国的存在、中心区域、社会结构以及与汉朝的关系提供了铁证。

这件金印的印面篆书凿刻“滇王之印”四字，是滇王归附汉朝统治的考古佐证。
蛇钮，钮与身分铸焊接而成。蛇钮鳞片细密，蛇首昂起呈攻击状，折射滇地“崇蛇镇水”的信仰。

公元前 109 年，汉武帝遣兵降滇，滇王尝羌归附，汉廷于西南设益州郡，仿“西南夷君长以百数，独夜郎、滇受王印”之制，赐滇王金印，允其自治。此印实证《史记·西南夷列传》所载，填补古滇国从独立方国转为汉郡的考古空白。

“滇王之印”金印的蛇钮与其他诸侯使用的骆驼钮不一样，这是汉朝“因俗而治”的边疆策略与“多元一体”的文明形态的体现，更是研究中华文明多样性和古代国家治理智慧的重要实物证据。

163 西汉错金银镶松石狩猎纹铜伞铤

西汉 杂项类 壹级

集错金银、宝石镶嵌、漆绘于一体的国宝伞铤

长 26.5 厘米，直径 2.6 厘米。
1965 年河北省定县（今定州市）三盘山汉墓出土，河北省文物考古研究院典藏。

汉代车马器是彰显贵族身份的核心符号，伞铤作为车伞的中轴构件，其奢华程度直接昭示着主人的地位。这件错金银镶松石狩猎纹铜伞铤，以竹节为形、金银为笔、宝石为彩，将西汉贵族的尚武精神与自然哲思凝于方寸之间。

伞铤表面采用错金银工艺装饰，纹饰间以黑漆填补，再经打磨抛光，形成光润平整的华美效果。尤为珍贵的是，其上镶嵌有菱形绿松石和圆形宝石，金、银、绿、黑交相辉映，色彩绚丽夺目。
纹饰依竹节分为四段，每段主题各异：第一段以人骑象为中心，山石间点缀奔马、鹿、兔、熊及飞鹤、雁、鹰等；第二段描绘骑士反身射虎的惊险狩猎场景，周围环绕熊、鹿、羚羊、野牛及飞鸟；第三段以骑骆驼者为主角，辅以虎噬豕、熊、兔、鹤等；第四段则以开屏孔雀为核心，搭配虎捕牛、熊、鹿、猴、飞鸟等形象。这些画面既展现了汉代贵族的狩猎生活，又融入了神话色彩，构成一幅生机勃勃的自然与人文画卷。

这件伞铤工艺复杂，集错金银、宝石镶嵌、漆绘于一体，反映了西汉时期金属工艺的高超水平，不仅是实用器，更是象征权贵的艺术品。其纹饰生动细腻，堪称汉代装饰艺术的典范，为研究西汉社会生活、工艺技术及审美观念提供了珍贵实物资料。

164 唐龟负论语玉烛酒筹鎏金银筒

唐 **金银器** 壹级

浓缩体现唐代酒文化的精粹与时代风貌

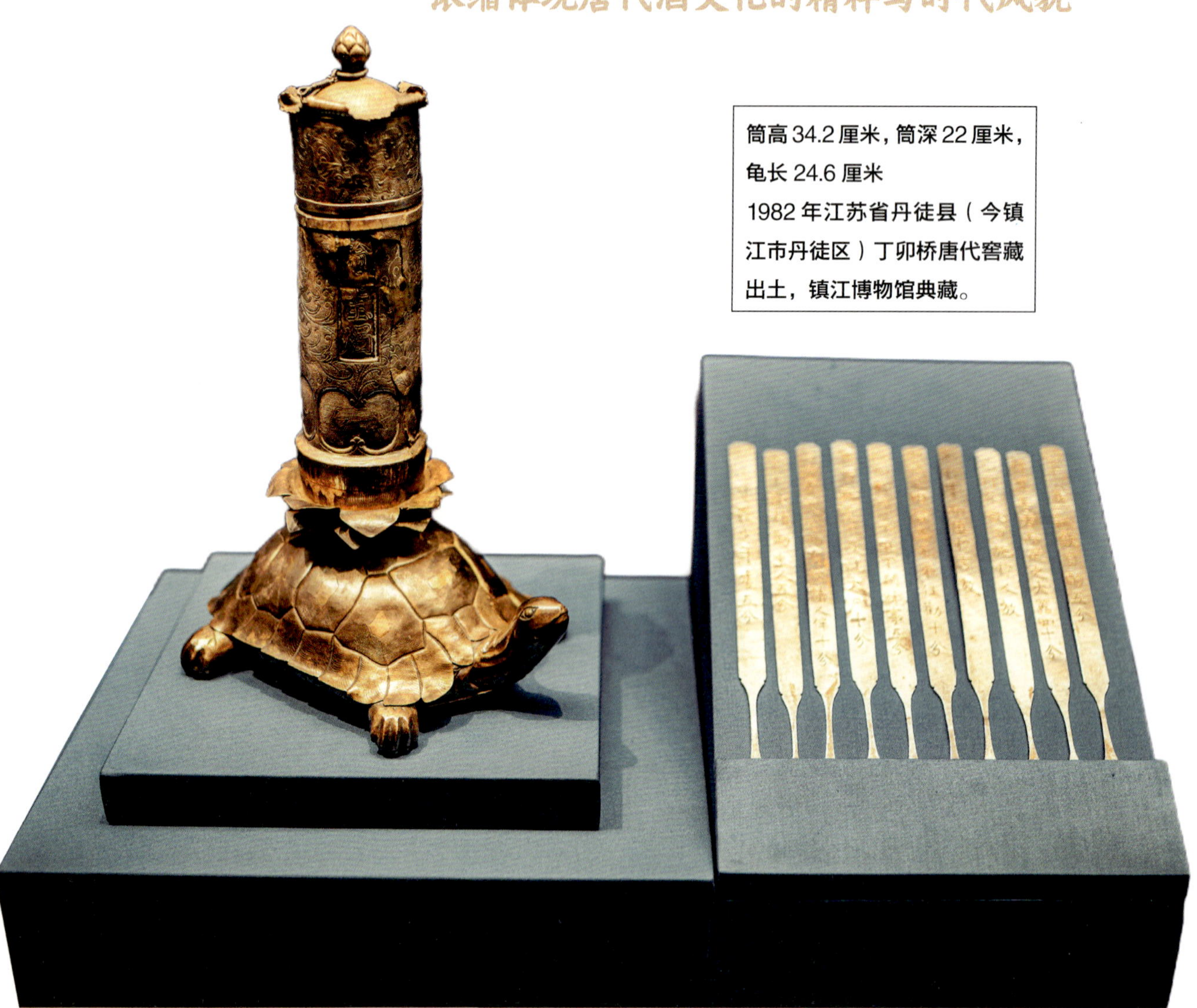

筒高 34.2 厘米，筒深 22 厘米，龟长 24.6 厘米
1982 年江苏省丹徒县（今镇江市丹徒区）丁卯桥唐代窖藏出土，镇江博物馆典藏。

龟负论语玉烛酒筹鎏金银筒的形制与工艺堪称唐代金银器的典范。此筒通体银质，表面纹饰鎏金，融合金属工艺与雕刻艺术；这件金银器是唐人饮酒时放置酒令的筹筒，是士庶共享的娱乐器物。

◐ 上部为圆柱形酒筹筒，筒身形似一簇跃动的烛焰，顶部以莲花形筒盖为饰，筒身正面镌刻"论语玉烛"四字，既呼应儒家经典《论语》的教化内涵，又以"玉烛"二字暗合《尔雅·释天》中风调雨顺的祥瑞寓意；

下部则以一只昂首匍匐的神龟为底座，龟甲纹路细腻写实，四足稳踞如生，既象征道家崇尚的长寿与天地灵性，又为整体增添灵动之韵。

工艺特色：

银筒通体鎏金，纹饰繁复华丽，筒身錾刻缠枝卷叶、飞鸟及龙凤纹。

龟甲与莲花盖的写实造型，体现唐代工匠对自然与人文意象的巧妙结合。

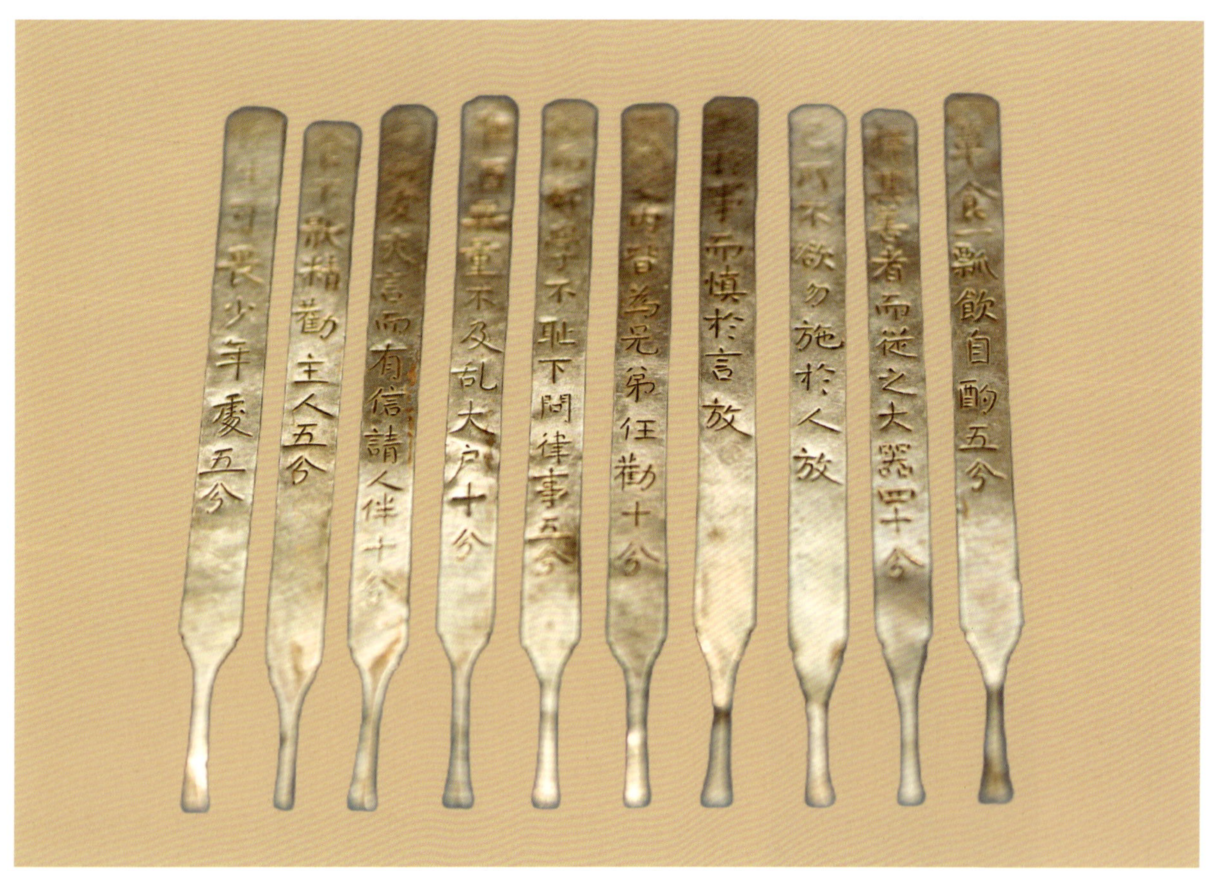

◐ 筒内藏 50 根银质酒令筹，形似扇骨，每根刻《论语》语句及饮酒规则，如：
“有朋自远方来，不亦乐乎，上客五分”——贵宾饮半杯，主人免饮。
“与朋友交，言而有信，请人伴十分”——指定他人代饮满杯。
“后生可畏，少年处五分”——年轻者饮半杯。
酒筹分数对应饮量（3 分 = 小半杯，10 分 = 满杯），最高达 40 分，由“酒官”执掌裁决权，体现唐代宴饮的规则与娱乐性。
以《论语》为令，展现唐代文人“礼乐教化”的生活情趣，反映儒家经典世俗化应用。龟为长寿祥瑞，底座设计暗合道家“自然无为”的哲学，象征宴饮的和谐欢愉。

龟负论语玉烛酒筹鎏金银筒浓缩了唐代酒文化的精粹与时代风貌。其以《论语》入酒令的巧思，印证了“以文佐酒”的雅趣（如白居易诗中“筹插红螺碗”之景），规则严谨中见诙谐，既显宴饮礼仪，又透出盛唐社会的开放包容。而丁卯桥窖藏 950 余件银器的批量出土，不仅展现唐代江南手工业的繁荣，其鎏金纹饰中粟特、波斯元素的流转，更映射出丝路贸易下的文化交融。从敦煌《论语》酒令残卷到西安何家村舞马衔杯仿皮囊式银壶，此类器物皆是唐代多元文明碰撞的缩影——它既承载儒道思想相融的哲思，又以金银华彩凝固了一个时代的工艺巅峰，堪称解码大唐盛世气象的鎏金密钥。

165 战国彩绘乐舞图鸳鸯形漆盒

战国 漆器 壹级

礼乐图鉴，填补先秦乐舞空白

盒长20.1厘米，宽12.5厘米，高16.5厘米。1978年湖北省随县（今随州市）曾侯乙墓出土，湖北省博物馆典藏。

这件漆盒木胎制作，整体呈鸳鸯造型，背部为盖，腹部中空，颈部用榫卯连接头部，可自由旋转，拔出榫头后，榫眼可作注水或出水口。其腹部绘制两幅乐舞漆画——《撞钟击磬图》和《建鼓舞图》。生动地展现了战国宫廷的礼乐盛景。左侧《撞钟击磬图》中，鸟首人身的乐师背击编钟；右侧《建鼓舞图》中，兽座建鼓居中，鸟冠乐师击鼓，佩剑武士随鼓起舞。这些画面虽仅20余平方厘米，却为研究先秦音乐形制与演奏方式提供了直观依据。

漆盒通体髹黑漆为地，以朱红、赭石、黄、金等矿物颜料绘饰。盖面及盒身的“乐舞图”描绘了乐师奏乐、舞者翩跹的场景，周围环绕云气纹、几何纹、鸟兽纹等，线条流畅，富有动感。

赵序茅在《鸳鸯，在兄弟和夫妻间徘徊》一文中说：“鸳鸯形漆盒是我国现存最早将鸳鸯作为吉祥物的艺术品。”湖北随州是鸳鸯冬季集群越冬的地方，因而被当地人发现。此漆盒上的《撞钟击磬图》《建鼓舞图》，不仅填补了早期乐器图像的空白，与曾侯乙墓出土的编钟实物互为印证，还揭示了钟磬合奏的恢宏仪制。相较于汉代画像砖石中的建鼓形象，此漆盒以彩绘定格钟磬演奏细节，成为连接先秦礼乐与后世艺术的纽带。纹饰中神话意象与世俗乐舞并存，体现了楚文化的浪漫绮丽，亦映射出礼乐文明从宗教祭祀向人文审美的过渡。此漆盒堪称先秦工艺与文化的“活态史诗”。

166/西汉识文彩绘盝顶长方形漆奁

西汉 漆器 壹级

集木工、堆漆、彩绘工艺于一体的汉代漆器典范

长 48.5 厘米，宽 25.5 厘米，高 21 厘米。1973 年湖南省长沙市马王堆 3 号墓出土，湖南博物院典藏。

此漆奁造型为盝顶（顶部呈方形平顶）长方形，以木为胎，通体覆盖着精美的凸起云气纹装饰，这些凸起的线条被称作“识文”。它所承载的，是汉代堆漆工艺的卓越成就。堆漆，即将漆或漆灰在器物表面堆起花纹，形成丰富的纹理效果。这件漆奁在西汉用作日用品收纳，出土时奁内盛放着漆纚（xǐ）纱冠（即乌纱帽），应该是墓主轪侯利苍之子生前的官帽。

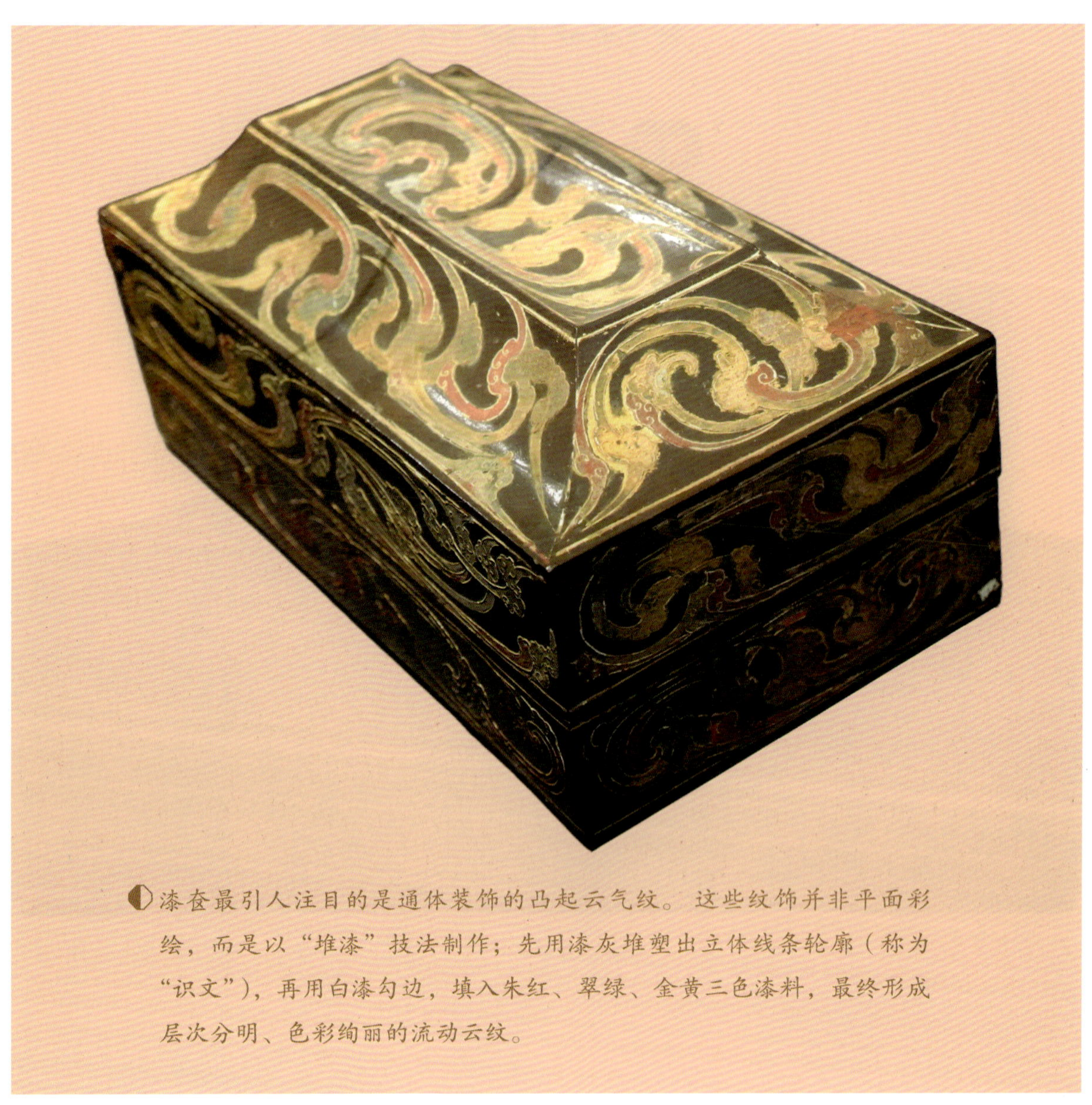

漆奁最引人注目的是通体装饰的凸起云气纹。这些纹饰并非平面彩绘，而是以“堆漆”技法制作；先用漆灰堆塑出立体线条轮廓（称为“识文”），再用白漆勾边，填入朱红、翠绿、金黄三色漆料，最终形成层次分明、色彩绚丽的流动云纹。

汉代是中国漆器发展的黄金时代，而这件漆奁集木工、堆漆、彩绘工艺于一体，堪称汉代漆器的典范。从唐宋的堆漆描金到明清的剔红雕漆，后世漆艺的辉煌都可在这一方漆奁中找到源头。

167 / 西汉黑漆朱绘六博具

西汉 漆器 壹级

汉代贵族的“桌游神器”

漆绘博具（内有长箸 12 枚，小棋 18 枚，大棋 12 枚，环首刀 1 件，角质削刀 1 件，短箅 30 枚，骰 1 枚）。
长 45 厘米，宽 45 厘米，高 17 厘米。
1973 年湖南省长沙市马王堆 3 号墓出土，湖南博物院典藏。

这件由马王堆3号墓出土的黑漆朱绘六博具，是中国迄今为止发现的最为精美、保存最完好的古代博戏用具。

六博是汉代风靡全国的棋类游戏，因使用六根博箸（类似骰子）而得名，规则复杂且带有占卜色彩，后逐渐失传。这套博具的发现，尤其因墓中“遣策”（随葬品清单）的对照记录而更显珍贵。

◐ 博局（棋盘）：黑漆木板上用朱色勾出格道，嵌入象牙条构成“L”“T”形曲道，四角贴饰象牙鸟纹。

◐ 棋子与筹码：象牙制黑白棋子各6枚，长、短象牙筹码共42根，用于记录胜负。

◐ 18面体骰子：木质髹漆，阴刻数字一至十六，其中两面刻“骄”“妻畏”字样，或与游戏奖惩规则相关。

辅助工具：角质环首刀、象牙削刀等，用于修正棋局或裁切筹码。

◐博具盒外髹黑漆，盖顶采用锥画技法装饰：以铁锥在未干漆膜上刻出细如发丝的飞鸟、云气纹，再局部填涂朱漆。这种工艺要求极高，刻痕一旦过深会损毁漆层，过浅则无法显形。
锥画线条流畅飘逸，仅在光线折射下隐约显现，低调中透出奢华，堪称汉代版的“隐形浮雕”。它不仅是宋代戗金工艺的源头，更与墓中“遣策”记载的“锥画”名称相互印证，纠正了此前“针刻”的误称。

这套六博具的骰子18面体中刻有“骄”“妻畏”字样，将道德训诫融入游戏，堪比古代“寓教于乐”的典范。而今，当现代人凝视这些精巧的棋子与神秘的骰子，仿佛能听见汉代贵族投箸行棋时的笑语，窥见一个崇尚智慧、敬畏天地、追求永生的鲜活时代。

168 吴彩绘季札挂剑图漆盘

三国吴 漆器 壹级

"季札挂剑，徐君冢树"信义的凝练之盘

口径 24.8 厘米，高 3.5 厘米
重 310 克。
1984 年安徽省马鞍山市三国吴朱然墓出土，马鞍山市三国朱然家族墓地博物馆典藏。

这件漆盘以木胎为底，敞口圆形浅腹，腹底交接处饰凸弦纹，边缘镶鎏金铜扣，背面髹黑红漆，底部朱书“蜀郡造作牢”铭文，印证其为蜀汉官营作坊精工之作。

外圈黑红漆地上绘狩猎纹，骏马飞驰、箭矢如雨，尽显动感；
中圈红漆地以莲蓬、鲤鱼、鳜鱼、白鹭啄鱼及童子戏鱼等图案，勾勒出鱼水欢腾的祥瑞之境；
盘心则聚焦春秋时期吴公子“季札挂剑，徐君冢树”的历史场景，中间的季札垂首拱手、左侧是徐君墓以及树上斜挂宝剑，以漆画定格“心诺重于千金”的千古信义。

此盘集鎏金、彩绘、叙事于一体，既是三国蜀郡漆器“百工之巧”的实证，亦为儒家伦理的艺术化表达。其不仅以精湛工艺重现三国匠造风华，更以“季札挂剑”的丹青史诗，成为中华信义精神跨越千年的不朽象征。

169 吴皮胎犀皮漆鎏金铜釦耳杯（2件）

三国吴 漆器（皮胎） 壹级

“黑面红中黄底片云纹犀皮”羽觞

宽 5.6 厘米，长 9.6 厘米，高 2.4 厘米。
1984 年安徽省马鞍山市三国吴朱然墓出土，马鞍山市三国朱然家族墓地博物馆典藏。

耳杯，就是羽觞。这对耳杯以皮革为胎，椭圆口、平底、月牙形双耳造型，耳沿及口沿镶鎏金铜釦，流光隐现，华而不奢。此杯以“黑面红中黄底片云纹犀皮”工艺闻名——工匠在胎体上交替髹黑、红、黄三色大漆，经反复打磨后，表层黑漆平滑如镜，内层红黄漆色随纹理渐次显露，形成行云流水般的抽象云纹，其效果依赖色漆流动与打磨技巧，非人工描绘所致。

这对耳杯不仅是迄今发现的中国最早的犀皮漆器实物，更以成熟工艺将犀皮漆技艺的起源从唐代提前至三国，改写了漆艺史。其“无形胜有形”的抽象之美，堪称三国漆器中玲珑剔透的工艺绝唱，印证了东方美学中“大巧若拙”的至高境界。

170 北宋木雕真珠舍利宝幢（含木函）

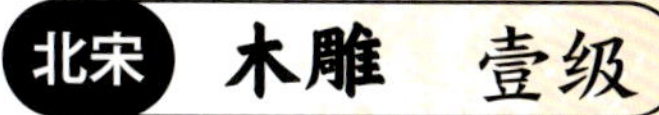

北宋佛教艺术与工艺技术的巅峰之作

通高 122.6 厘米
1978 年江苏省苏州市瑞光寺塔出土，苏州博物馆典藏。

宝幢用楠木构成主体，分须弥座、佛宫、塔刹三部分，外配双层木函，外木函黑漆涂面，墨书标注“瑞光院第三层塔内真珠舍利宝幢”，明确其供奉舍利的宗教功能；内木函银杏木制，五节套叠式，外壁彩绘四大天王像。

◐ 须弥座：八边形底座雕银狮、供养人与海浪，中央须弥山巍然耸立，九头龙绕山盘海，四周祥云托起四大天王与天女，展现佛法护持天地的宏大场景。

◐ 佛宫位于须弥山顶，内置碧玉经幢，以真、草、隶、篆四体阴刻七佛名号及梵语经文，中心供奉盛装舍利的青瓷葫芦瓶，并藏《大隋求陀罗尼》经咒。宫外八大护法天神肃立，八角殿柱撑起鎏金斗拱殿顶，檐角悬金银丝串珠华盖，缀八条鎏金银龙，璀璨夺目。

◐ 刹顶以白玉、水晶、金银打造，八条银链垂连华盖，顶端镶直径3.4厘米的水晶球，银丝缠绕如佛光流泻，寓意“光明普照”。

全幢融合木雕、描金、玉刻、金银细工等技艺，镶嵌珍珠四万余颗，耗时耗材极奢，仅九头龙身便缀珠三千余粒，堪称“微缩的极乐世界”。此宝幢不仅是宋代佛教仪轨的实物见证，更凝聚了吴地工匠的极致匠心，其繁复工艺与精密设计，再现了北宋江南地区“百工竞巧”的文化盛景，被誉为“中国舍利供养艺术的天花板”。

171

新石器时代 大汶口文化象牙梳

新石器时代·大汶口文化　象牙器　壹级

人类文明的见证之物

长16.2厘米，宽6.1—8厘米。1959年山东省泰安县（今泰安市）大汶口遗址出土，山东省博物馆典藏，中国国家博物馆典藏。

这件距今约 4000 年的梳子，是迄今中国新石器时代保存最完整、工艺最复杂的梳类器物，见证了大汶口文化晚期手工业的巅峰与社会阶层的分化。梳体以象牙雕琢而成，略呈梯形，上端钻有三孔，边缘刻有沟槽，推测曾镶嵌饰物以增强华丽感；此梳子共有 17 根梳齿，齿尖细密，排列整齐，保存状况非常完好，几乎没有断齿。

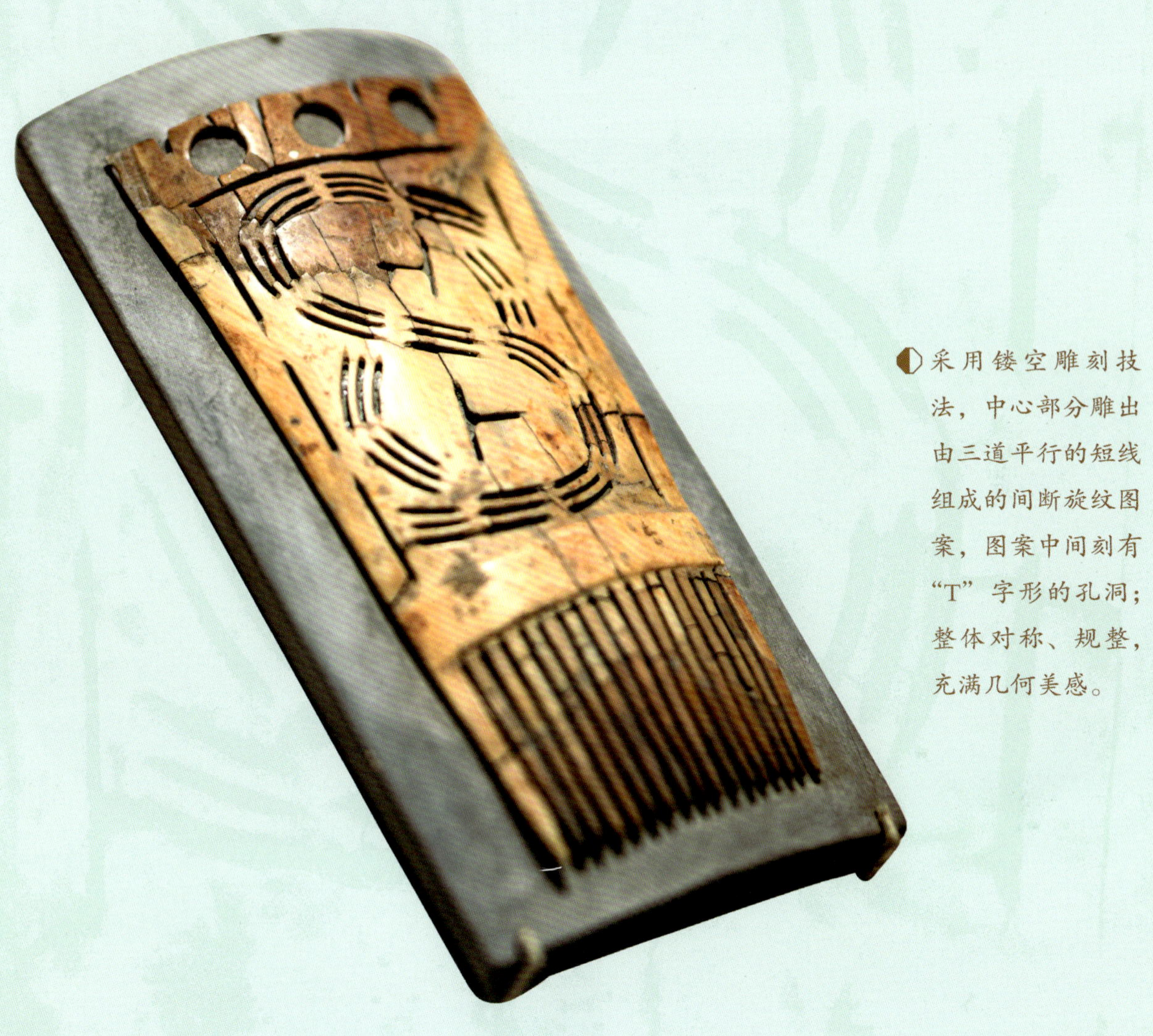

采用镂空雕刻技法，中心部分雕出由三道平行的短线组成的间断旋纹图案，图案中间刻有"T"字形的孔洞；整体对称、规整，充满几何美感。

大汶口文化晚期（约公元前 3500 年—前 2500 年），黄河流域社会贫富分化加剧。同遗址百余座墓葬中，多数仅随葬陶石粗器，而此梳所在大墓却出土象牙器、玉器、绿松石镶嵌骨雕等百余件珍宝，墓主生前显贵身份不言而喻。这件象牙梳选材之精良、设计之巧妙、雕刻之精细是同时代器物中极其罕见的，在中国梳篦发展史上具有开创性的地位。

172 新石器时代河姆渡文化双鸟朝阳纹象牙雕刻器

新石器时代·河姆渡文化　牙骨角器　壹级

河姆渡文化“鸟日同辉”信仰的绝佳见证

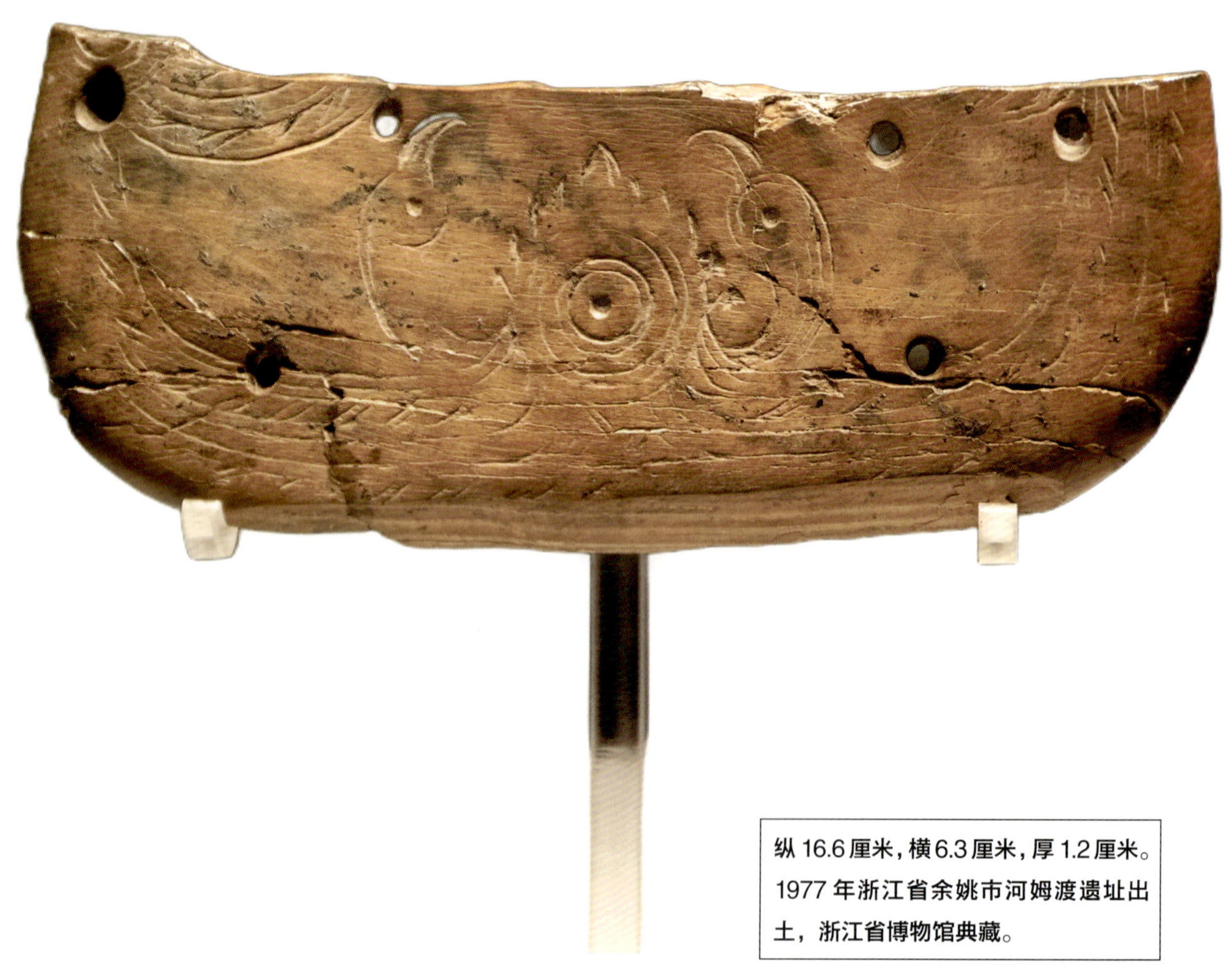

纵 16.6 厘米，横 6.3 厘米，厚 1.2 厘米。1977 年浙江省余姚市河姆渡遗址出土，浙江省博物馆典藏。

这件距今约 7000 年的残存蝶形器，是中国迄今发现的最早的太阳崇拜图像化实物，也是河姆渡文化“鸟日同辉”信仰的绝佳见证。残器以象牙雕成，原或为佩戴饰物或仪式法器。现存部分中央阴刻五重同心圆太阳纹，外缘火焰状芒刺如火焰，双鸟昂首展翅，相向而鸣，周身辅以羽状纹饰。器物边缘对称分布的 6 个穿孔，暗示其以曾缀于衣物、悬挂祭坛或捆绑于木柄的方式，融入先民的精神生活。

太阳纹与双鸟组合，或许是“金乌负日”神话原型，印证《山海经》“日中有踆乌”的古老记忆，揭示长江流域先民对太阳运行与生命轮回的朴素认知。
双鸟对称拱卫太阳，既是对禽鸟报晓引日现象的观察，亦可能象征阴阳调和、天地交泰的宇宙观。

河姆渡文化（约公元前 5000 年—前 3300 年）以长江流域发达的稻作文明，重塑中华文明多元起源认知。先民创骨耜农具、干栏建筑，更在象牙器上阴刻“双鸟朝阳”图腾：五重太阳纹与昂首飞鸟，凝结对日光季候的敬畏，衍生出良渚神徽源头及“天人合一”观念雏形。其稻作东传、建筑技艺南延，成为连接史前生态适应、技术传播与精神信仰演化的关键文明节点。

173

隋绿玻璃盖罐

隋 玻璃器 壹级

见证隋朝的开放气度

高 4.3 厘米，口径 2.8 厘米。1957 年陕西省西安市李静训墓出土，中国国家博物馆典藏。

这件绿玻璃盖罐出自李静训墓。李静训是隋文帝外曾孙女，幼居宫中，深得宠爱，却不幸9岁夭折，以皇家规格厚葬，随葬品极尽奢华。

此罐呈扁圆形，鼓腹缩颈，配子母口盖，通体以钠钙玻璃吹制，透光如碧玉，为隋代贵族香料容器，出土时置于石棺中部，或盛装乳香、龙脑等域外珍品。

这件绿玻璃盖罐与古代传统的铅钡玻璃制品不同，其工艺源自经草原丝绸之路传入的波斯萨珊玻璃技术。这也印证了《隋书》记载“何稠仿制玻璃”的史实。隋代太府寺设“玻璃作”，吸收粟特工匠技艺，突破传统铅钡玻璃局限，开启了中国钠钙玻璃本土化生产先河。

此罐器壁极薄、钠钙玻璃脆弱易损，且为国内罕见完整隋代吹制薄壁玻璃器，兼具丝路文化互鉴实证价值，2013年被列入《第三批禁止出境展览文物目录》。

174 隋绿玻璃小瓶

隋 玻璃器 壹级

丝路遗珠的千年一瞬

高 12.5 厘米。

1957 年陕西省西安市李静训墓出土，中国国家博物馆典藏。

汉红地对人兽树纹罽（jì）袍是东汉晚期的一件珍贵毛织物，属于营盘15号墓的男性墓主（被称为“营盘美男”），其身份可能为西域贵族或富商。

墓主身着华丽服饰，包括贴金面具、绢质内袍、刺绣绢裤等，葬具为中原风格的四足彩绘木棺，体现了中原与西域文化的结合。袍主面料是人兽树纹罽，交领对襟，下摆两侧开衩至胯部。穿着时左襟略掩右襟，左襟接缝三角形“卷藤花树纹罽”，两袖下半截拼接彩条纹罽，细节设计兼具实用性与装饰性。以红、黄两色经纬线平纹交织，形成双层结构，花纹边缘通过换层实现双面异色效果（表面红地黄花，内层黄地红花）。

纹样设计规整，以石榴树为轴线对称分布，每区包含六组图案，其中四组为裸体鬈发男性持兵器（矛、盾、剑）对练，两组为对牛或对羊。人物肌肉夸张，造型或受古典希腊艺术影响。

这件长袍是汉代纺织技艺的巅峰之作，不仅印证了汉代高超的纺织技艺，更是丝绸之路上希腊、波斯、中原与西域文化交融的缩影，它以独特的艺术语言成为中西文明交流的经典物证，被誉为“丝路瑰宝”。

176 北魏刺绣佛像供养人

北魏　杂项类　壹级

现存最早的佛教题材刺绣之一

存部分高 30 厘米、宽 45 厘米。

1965 年甘肃省敦煌市莫高窟第 125—126 窟发掘，敦煌研究院典藏。

北魏刺绣佛像供养人是中国南北朝时期（公元 386 年—534 年）的重要遗存。

这件刺绣以彩色丝线绣制，采用“劈针绣”（刺绣时后针从前针穿过再进行）技法制成，线条流畅，色彩以红、黄、蓝为主，辅以金线点缀，富丽堂皇。

图案布局对称，佛像居中，供养人分列两侧，均手持莲花。供养人中男性头戴笼冠，身穿宽袖长袍；女性梳高髻，着交领襦裙，姿态恭谨，符合北魏后期汉化后的服饰制度。其上绣有“广阳王母”“息女僧赐”“师法智”等字样，推测为北魏皇室贵族广阳王元嘉家族的供养作品，年代约在公元 487 年前后。

这件刺绣中人物面容趋于清秀，服饰汉化，体现北魏“胡汉融合”的文化特质。其精湛工艺和千年未褪的色彩更印证了当时丝绸技艺的巅峰水平，是研究南北朝宗教、艺术及纺织史的重要实物证据。

177 北朝方格兽纹锦

北朝 杂项类 壹级

五色经锦杰作

残片长 18 厘米、宽 13.5 厘米。1968 年新疆吐鲁番阿斯塔纳北区 99 号墓出土，新疆维吾尔自治区博物馆典藏。

北朝方格兽纹锦是北朝至隋代时期的丝绸织锦，采用褐、绿、白、黄、蓝五色丝线织成，属于经锦工艺的杰作。其年代被推断为高昌延寿八年（公元 631 年）之前，因与同期文书共同出土而确定。

此锦采用“二重经锦”技术织造，经线分区牵入，每区仅用三色丝线，通过绿、黄经丝交替形成纵向的绿白、黄白宽条纹，再以红、白、蓝经丝横向分隔为方格结构，形成稳定的图案框架。方格内填充牛、狮、象三种动物及人物、伞盖等元素，动物纹样写实且兼具象征性，与汉代织锦相比，图案布局更为规整，色彩搭配丰富，其中狮、象并非中原原生动物，其纹样设计体现了西域文化元素。

北朝方格兽纹锦工艺精湛、纹样独特、融合多元文化，是研究南北朝丝织技术、宗教艺术及中西文化交流的重要实物资料，展现了北朝时期丝路贸易与文化交流的繁荣景象，是中国古代丝绸艺术的瑰宝。

178 北宋灵鹫纹锦袍

北宋 杂项类 壹级

中国现存最完整的北宋织锦袍服

锦袍身长 138 厘米，两袖通长 194 厘米，袖口宽 15 厘米，下摆宽 81 厘米。

1953 年新疆维吾尔自治区阿拉尔出土，故宫博物院典藏。

北宋灵鹫纹锦袍是中国古代丝绸织物的珍贵代表，因不同学者命名差异，亦称“球路双鸟锦”“灵鹫球纹锦袍”“盘雕锦袍”等，名称多源于图案特征或研究视角。该锦袍出土于新疆阿拉尔盆地，出土时间多数文献记载为1953年，但也有学者根据工作记录推测为1956年。其年代归属存在学术争议，部分学者认为归属北宋至南宋绍兴年间，还有部分学者认为该锦袍属8世纪前后的波斯萨珊式织锦。

锦袍样式为半捻襟、交领、窄袖，后身开衩至臀部以上，领口、袖口及衣襟外缘以羊皮“出风”装饰，袍里为驼黄色素绢，采用三枚左向斜纹纬棉织造，纬线提花，图案以宋代流行的毬路纹（源自唐代联珠纹演变）为框架，主体为相背而立的灵鹫，辅以龟背、方棋、联珠纹及小团花填充空白，色彩以茶褐、灰绿为主，风格典雅。

作为中国现存最完整的北宋织锦袍服，其独特的纹样与织造技术为研究宋代丝织工艺、中外艺术交流提供了关键实物资料，堪称丝绸之路上多元文明对话的瑰丽缩影。

179 石鼓（1组10只）

战国 杂项类 壹级

研究先秦文字与诗歌的重要实物

高约 90 厘米，直径约 60 厘米。
唐代初年（约公元 627 年）陕西省宝鸡市陈仓地区出土，故宫博物院典藏。

石鼓又称“陈仓石鼓”，共十只鼓形花岗岩石，是现存最早的石刻文字遗存之一，属于秦国遗物。

每石刻有一首四言诗，每首诗约 70 字，共约 700 字，但现存仅 272 字（部分字迹已磨损或遗失），描述秦王（可能是秦襄公或秦献公，确切年代未定）的狩猎活动以及祭祀场景、自然风光等。文字为大篆（籀文），介于西周金文与秦小篆之间，是汉字演变的关键环节。

石鼓历经千年流转，备受唐宋文人推崇，韩愈曾作《石鼓歌》呼吁朝廷保护，明清藏于国子监。在 1933 年至 1950 年期间，石鼓曾被南迁，这段经历被称为“文物长征”，是近代文物保护的重要事件。其上石刻诗句结构与《诗经》相似，是研究先秦诗歌的重要实物，诗句内容填补了先秦史料空白，集历史、文学、书法价值于一体，被誉为“石刻之祖”。

180 唐昭陵六骏石刻（什伐赤、白蹄乌、特勒骠、青骓4幅）

唐　杂项类　壹级

大唐石上追风的战魂诗篇

每块高2.5米，宽3米。

1950年原陕西历史博物馆移交，西安碑林博物馆典藏。

唐昭陵六骏石刻是唐太宗李世民纪念开国战争中六匹战马而下令创作的一组浮雕石刻，立于陕西礼泉的昭陵（李世民陵墓）北司马门内，创作时间在贞观十年（公元 636 年）至贞观二十三年（公元 649 年）之间，由宫廷艺术家阎立本设计，技艺高超的匠人雕刻而成。昭陵六骏采用高浮雕的形式将六匹骏马生动地再现在石板上，每块石刻原有李世民亲撰的赞词，由欧阳询书写，现存拓片。

◐ 什伐赤（shí fá chì）：前蹄腾空，身中五箭。洛阳、虎牢关之战，李世民与王世充、窦建德联军作战时的坐骑。

◐ 白蹄乌（bái tí wū）：四蹄腾空，呈飞奔状，通体黑色，仅蹄为白色。浅水原之战（公元 618 年），李世民追击薛仁杲，一昼夜奔驰二百余里。

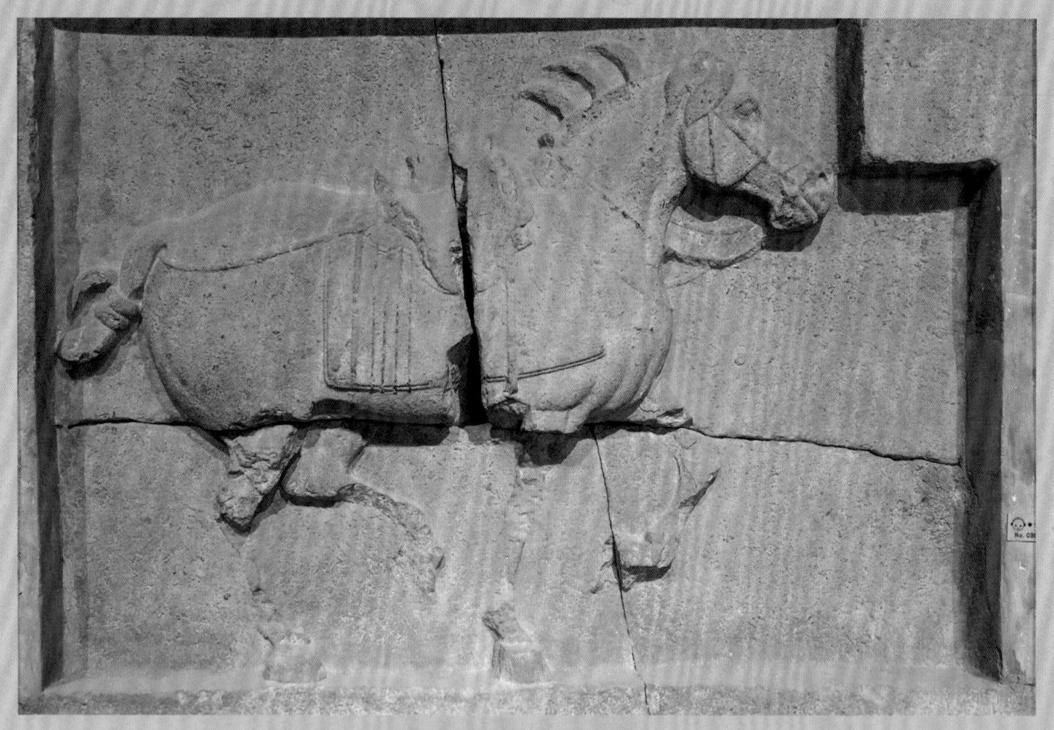

◐特勒骠（tè lè biāo）：体态健硕，步伐稳健，毛色黄白。平定宋金刚（公元 620 年）时，李世民乘此马三日未解甲，大破敌军。

◐青骓（qīng zhuī）：冲锋姿态，身中五箭，马尾飘扬。参与虎牢关之战（公元 621 年），此战为李世民击败窦建德的关键战役。

20世纪初，六骏遭盗凿，“飒露紫”和“拳毛䯄”于1914年被贩卖至美国，现藏于宾夕法尼亚大学博物馆，其余四骏现藏于西安碑林博物馆，但均有裂损。西安碑林博物馆展出四骏原件及两骏复制品；昭陵遗址建有六骏仿刻碑。

◐ 飒露紫（sà lù zǐ）：唯一带人物（丘行恭）的石刻，描绘丘行恭为马拔箭的场景。在洛阳之战（公元621年），李世民率军攻打王世充时，飒露紫中箭，丘行恭救主拔箭。

◐ 拳毛䯄（quán máo guā）：身中九箭（前三后六），仍昂首疾驰。在平定刘黑闼（公元622年）时，李世民在洺水之战中乘此马击败叛军。

每匹马动态逼真，肌肉线条流畅，既展现战马的雄健，又通过中箭细节暗示战争的惨烈；部分马匹造型带有中亚草原马种特征，反映唐代丝路文化交流的影响。这组石刻不仅是唐代艺术的瑰宝，更是中华文明中“人马情深”的独特见证，是研究唐代军事、艺术和历史的重要文物。

181 宋拓西岳华山庙碑册（华阴本）

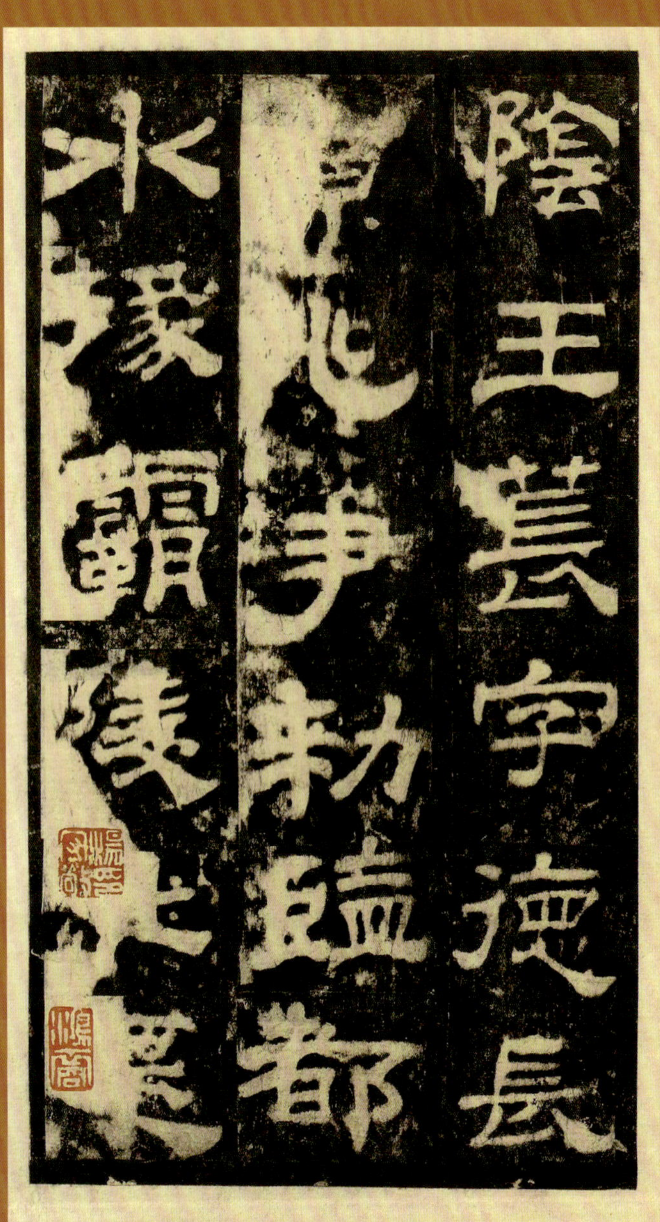

宋 杂项类 壹级

汉隶笔墨史诗，故宫华阴本见证四孤本传奇

纵 22.3 厘米，横 12.8 厘米。
故宫博物院典藏。

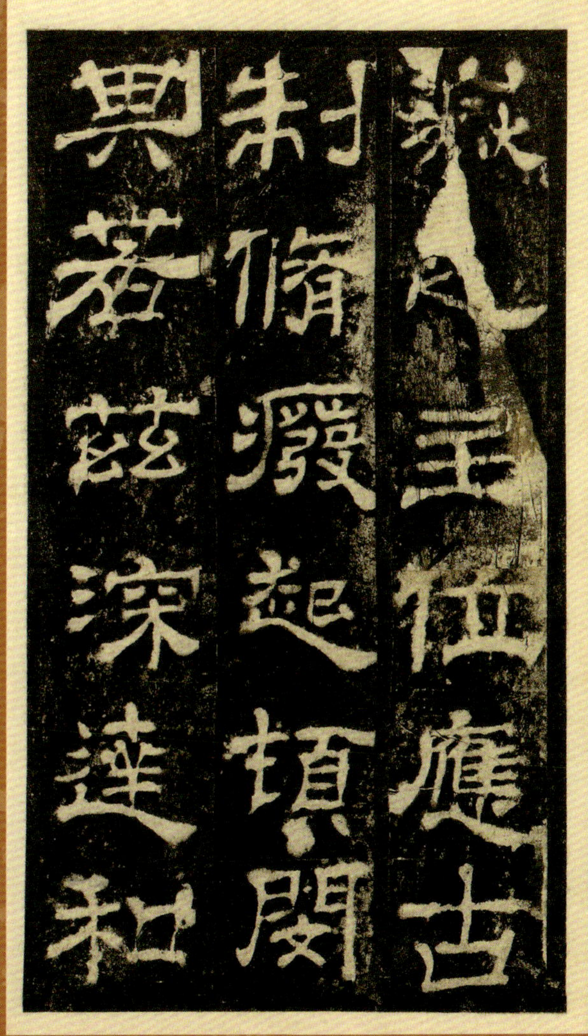

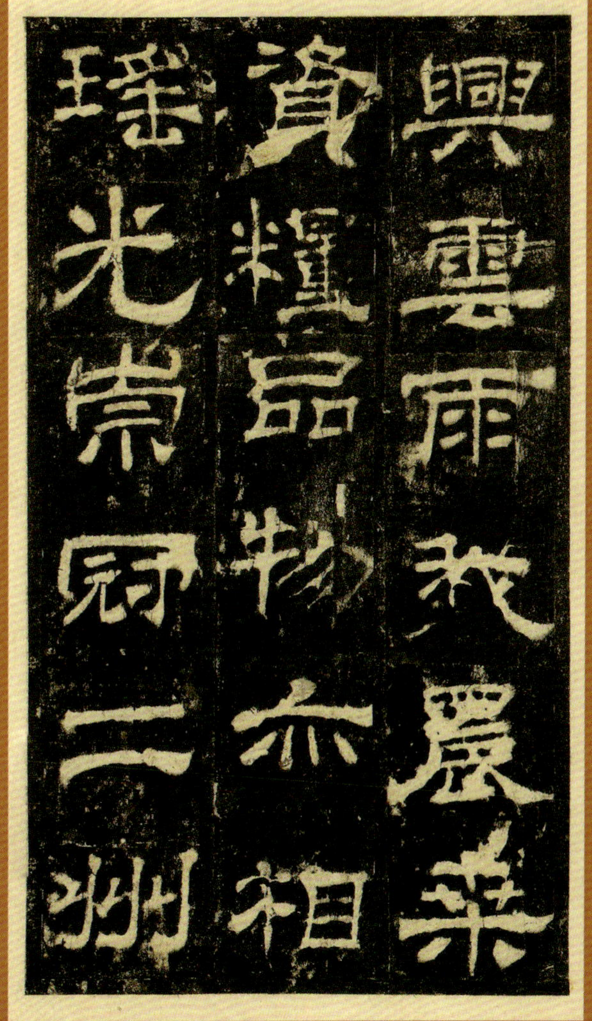

宋拓西岳华山庙碑册是珍贵的汉碑拓本，原碑立于东汉延熹八年（公元 165 年），毁坏于明嘉靖三十四年（公元 155 年），现仅存拓本。拓本共 38 页，剪条装裱，每页 3 行，每行 6 字。其上隶书风格典雅壮伟，清代汪喜孙评价其“在汉人八分书最为险劲，已开魏碑之先河”。

碑文记述了历代帝王封禅祭祀的典仪及弘农太守袁逢主持重修华岳庙碑的经过。因明朝时，这件拓本被陕西华阴人郭宗昌收藏，故称华阴本。

传世可信拓本仅存四种：长垣本（明代长垣王文荪旧藏，现存日本）、华阴本（关中本，现藏于故宫博物院）、四明本（明代宁波丰熙万卷楼、范钦天一阁所藏，为整装挂轴式，现藏于故宫博物院）、顺德本（清季顺德李文田旧藏，现藏于香港中文大学）。其中华阴本因浓墨精拓、题跋丰富而尤为珍贵，其拓制时间约在宋元之间。

作为汉隶代表作，其书法对后世魏碑及隶楷演变研究具有关键参考价值，宋拓西岳华山庙碑册不仅是汉代碑刻艺术的缩影，更是中国金石学、书法史研究的核心实物资料。

182 明曹全碑初拓本（“因”字不损本）

明　杂项类　壹级

定格“士”字底的汉隶时间胶囊

明曹全碑初拓本（“因”字不损本）是东汉《曹全碑》的明代早期拓本，因其拓本碑文中“因”字未受损而得名。全本为16开纸本，共31页，含沈树镛跋文一页，是唯一完整的正面碑文拓本。

碑文是隶书成熟期的代表作，风格秀逸典雅，结体扁平匀称，波磔分明，内容记载了东汉郃阳令曹全的生平功绩，涉及镇压黄巾起义、疏勒国征讨等事件，为研究东汉政治、军事及地方治理提供了重要史料。

碑文原石刻于东汉灵帝中平二年（公元185年），万历初年（约公元1573年）出土于陕西郃阳莘里村，石碑出土后不久，在运输过程中“因”字被磕损，后又断裂为两段，一说断裂于清康熙十一年（公元1672年）。明末至清代的拓本多为断裂后版本，裂纹贯穿碑文，而初拓本上文章笔画完整无缺，其上“因”字内部结构为“士”而非“大”，字迹清晰，尤为珍贵，而后期拓本或伪本多通过补刻伪造此字，“因”字内部结构多为“大”。

明曹全碑初拓本（“因”字不损本）集书法艺术、历史文献与版本学价值于一身，作为汉隶巅峰之作的实物见证，它不仅为书法研习者提供了范本，也为研究东汉历史提供了珍贵的一手资料。

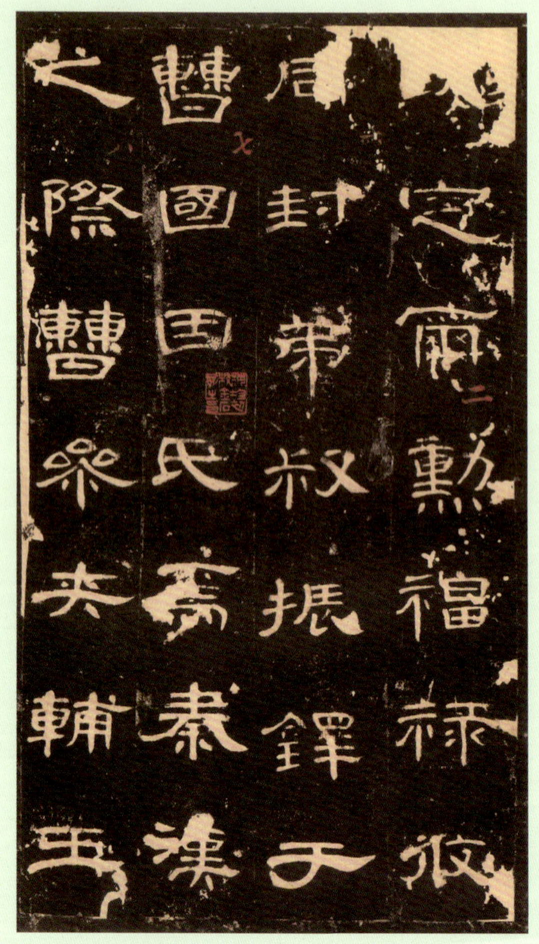

纵28厘米，横16厘米。
上海博物馆典藏。

183 唐写本王仁煦《刊谬补缺切韵》

唐 杂项类 壹级

唐代语言规范化的实物体现

纵 25.5 厘米，横 47.8 厘米。
故宫博物院典藏。

唐写本王仁煦《刊谬补缺切韵》是唐代音韵学家王仁煦修订陆法言《切韵》而成的重要韵书，共5卷，旨在增补缺漏、校正讹误并适应唐代语言演变。据序文推断，成书于唐中宗神龙二年（公元706年），故又称“神龙本”或“唐写本”，共47面。

此韵书以陆法言《切韵》为底本，保留其193韵的体系，但通过“刊谬”（订正错误）和“补缺”（增补内容）进行完善；在原有的12100余字基础上，新增约6000字；增补注释，包括字义、异体字、俗字及部分用例；调整了部分韵部编排，反映出古汉语从隋到唐的语音过渡，如韵部分合、声母清浊变化。

王仁煦《刊谬补缺切韵》是连接《切韵》与《广韵》的桥梁，其不仅保存了珍贵的语音史料，更展现了唐代语言规范化的努力。对汉语音韵学、文献学及汉字发展史的研究具有不可替代的价值。

184 北宋刻开宝藏本《阿惟越致经》（1卷）

北宋　刻本　壹级

中国印刷史与古籍保护的“活化石”

每版22行，每行17字。
中国国家图书馆典藏。

《阿惟越致经》（又名《阿惟越致遮经》）是北宋初年官方雕印的首部佛教大藏经《开宝藏》的珍贵残卷，刊刻于开宝六年（公元973年），现存仅卷上一卷。

北宋开宝四年（公元971年），宋太祖命张从信于益州（今四川成都）主持雕造佛经全藏，至太平兴国八年（公元983年）完成，历时12年，这是中国历史上首部官方雕版印刷的佛教大藏经，也是世界上最早的木刻版大藏经，被称为《开宝藏》；全藏以《开元释教录》编次，共480函、5048卷，采用卷轴装，每版23行、每行14字（部分经卷行数略有差异），《阿惟越致经》为《开宝藏》中保存至今的珍贵残卷之一。

《阿惟越致经》采用宋代官用硬黄纸印刷，每版22行、每行17字，卷末题记明确标注刊刻时间、刻工及印经院官员信息，是研究北宋早期雕版印刷技术、官方佛经刊印制度及佛教文献传播的重要实物。

内容阐述修行的核心思想，具有深远的宗教义理价值，且作为《开宝藏》存世极少的零帙之一，不仅印证了宋代佛教文化传播的盛况，更因首创版式、精湛工艺及存世稀缺性，被誉为中国印刷史与古籍保护的“活化石”。

185

北宋刻本《范仲淹文集》(30卷)

北宋 刻本 壹级

现存最早的范仲淹文集传本

亭于其側曰清白亭庶幾居斯堂登斯亭而無
忝其名哉寳元二年月日記
岳陽樓記
慶曆四年春滕子京謫守巴陵郡越明年政通
人和百廢具興乃重修岳陽樓增其舊制刻唐
賢今人詩賦于其上屬予作文以記之予觀夫
巴陵勝狀在洞庭一湖銜遠山吞長江浩浩湯
湯橫無際涯朝暉夕陰氣象萬千此則岳陽樓
之大觀也前人之述備矣然則北通巫峽南極
瀟湘遷客騷人多會于此覽物之情得無異乎
若夫霪雨霏霏連月不開陰風怒號濁浪排空
日星隱耀山岳潛形商旅不行檣傾楫摧薄暮
冥冥虎嘯猿啼登斯樓也則有去國懷鄉憂讒
畏譏滿目蕭然感極而悲者矣至若春和景明
波瀾不驚上下天光一碧萬頃沙鷗翔集錦鱗
游泳岸芷汀蘭郁郁青青而或長煙一空皓月
千里浮光躍金靜影沉璧漁歌互荅此樂何極
登斯樓也則有心曠神怡寵辱偕忘把酒臨風

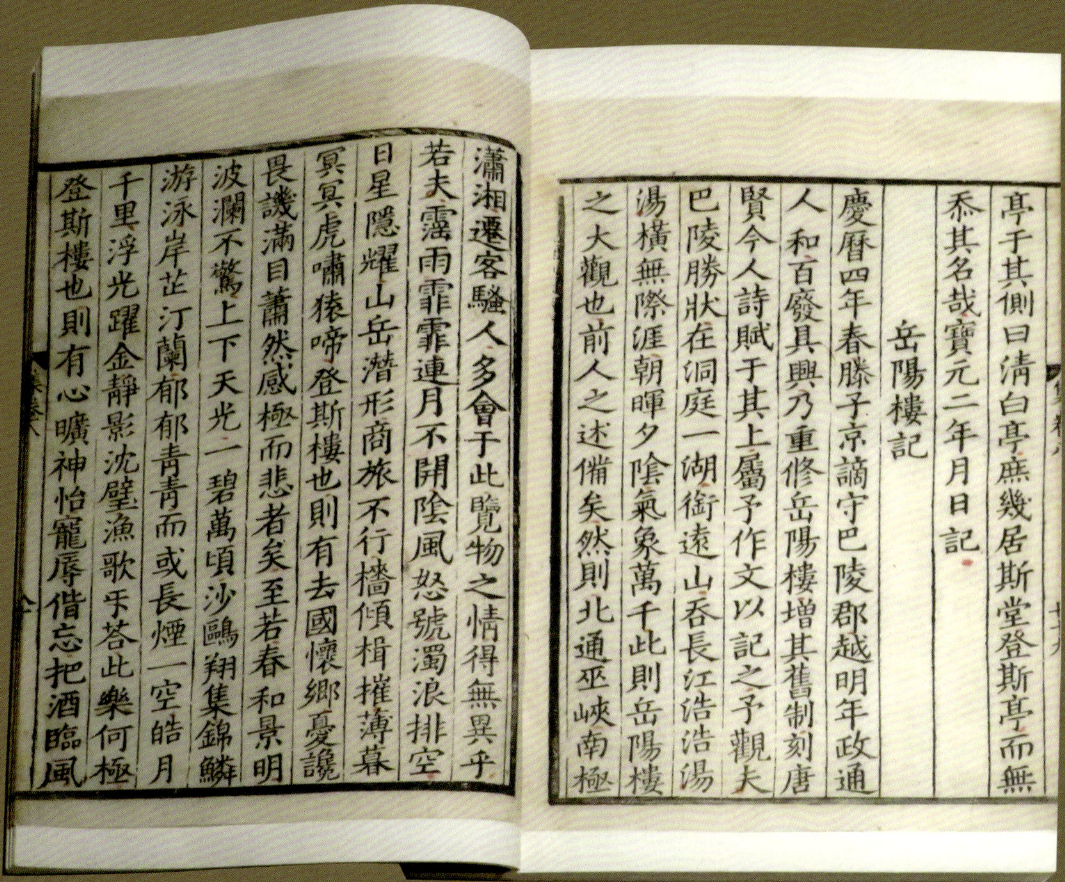

共30卷。9行18字，白口，左右双边。
中国国家图书馆典藏。

北宋刻本《范仲淹文集》(又名《范文正公文集》)是现存最早的范仲淹文集传本。范仲淹去世后,其子范纯仁等人整理遗稿,于北宋哲宗元祐四年(公元 1089 年)编成二十卷本,苏轼为之作序。清代增补后形成 30 卷本。

现存北宋刻本卷首苏轼序及卷一为后人抄配,卷二至卷二十为宋刻原版,间有少量补抄。

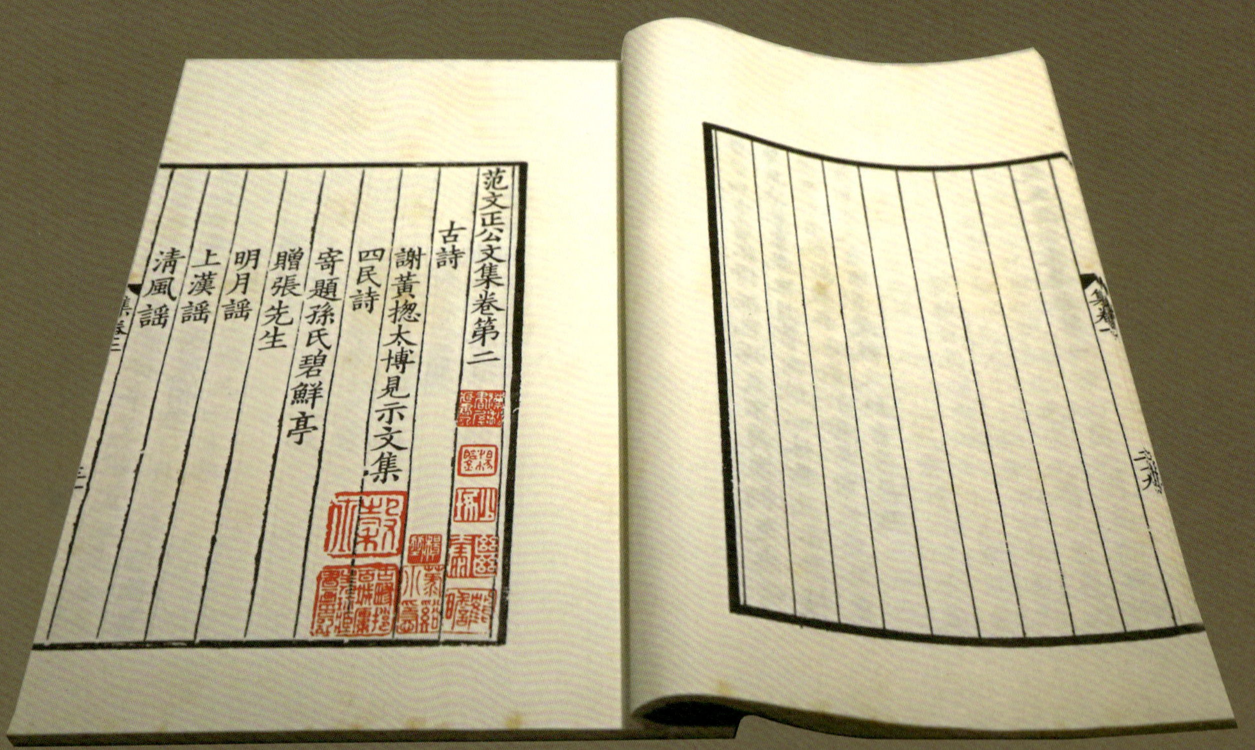
范文正公文集卷第二
古詩
謝黃揔太博見示文集
四民詩
寄題孫氏碧鮮亭
贈張先生
明月謡
上漢謡
清風謡

◐ 每卷前附有细目,后接正文,内容完整度较高。因宋元文献著录不一,《郡斋读书志》称其卷数为八卷,可能与分卷方式有关;每半叶 9 行,行 18 字,白口,左右双边,字体端方凝重,符合北宋刻本典型特征。

卷端题“范文正公文集”,书口标有“卷第五”等简名;该刻本避宋哲宗赵煦讳,如卷第五《依韵奉酬晏尚书见寄》中“煦”字缺末两笔,但未避宋钦宗赵桓及南宋高宗赵构的讳(如“构”“慎”等字未缺笔),结合傅增湘《藏园群书经眼录》的考证,可确定为北宋钦宗以前的刻本。

该本完整保存了范仲淹诗文原貌,是研究其政治思想(如“庆历新政”)和文学成就(如《岳阳楼记》名句“先天下之忧而忧,后天下之乐而乐”)的核心文本,亦为宋代文学史与思想史研究提供了原始材料。

186 唐章怀太子墓壁画马球图（1组）

唐　**壁画**　壹级

再现唐朝打马球的动人场景

1组5幅，高分别为：195厘米、195厘米、202厘米、225厘米、180厘米；宽分别为：153厘米、158厘米、104厘米、156厘米、186厘米。

1971年陕西省乾县唐章怀太子李贤墓的墓道西壁出土，陕西历史博物馆典藏。

唐章怀太子墓壁画马球图 1 组 5 幅，是唐代墓葬壁画中的艺术瑰宝。这组壁画是唐中宗神龙二年（公元 706 年），李贤以雍王身份迁葬乾陵时所绘，后于公元 711 年追赠“章怀太子”时与妻子合葬，但壁画未经历二次重绘。

原壁画因画面巨大被分割为 5 幅保存。画面共绘有 20 余骑马人物，分为击球者、观众及背景山峦、古树等元素，展现了激烈的马球比赛场景。画面核心为五名持偃月形球杖的骑者，最前者反身击球，其余人纵马迎击，后方的骑手或驻足观望，或策马待命，与山峦、五棵古树形成静态对比。

一说马球（击鞠）起源于波斯，经丝绸之路传入中国，唐代因皇室推崇成为风靡全国的“军中戏”与贵族运动；该壁画作为墓主人生前生活的写照，展现了唐代贵族阶层尚武、尚乐的精神追求，保留了盛世的气象。

马球图首次以图像形式完整呈现比赛细节，如球杖形制、服饰规则等，成为研究唐代体育史的核心资料，不仅是唐代壁画艺术的典范，更是研究古代体育、社会及中外文化交流的“活化石”。

187 唐章怀太子墓壁画狩猎出行图（1组）

唐　壁画　壹级

再现唐朝贵族狩猎盛景

高 209 厘米，通长 277.5 厘米。
1971 年陕西省乾县章怀太子墓出土，陕西历史博物馆典藏。

这组唐朝章怀太子墓狩猎出行图壁画 1 组 4 幅，是目前已发掘的唐墓中保存最为完好，内容也最为丰富的墓葬壁画之一，出自章怀太子墓墓道东壁。揭取时分为四幅保存，是唐代壁画中罕见的鸿篇巨制。

壁画描绘了一支由40余骑马人物、2只骆驼、5株古树及山石组成的狩猎场景，画面分为前导、中队、后卫及辎重四部分；居中者身着蓝袍或紫袍，骑白马，马匹颈披长鬃、马尾垂散，形态独特，步伐为唐代文献记载的“走马”，主人公身份尊贵，推测为李贤本人；猎手佩弓箭、架鹰、携犬，甚至驯养猎豹与猞猁助猎，生动再现唐代贵族喜好狩猎的风尚。

狩猎在唐代兼具军事训练与娱乐功能，唐代名家的狩猎题材画作多已失传，此壁画以写实风格弥补了唐代绘画史的缺憾，是研究鞍马画与贵族生活的重要实物。

188 唐懿德太子墓壁画阙楼图（1组）

唐　壁画　壹级

穿越千年的宫阙印记，展现盛唐气象

长305厘米，宽298厘米。
1971年陕西省乾县唐懿德太子墓出土，陕西历史博物馆典藏。

这组唐朝懿德太子墓壁画阙楼图1组2幅，是唐代墓葬壁画中的杰作，绘制于唐中宗长子懿德太子李重润墓中。

懿德太子李重润（公元682年—701年）是唐中宗李显与韦皇后之子，武则天之孙。公元701年，因谗言被武则天杖杀，年仅19岁。公元705年，中宗复位后，追赠其太子身份，并破格以"号墓为陵"的最高规格，将其迁葬至乾陵陪葬。"号墓为陵"是唐代皇室特殊葬制，墓葬形制、壁画内容及随葬品均按帝王等级设计，远超普通太子墓标准。懿德太子墓全长100.8米，包含墓道、天井、甬道、墓室等结构，出土文物千余件，壁画面积近400平方米。这组壁画位于墓道东西两壁，各绘一幅对称的三出阙楼及仪仗队列，是墓中壁画的代表作品。

阙是古代宫殿、陵墓前的标志性建筑，等级森严。太子本应使用二出阙，但此图以"三出阙"（一母阙、二子阙）呈现，属帝王专属，印证了"号墓为陵"的特殊待遇。其形制与乾陵陵园阙楼一致，色彩上以赭红色为主调，辅以绿、黄、青色，金铜饰件贴金，营造金碧辉煌的皇家气派。

唐懿德太子墓壁画阙楼图不仅是一件艺术瑰宝，更是唐代政治、建筑、礼仪制度的缩影。壁画中严谨的建筑细节与恢宏的仪仗场景，为今人重构盛唐长安的壮丽宫阙提供了不可替代的视觉证据。

189 唐永泰公主墓壁画宫女图（1组）

唐　壁画　壹级

再现唐宫丽影与开放风尚

高 177 厘米，宽 198 厘米。
1960 年陕西省乾县唐永泰公主墓出土，陕西历史博物馆典藏。

◐ 壁画描绘九名宫女列队缓行的场景，为首女官头梳单刀半翻髻，双臂交叠于腹前，仪态端庄；其余八人手持烛台、团扇等器物，姿态各异，神情细腻生动。宫女服饰以“袒胸装”为主，短襦露胸，长裙曳地，肩披丝帛，体现唐代开放的社会风气。此外，最后一位宫女身着翻领胡服男装，反映唐代女性着男装的流行风尚。

◐ 宫女图壁画生动再现了唐代贵族生活场景，如夜宴侍奉、器物陈设等，印证了皇室奢靡生活的细节。此外，通过服饰开放性和胡汉交融的特点，反映了唐代兼容并包的文化心态与女性地位的提升，是研究唐代绘画、服饰及社会文化的重要实证。

唐永泰公主墓壁画宫女图1组1幅，绘制在永泰公主李仙蕙墓前室东壁南侧。该墓曾遭盗窃，加之年代久远，很多壁画已经脱落，但仍出土千余件文物及大面积的壁画，其中九人宫女图保存最为完整。

永泰公主（公元685年—701年）是唐中宗之女、武则天的孙女，因议论武则天宠臣张易之兄弟被赐死，年仅17岁。中宗复位后追封其为公主，并以“号墓为陵”的高规格迁葬于乾陵陪葬区。

190 战国简《金滕》

战国 竹简 壹级

改写中国上古史的关键材料

简文共 14 支，简长约 45 厘米。
出土信息不详，2008 年入藏清华大学出土文献研究与保护中心。

战国简《金滕》，又称“清华简”，是清华大学于 2008 年接收的流散到境外的约 2500 枚战国竹简中的重要文献之一，属于战国中晚期的竹简文物。

简背有编号及原篇题“周武王有疾周公所自以代王之志”，内容与传世本《尚书·金滕》大体相合，但存在显著差异。清华简《金滕》详细记载了周武王病重时周公祈祷代死、成王由疑忌到悔悟的过程，叙事主线聚焦于成王对周公态度的转变（未逆公—亲逆公—出逆公），相较于传世本更强调君臣关系的政治教育意义，推测为战国时期楚地贵族教材的改编版本。

战国简《金滕》为《尚书》研究提供了战国时期的文本实例，证实了“金滕”故事在当时的流传，不仅是先秦文献的重要补充，更通过文本改编揭示了战国时期楚地的政治思想与教育理念。其学术价值涵盖历史学、文献学、古文字学等领域，被誉为“改写中国上古史的关键材料”。

191 战国郭店楚简《老子(甲、乙、丙)》

战国 竹简 壹级

研究战国文字演变的重要实物

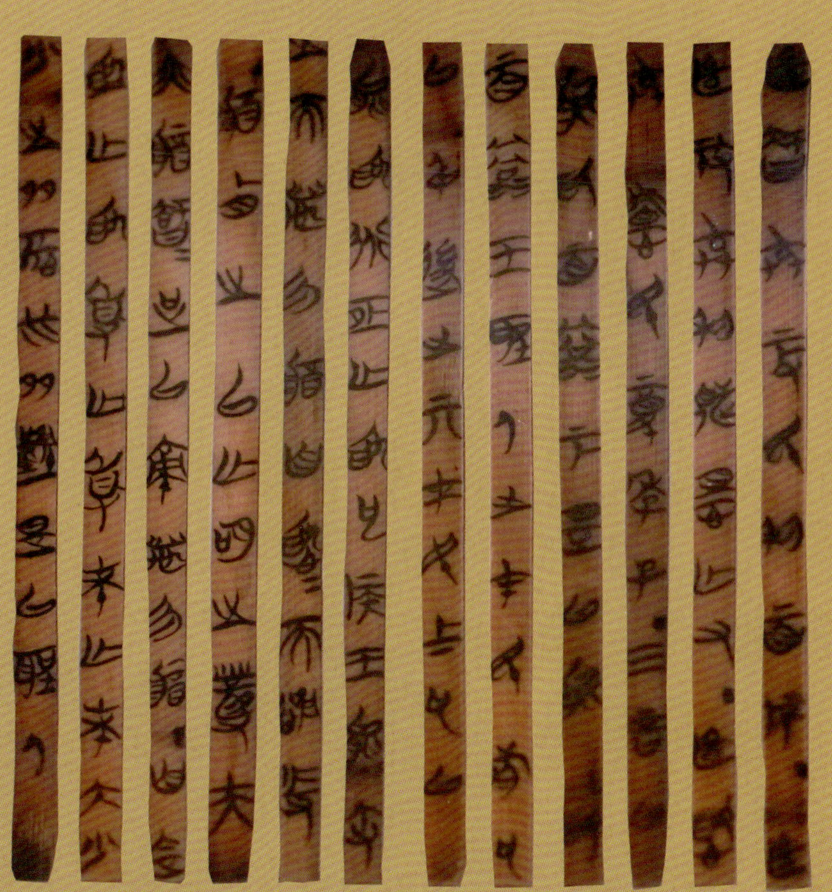

甲组:39枚，长32.3厘米；乙组：18枚，长30.6厘米；丙组：14枚，长26.5厘米。
1993年10月湖北省荆门市郭店村一号楚墓出土，荆门市博物馆典藏。

战国郭店楚简《老子（甲、乙、丙）》是中国考古学和思想史上的重大发现，墓中发掘竹简800余枚，其中有字简730枚，总计13000余字。出土此楚简的墓葬属战国中期偏晚（约公元前300年），竹简抄写时间可能更早，甲组或可追溯至公元前400年左右。

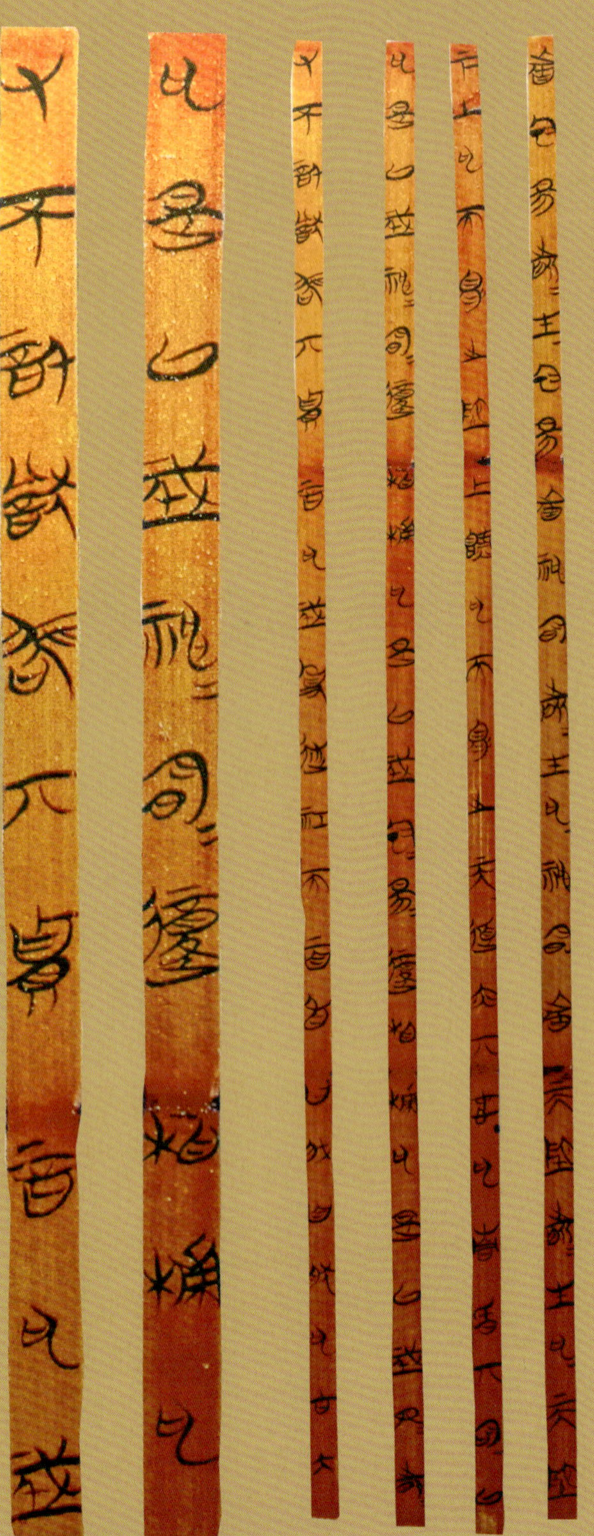

按竹简长度及内容分为甲、乙、丙三组，甲组共有竹简39枚，简长32.3厘米，内容最完整，对应今本《道德经》共20章；乙组共18枚，简长30.6厘米，对应今本《道德经》共8章；丙组共14枚，简长26.5厘米，对应今本《道德经》共5章。简本不分《道经》《德经》，现存2046字，约为今本的五分之二，且章节次序与今本差异显著。

简本为迄今发现的最早的《老子》版本，证实《老子》成书不晚于战国中期，否定了“秦汉成书说”，并将老子生平推至春秋晚期，与孔子同期。竹简文字为典型楚系篆书，书法秀丽典雅，是研究战国文字演变的重要实物。

郭店楚简《老子（甲、乙、丙）》的发现，不仅重构了道家经典的形成史，还揭示了战国时期思想交融的复杂性。其简约的文风、独特的文本结构及与儒家文献共存的背景，挑战了传统儒道对立的叙事，为重新审视先秦思想史提供了关键线索。

192 战国楚简《孔子诗论》

战国　竹简　壹级

为《诗经》版本演变研究提供了新线索

简文共 29 枚，残存 1006 字。
上海博物馆典藏。

战国楚简《孔子诗论》是战国时期的一批楚国竹简，共 29 枚，残存 1006 字，涉及《诗经》中的 60 余首诗歌。

1994 年，上海博物馆从香港文物市场购藏文物战国楚简《孔子诗论》，推测出自湖北地区的贵族墓葬，年代为战国中晚期。简文以楚系文字书写，内容主要为孔子对《诗经》的评论，整理者定名为《孔子诗论》。

竹简记录了孔子授诗时的情景，包含总论《诗经》、分论“风”“雅”“颂”的特征，以及对具体诗篇的点评，揭示了先秦儒家对《诗经》的多元解读。竹简将《诗经》类别称为“讼”（颂）、“大夏”（大雅）、“小夏”（小雅）、“邦风”（国风），排序为“讼——夏——风”，与传世版本“风——雅——颂”相反。简中约十分之一的诗篇为传世《诗经》所无，如《肠肠》《卷而》《涉秦》等，且部分诗名、用字与今本不同，为《诗经》版本演变研究提供了新线索。

作为先秦《诗经》学的直接文献，竹简修正了传统认为“孔子删诗”的争议，重构了早期儒家诗学的理论框架，并为汉代《诗经》学的形成提供了对比视角。

193 秦云梦睡虎地秦简《语书》

秦 竹简 壹级

了解秦律和秦代公文制度的重要文书

共 14 枚，长 27.8 厘米。
1975 年湖北省云梦县睡虎地 11 号秦墓出土，湖北省博物馆典藏。

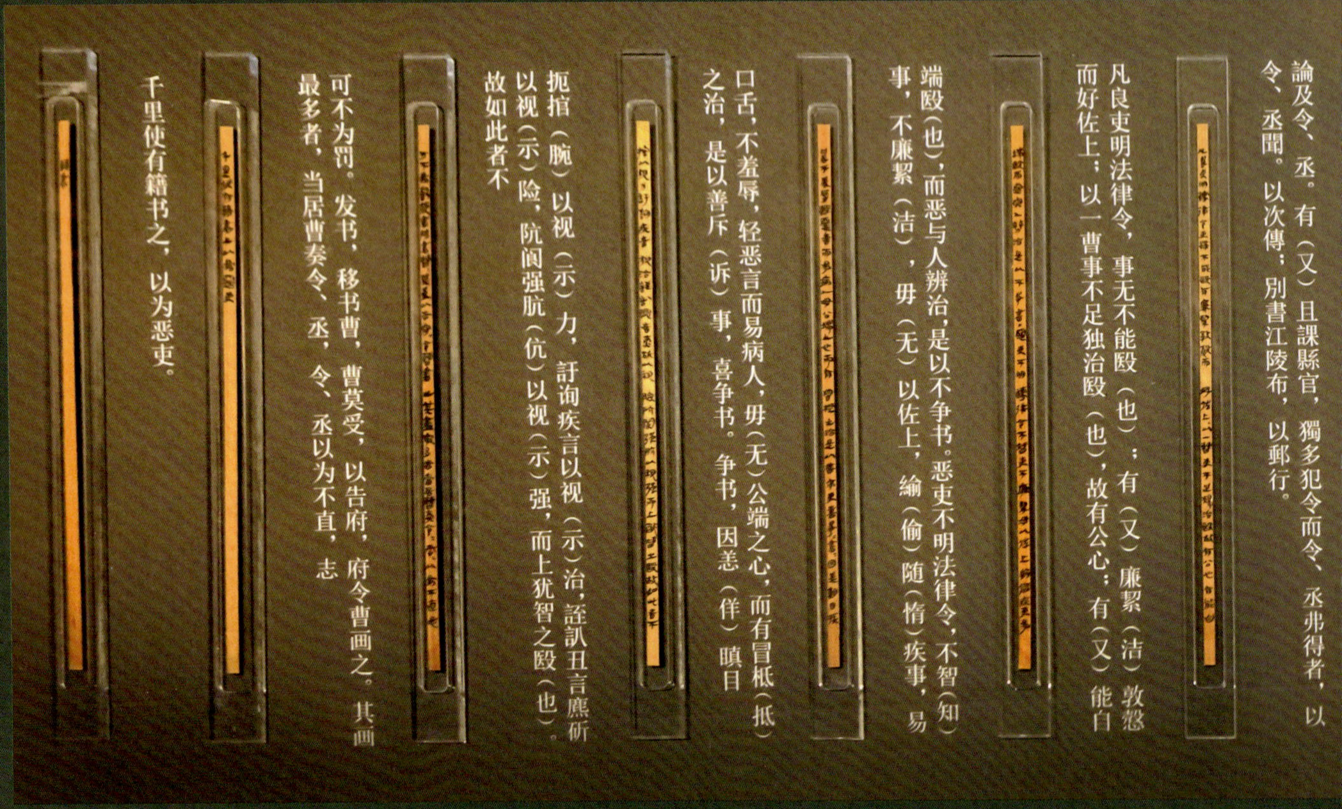

論及令、丞。有（又）且課縣官，獨多犯令而令、丞弗得者，以
令、丞聞。以次傳；別書江陵布，以郵行。

凡良吏明法律令，事无不能殹（也）；有（又）廉絜（洁）敦慤
而好佐上；以一曹事不足独治殹（也），故有公心；有（又）能自

端殹（也），而恶与人辨治，是以不争书。恶吏不明法律令，不智（知）
事，不廉絜（洁），毋（无）以佐上，緰（偷）随（惰）疾事，易

口舌，不羞辱，轻恶言而易病人，毋（无）公端之心，而有冒柢（抵）
之治，是以善斥（诉）事，喜争书。争书，因恙（佯）瞋目

扼捾（腕）以视（示）力，訏詢疾言以视（示）治，誈訊丑言麃斫
以视（示）险，阬阆强肮（伉）以视（示）强，而上犹智之殹（也）。
故如此者不

可不为罚。发书，移书曹，曹莫受，以告府，府令曹画之。其画
最多者，当居曹奏令、丞，令、丞以为不直，志

千里使有籍书之，以为恶吏。

这件云梦睡虎地秦简《语书》是研究秦代法律与行政制度的重要文献，推测为出土墓墓主秦吏“喜”生前重要的工作文书。该竹简仅一字残缺，保存完整。

简文以秦隶书写，书法兼具篆意与隶变特征，用笔厚重遒劲，具有早期隶书的艺术价值。《语书》分为两部分：前8简为南郡守腾在秦始皇二十年（公元前227年）发布的行政公文，强调推行法律以矫正民俗，并整顿吏治；后6简定义“良吏”与“恶吏”的标准，提出官吏需具备“明法律令”“廉洁”“公正”等品质，并对“恶吏”的处罚措施作出规定。简文末尾以“语书”二字为题，表明其作为官方文书的性质。

秦律此前仅见于文献片段，《语书》作为系统法律公文，揭示了秦统一前后在南郡的治理策略，印证了商鞅变法后“以法为教”的实践，展现了秦以法治国的实践智慧，以及法律在统一进程中的作用。

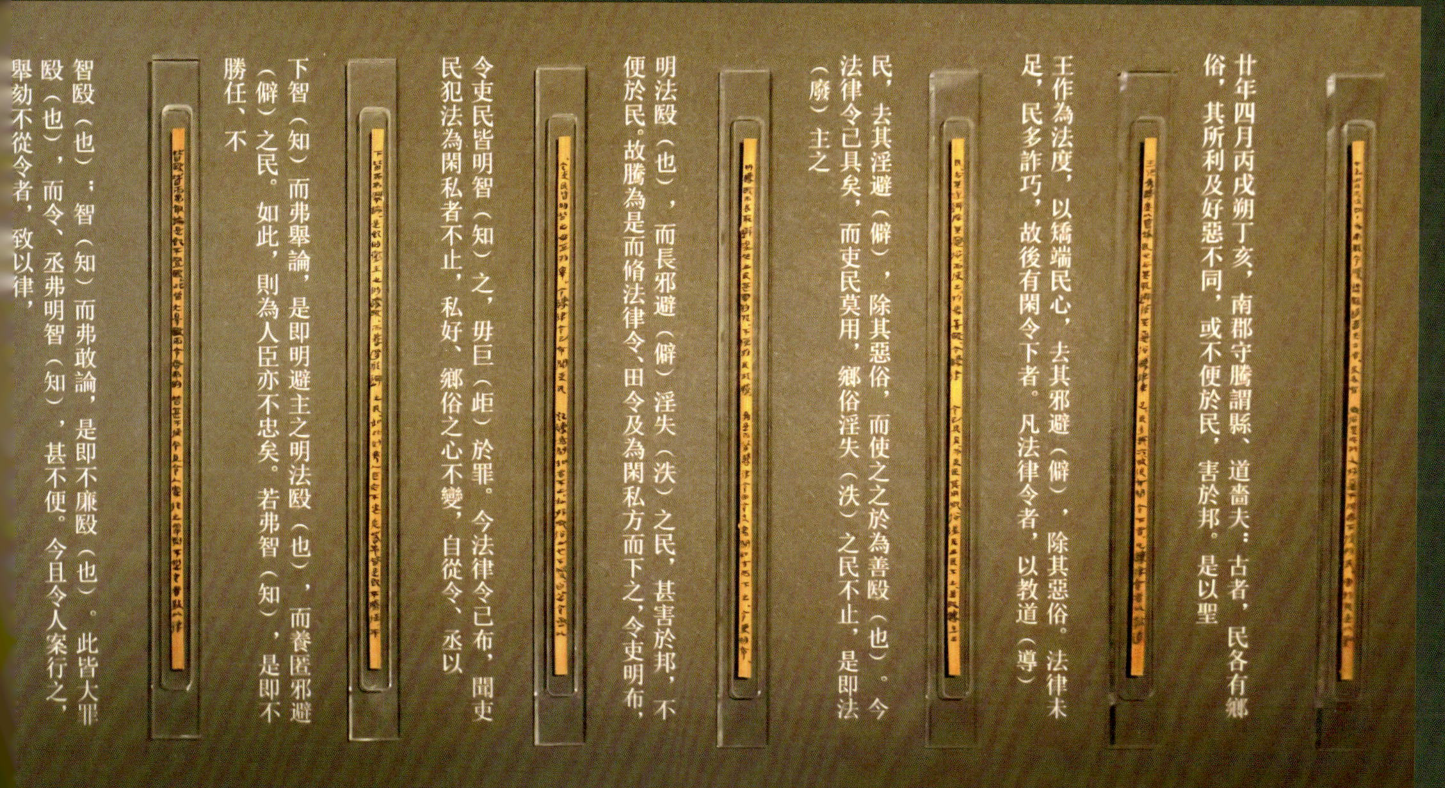

194 秦简《数》

秦 竹简 壹级

中国现存最早数学文献的发现与历史重写

236 枚简，含 18 枚残片；全长约 27.5 厘米，每简约写 27—35 字。
湖南大学典藏。

秦简《数》是目前已知中国最早的实用算法汇编。

湖南大学岳麓书院教师李洪财在《光明晶报》发文说："《数》刷新了我们对中国早期数学水平的认识。"

2007 年，湖南大学岳麓书院从香港购得一批秦简，2008 年又获少量捐赠简，经鉴定为秦代简牍。其中 236 枚简（含 18 枚残片）内容为数学文献。其成书时间不晚于秦始皇三十五年（公元前 212 年），早于西汉的《九章算术》，包含 236 枚编号简及 18 枚残片，因编号 0956 简背面书有"数"字，定名为《数》。这批简内容涵盖几何、算术、比例算法等，包括 81 例算题和 19 例计算方法，与《周礼》中"九数"对应，表明其作为古代"六艺"之一的数学教育地位。

《数》的内容涉及《九章算术》中的方田（面积计算）、粟米（粮食换算）、衰分（比例分配）、少广（体积计算）、商功（工程数学）、盈不足（损益法）及勾股定理等，覆盖古代政府管理、经济、军事等领域；以实用性为导向，算法多直接给出公式而非推导过程。算题涉及田租、谷物换算、度量衡误差处罚等，与睡虎地秦简中的《田律》《效律》等法律条文相印证，揭示秦代经济管理的精细化；"营军之术"等算题体现军队布阵的数学化，印证秦代军事组织的高效率。

岳麓秦简《数》不仅是中国数学史上的里程碑，更是透视秦代社会运作的"数字密码"。其系统性算法与丰富实例，实证了先秦数学的高度发展，并为《九章算术》溯源提供了关键链环。

195 西汉马王堆汉墓帛书《周易》

西汉 帛书 壹级

帛上乾坤，《周易》的文本宇宙与思想星图

宽 48 厘米，长 85 厘米，共 93 行，约有 4900 余字。
1973 年湖南省长沙市马王堆 3 号墓出土，湖南博物院典藏。

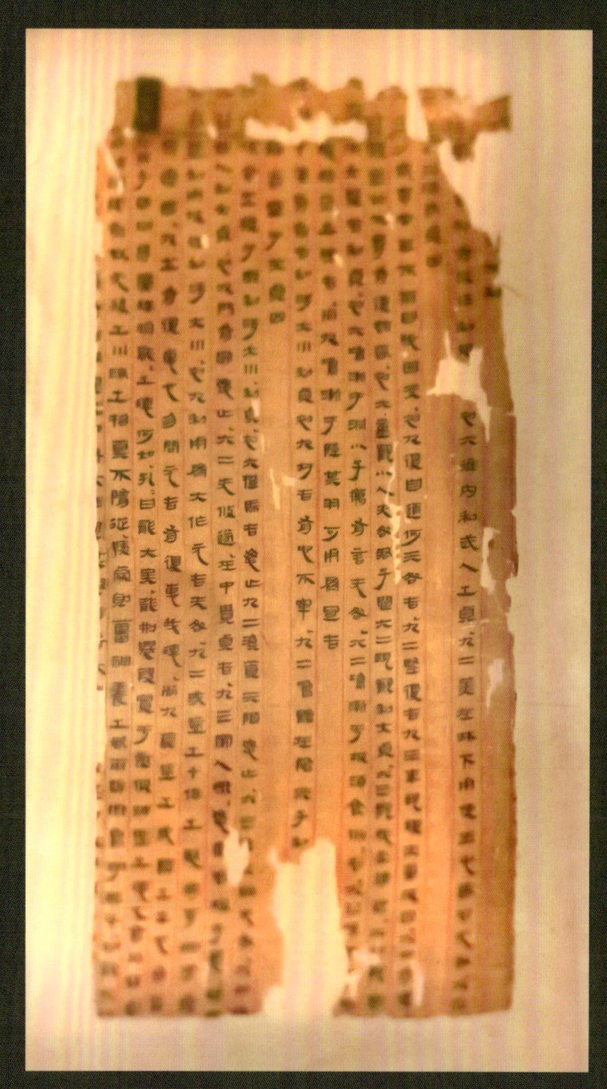

西汉马王堆汉墓帛书《周易》是现存最早的《周易》抄本之一，其创作年代为西汉初期（约公元前 2 世纪）。

帛书《周易》在文本内容、卦序排列、卦名用字等方面与传世通行本（如王弼本、朱熹本）存在显著差异。

此帛书《周易》包括两部分：

《经》部：六十四卦的卦爻辞，但卦序与通行本不同，按“八宫卦”（乾、艮、坎、震、坤、兑、离、巽）排列，而非通行本的《序卦传》顺序。

《传》部：包含《二三子问》《系辞》《易之义》《要》《缪和》《昭力》等篇章，内容涉及孔子与弟子论《易》的对话，以及阴阳、占卜等思想，部分篇章为传世文献所未见。

帛书《易传》强调“阴阳”“刚柔”的对立统一，与道家思想有一定关联。部分篇章（如《要》）记载孔子“老而好《易》”，主张“观其德义”，为研究儒家与《周易》的关系提供新视角。

帛书《周易》是早于通行本数百年的原始文献，揭示了《周易》在汉初的文本面貌，证明今本《周易》的定型经历了长期演变；其独特的文本形态和思想内涵，为研究哲学、文献学等领域提供了珍贵材料。

首批禁止出国（境）展览文物目录

（国家文物局　文物办发〔2002〕5号）

省份	时代	名称	级别	现藏
	新石器时代	彩绘鹳鱼石斧图陶缸	壹级	中国历史博物馆 （现为中国国家博物馆）
	新石器时代	陶鹰鼎	壹级	中国历史博物馆 （现为中国国家博物馆）
	商代	后母戊鼎	壹级	中国历史博物馆 （现为中国国家博物馆）
	西周	利簋	壹级	中国历史博物馆 （现为中国国家博物馆）
	西周	大盂鼎	壹级	中国历史博物馆 （现为中国国家博物馆）
	西周	虢季子白盘	壹级	中国历史博物馆 （现为中国国家博物馆）
	明代	凤冠	壹级	中国历史博物馆 （现为中国国家博物馆）
	商代	嵌绿松石象牙杯	壹级	中国社会科学院考古研究所
上海市	西周	晋侯苏钟（一套14件）	壹级	上海博物馆

省份	时代	名称	级别	现藏
	西周	大克鼎	壹级	上海博物馆
天津市	西周	太保鼎	壹级	天津艺术博物馆
浙江省	新石器时代	河姆渡出土朱漆碗	壹级	浙江省博物馆
	新石器时代	河姆渡出土陶灶	壹级	浙江省博物馆
	新石器时代	良渚出土玉琮王	壹级	浙江省考古研究所
	战国	水晶杯	壹级	杭州市博物馆
河南省	春秋	淅川出土铜禁	壹级	河南博物院
	春秋	新郑出土莲鹤铜方壶	壹级	河南博物院
山东省	汉代	齐王墓青铜方镜	壹级	山东省淄博博物馆
安徽省	战国	铸客大铜鼎	壹级	安徽省博物馆 （现为安徽博物院）
	三国	朱然墓出土漆木屐		马鞍山市博物馆
	三国	朱然墓出土贵族生活图漆盘		马鞍山市博物馆
山西省	北魏	司马金龙墓出土漆屏	壹级	大同市博物馆
	北齐	娄睿墓鞍马出行图壁画		山西省考古研究所
	唐代	涅槃变相碑	壹级	山西省博物馆 （现为山西博物院）
	唐代	常阳太尊石像	壹级	山西省博物馆 （现为山西博物院）
湖北省	商代	大玉戈	壹级	湖北省博物馆
	战国	曾侯乙编钟	壹级	湖北省博物馆
	战国	曾侯乙墓外棺	壹级	湖北省博物馆

省份	时代	名称	级别	现藏
	战国	曾侯乙青铜尊盘	壹级	湖北省博物馆
	战国	彩漆木雕小座屏	壹级	湖北省博物馆
辽宁省	新石器	红山文化女神像	壹级	辽宁省考古研究所
	北燕	鸭形玻璃注	壹级	辽宁省历史博物馆
四川省	商代	青铜神树		四川省考古研究所
	商代	三星堆出土玉边璋		四川省考古研究所
	东汉	摇钱树	壹级	绵阳市博物馆
甘肃省	东汉	铜奔马	壹级	甘肃省博物馆
陕西省	秦代	铜车马		秦俑博物馆
	西周	墙盘	壹级	周原博物馆
	西周	淳化大鼎	壹级	淳化县博物馆
	西周	何尊	壹级	宝鸡市青铜器博物馆
	西汉	茂陵石雕		茂陵博物馆
	唐代	大秦景教流行中国碑		西安碑林博物馆
	唐代	舞马衔杯仿皮囊式银壶	壹级	陕西历史博物馆
	唐代	兽首玛瑙杯	壹级	陕西历史博物馆
	唐代	景云铜钟		西安碑林博物馆
	唐代	银花双轮十二环锡杖	壹级	法门寺博物馆
	唐代	八重宝函	壹级	法门寺博物馆

省份	时代	名称	级别	现藏
	唐代	铜浮屠	壹级	法门寺博物馆
新疆维吾尔自治区	汉晋	“五星出东方”护膊		新疆区考古研究所
河北省	战国	铜错金银四龙四凤方案	壹级	河北省文物研究所
	战国	中山王铁足铜鼎	壹级	河北省文物研究所
	汉代	刘胜金缕玉衣	壹级	河北省博物馆
	汉代	长信宫灯	壹级	河北省博物馆
广东省	西汉	铜屏风构件 5 件：D162-2，105-2，19-3，106-2，19-2	壹级	南越王墓博物馆
	西汉	角形玉杯	壹级	南越王墓博物馆
湖南省	战国	人物御龙帛画		湖南省博物馆
	战国	人物龙凤帛画		湖南省博物馆
	西汉	直裾素纱禅衣	壹级	湖南省博物馆
	西汉	马王堆一号墓木棺椁	壹级	湖南省博物馆
	西汉	马王堆一号墓 T 型帛画	壹级	湖南省博物馆
青海省	北朝	红地云珠日天锦		青海省考古研究所
宁夏回族自治区	西夏	西夏文佛经《吉祥遍至口和本续》纸本		宁夏区考古研究所
江西省	元代	青花釉里红瓷仓		江西省博物院
江苏省	南朝	竹林七贤砖印模画	壹级	南京博物馆

第二批禁止出国境展览文物目录
（书画类）

（国家文物局　文物博函〔2012〕1345号）

序号	名称	时代	收藏单位
书法作品			
1	陆机《平复帖》卷	西晋	故宫博物院
2	王珣《伯远帖》卷	东晋	故宫博物院
3	冯承素摹王羲之《兰亭序》卷	唐	故宫博物院
4	欧阳询《梦奠帖》卷	唐	辽宁省博物馆
5	国诠书《善见律》卷	唐	故宫博物院
6	怀素《苦笋帖》卷	唐	上海博物馆
7	杜牧《张好好诗》卷	唐	故宫博物院
8	唐人《摹王羲之一门书翰》卷	唐	辽宁省博物馆
9	杨凝式《神仙起居法帖》卷	五代	故宫博物院
10	林逋《自书诗》卷	北宋	故宫博物院
11	蔡襄《自书诗》卷	北宋	故宫博物院

序号	名称	时代	收藏单位
12	文彦博《三帖卷》	北宋	故宫博物院
13	韩琦《行楷信札卷》	北宋	贵州省博物馆
14	王安石《楞严经旨要》卷	北宋	上海博物馆
15	黄庭坚《诸上座》卷	北宋	故宫博物院
16	米芾《苕溪诗》卷	北宋	故宫博物院
17	赵佶《草书千字文》卷	北宋	辽宁省博物馆
绘画作品			
18	展子虔《游春图》卷	隋	故宫博物院
19	韩滉《五牛图》卷	唐	故宫博物院
20	周昉《挥扇仕女图》卷	唐	故宫博物院
21	孙位《高逸图》卷	唐	上海博物馆
22	王齐翰《勘书图》卷	五代	南京大学
23	周文矩《重屏会棋图》卷	五代	故宫博物院
24	胡瓌《卓歇图》卷	五代	故宫博物院
25	顾闳中《韩熙载夜宴图》卷	五代	故宫博物院
26	卫贤《高士图》轴	五代	故宫博物院
27	董源《山口待渡图》卷	五代	辽宁省博物馆
28	黄筌《写生珍禽图》卷	五代	故宫博物院
29	王诜《渔村小雪图》卷	北宋	故宫博物院

序号	名称	时代	收藏单位
30	梁师闵《芦汀密雪图》卷	北宋	故宫博物院
31	祁序《江山牧放图》卷	北宋	故宫博物院
32	李公麟《摹韦偃牧放图》卷	北宋	故宫博物院
33	张择端《清明上河图》卷	北宋	故宫博物院
34	王希孟《千里江山图》卷	北宋	故宫博物院
35	马和之《后赤壁赋图》卷	南宋	故宫博物院
36	赵伯骕《万松金阙图》卷	南宋	故宫博物院
37	宋人摹阎立本《步辇图》卷	宋代	故宫博物院

第三批禁止出境展览文物目录

（国家文物局　文物博函〔2013〕1320号）

序号	名称	时代	收藏单位	备注
一、青铜器类				
1	商子龙鼎	商	中国国家博物馆	
2	商四羊方尊	商	中国国家博物馆	1938年湖南宁乡月山铺出土
3	商龙纹兕觥	商	山西博物院	1959年山西石楼桃花庄出土
4	商大禾方鼎	商	湖南省博物馆	1959年湖南宁乡出土
5	商铜立人像	商	广汉三星堆博物馆	1986年四川广汉三星堆遗址2号祭祀坑出土

序号	名称	时代	收藏单位	备注
6	西周天亡簋	西周	中国国家博物馆	
7	西周伯矩鬲	西周	首都博物馆	1975 年北京房山琉璃河燕国墓地 251 号墓地出土
8	西周晋侯鸟尊	西周	山西博物院	1992 年山西曲沃北赵村晋侯墓地 114 号墓出土
9	西周害夫（hú）簋	西周	周原博物馆	1978 年陕西扶风法门镇齐村出土
10	西周逨盘	西周	宝鸡青铜器博物院	2003 年陕西眉县杨家村窖藏出土
11	春秋越王勾践剑	春秋	湖北省博物馆	1965 年湖北江陵望山出土
12	战国商鞅方升	战国	上海博物馆	
13	战国错金银镶嵌丝网套铜壶	战国	南京博物院	1982 年江苏盱眙南窑庄出土
14	西汉诅盟场面贮贝器	西汉	中国国家博物馆	云南晋宁石寨山出土
15	西汉彩绘人物车马镜	西汉	西安博物院	1963 年陕西西安红庙坡出土
16	西汉杀人祭柱场面贮贝器	西汉	云南省博物馆	云南晋宁石寨山出土
		二、陶瓷类		
1	新石器时代仰韶文化彩陶人面鱼纹盆	新石器时代	中国国家博物馆	1955 年陕西西安半坡遗址出土
2	新石器时代马家窑文化彩陶舞蹈纹盆	新石器时代	中国国家博物馆	1973 年青海大通上孙家寨出土
3	新石器时代马家窑文化彩陶贴塑人纹双系壶	新石器时代	中国国家博物馆	1974 年青海乐都柳湾墓葬出土
4	新石器时代仰韶文化彩陶网纹船形壶	新石器时代	中国国家博物馆	1958 年陕西宝鸡北首岭遗址出土
5	新石器时代龙山文化彩绘蟠龙纹陶盘	新石器时代	中国社会科学院考古研究所	1980 年山西襄汾陶寺遗址第 3072 号墓出土
6	新石器时代仰韶文化彩陶人形双系瓶	新石器时代	甘肃省博物馆	1973 年甘肃秦安邵店大地湾出土
7	新石器时代大汶口文化彩陶八角星纹豆	新石器时代	山东省文物考古研究所	1974 年山东泰安大汶口遗址出土

序号	名称	时代	收藏单位	备注
8	吴“永安三年”款青釉堆塑谷仓罐	三国吴	故宫博物院	1935年浙江绍兴出土
9	吴“赤乌十四年”款青釉虎子	三国吴	中国国家博物馆	1955年江苏省南京赵士岗吴墓出土
10	吴青釉褐彩羽人纹双系壶	三国吴	南京市博物馆	1983年江苏南京雨花区长岗村出土
11	西晋青釉神兽尊	西晋	南京博物院	1976年江苏宜兴周处家族墓出土
12	北齐青釉仰覆莲花尊	北齐	中国国家博物馆	1948年河北景县封氏墓群出土
13	北齐白釉绿彩长颈瓶	北齐	河南博物院	1971年河南安阳范粹墓出土
14	隋白釉龙柄双联传瓶	隋	天津博物馆	
15	唐青釉凤首龙柄壶	唐	故宫博物院	
16	唐鲁山窑黑釉蓝斑腰鼓	唐	故宫博物院	
17	唐代陶骆驼载乐舞三彩俑	唐	中国国家博物馆	1957年西安鲜于庭海墓出土
18	唐长沙窑青釉褐蓝彩双系罐	唐	扬州博物馆	1974年江苏扬州石塔路出土
19	唐越窑青釉褐彩云纹五足炉	唐	临安市文物馆	1980年浙江临安水邱氏墓出土
20	唐长沙窑青釉褐彩贴花人物纹壶	唐	湖南省博物馆	1973年湖南衡阳出土
21	唐三彩骆驼载乐俑	唐	陕西历史博物馆	1959年陕西西安中堡村唐墓出土
22	五代耀州窑摩羯形水盂	五代	辽宁省博物馆	1971年辽宁北票水泉辽墓出土
23	五代越窑莲花式托盏	五代	苏州博物馆	1956年江苏苏州虎丘云岩寺塔出土
24	五代耀州窑青釉刻花提梁倒流壶	五代	陕西历史博物馆	1968年陕西彬县出土
25	北宋汝窑天青釉弦纹樽	北宋	故宫博物院	
26	北宋官窑弦纹瓶	北宋	故宫博物院	

序号	名称	时代	收藏单位	备注
27	北宋钧窑月白釉出戟尊	北宋	故宫博物院	
28	北宋定窑白釉刻莲花瓣纹龙首净瓶	北宋	定州市博物馆	1969 年河北定县净众院塔基地宫出土
29	北宋官窑贯耳尊	北宋	吉林省博物院	
30	宋登封窑珍珠地划花虎豹纹瓶	宋	故宫博物院	
31	元青花萧何月下追韩信图梅瓶	元	南京市博物馆	江苏南京印堂村观音山沐英墓出土
32	元蓝釉白龙纹梅瓶	元	扬州博物馆	
三、玉器类				
1	新石器时代红山文化玉龙	新石器时代	中国国家博物馆	1971 年内蒙古翁牛特旗赛沁塔拉村出土
2	新石器时代良渚文化神人兽面纹玉钺	新石器时代	浙江省博物馆	1986 年浙江余杭反山 12 号墓出土
3	夏七孔玉刀	夏	洛阳博物馆	1975 年河南偃师二里头遗址出土
4	西周晋侯夫人组玉佩	西周	山西博物院	1992 年山西曲沃 M63 墓（晋穆侯次夫人墓）出土
5	战国多节活环套练玉佩	战国	湖北省博物馆	1978 年湖北随县曾侯乙墓出土
6	西汉“皇后之玺”玉玺	西汉	陕西历史博物馆	1968 年陕西咸阳汉高祖长陵附近发现
7	东汉镂雕东王公西王母纹玉座屏	东汉	定州市博物馆	1969 年河北定州中山穆王刘畅墓出土
8	西晋神兽纹玉樽	西晋	湖南省博物馆	1991 年湖南安乡西晋刘弘墓出土
9	元“统领释教大元国师之印”龙钮玉印	元	西藏博物馆	
四、杂项类				
1	商太阳神鸟金箔片	商	成都金沙遗址博物馆	2001 年四川成都金沙遗址出土
2	商金杖		广汉三星堆博物馆	

序号	名称	时代	收藏单位	备注
3	战国包金镶玉嵌琉璃银带钩	战国	中国国家博物馆	1951 年河南辉县固围村 5 号战国墓出土
4	西汉“滇王之印”金印	西汉	中国国家博物馆	1956 年云南晋宁石寨山古墓群出土
5	西汉错金银镶松石狩猎纹铜伞铤	西汉	河北省文物研究所	
6	唐龟负论语玉烛酒筹鎏金银筒	唐	镇江博物馆	1982 年江苏丹徒丁卯桥唐代窖藏出土
7	战国彩绘乐舞图鸳鸯形漆盒	战国	湖北省博物馆	1978 年湖北随县曾侯乙墓出土
8	西汉识文彩绘盝顶长方形漆奁	西汉	湖南省博物馆	1973 年湖南长沙马王堆 3 号墓出土
9	西汉黑漆朱绘六博具	西汉	湖南省博物馆	1973 年湖南长沙马王堆 3 号墓出土
10	吴彩绘季札挂剑图漆盘	三国吴	安徽省文物考古研究所	1984 年安徽马鞍山三国吴朱然墓出土
11	吴皮胎犀皮漆鎏金铜釦耳杯（2 件）	三国吴	安徽省文物考古研究所	1984 年安徽马鞍山三国吴朱然墓出土
12	北宋木雕真珠舍利宝幢（含木函）	北宋	苏州博物馆	1978 年江苏苏州瑞光寺塔出土
13	新石器时代大汶口文化象牙梳	新石器时代	山东省博物馆	1959 年山东泰安大汶口遗址出土
14	新石器时代河姆渡文化双鸟朝阳纹象牙雕刻器	新石器时代	浙江省博物馆	1977 年浙江余姚河姆渡遗址出土
15	隋绿玻璃盖罐	隋	中国国家博物馆	1957 年陕西西安李静训墓出土
16	隋绿玻璃小瓶	隋	中国国家博物馆	1957 年陕西西安李静训墓出土
17	汉红地对人兽树纹罽袍	汉	新疆维吾尔自治区文物考古研究所	1995 年新疆尉犁营盘遗址墓地出土
18	北魏刺绣佛像供养人	北魏	敦煌研究院	1965 年甘肃敦煌莫高窟出土
19	北朝方格兽纹锦	北朝	新疆维吾尔自治区博物馆	1968 年新疆吐鲁番阿斯塔那北区 99 号墓出土
20	北宋灵鹫纹锦袍	北宋	故宫博物院	1953 年新疆阿拉尔出土

序号	名称	时代	收藏单位	备注
21	战国石鼓（1组10只）	战国	故宫博物院	
22	唐昭陵六骏石刻（什伐赤、白蹄乌、特勒骠、青骓4幅）	唐	西安碑林博物馆	1950年原陕西历史博物馆移交
23	宋拓西岳华山庙碑册（华阴本）	宋	故宫博物院	
24	明曹全碑初拓本（“因”字不损本）	明	上海博物馆	
25	唐写本王仁煦《刊谬补缺切韵》	唐	故宫博物院	
26	北宋刻开宝藏本《阿惟越致经》（1卷）	北宋	中国国家图书馆	
27	北宋刻本《范仲淹文集》（30卷）	北宋	中国国家图书馆	
28	唐章怀太子墓壁画马球图（1组）	唐	陕西历史博物馆	
29	唐章怀太子墓壁画狩猎出行图（1组）	唐	陕西历史博物馆	
30	唐懿德太子墓壁画阙楼图（1组）	唐	陕西历史博物馆	
31	唐永泰公主墓壁画宫女图（1组）	唐	陕西历史博物馆	
32	战国简《金縢》	战国	清华大学	
33	战国郭店楚简《老子（甲、乙、丙）》	战国	荆门市博物馆	
34	战国楚简《孔子诗论》	战国	上海博物馆	
35	秦云梦睡虎地秦简《语书》	秦	湖北省博物馆	
36	秦简《数》	秦	湖南大学	
37	西汉马王堆汉墓帛书《周易》	西汉	湖南省博物馆	

后记

在国宝的沉默中听见文明

当合上这本书的最后一页，195 件禁止出国展览文物的影像仍在眼前流动——从新石器时代的彩绘鹳鱼石斧图陶缸到西汉马王堆汉墓帛书《周易》，它们以物质的形态承载了中华文明的精神图谱。这些禁止出国的国之重器，每一件都是中华文明基因库中不可复制的孤本。后母戊鼎的青铜铭文、素纱禅衣的 49 克之轻、曾侯乙编钟的十二个半音，都在诉说同一个真理：**顶级的文明遗产，必须用顶级的守护来回应。**

禁止出国展览文物政策的确立，源自沉痛的历史教训与科学的保护共识。越王勾践剑在新加坡剑身受损；兵马俑在美国展出时遭人为破坏，拇指被蓄意折断并盗走……这些令人痛心的文物受损事件警示我们：文物脆弱，经不起任何风险，我们必须把敬畏刻在心中，把防护做到极致，守护好每一段不可再生的历史。正如敦煌壁画在光照中的褪色、马王堆帛画在温湿波动中的卷曲，这些早已与华夏水土共生千年的文物，这些中华文明的永恒物证，需要我们用更加谨慎的态度去对待。

三批禁止出国展览文物，共同昭示着守护的内在逻辑：

首批的鼎、簋、钟、盘等礼器见证了国家礼制的诞生，构建起以“文明源流、文明礼赞、多元文化交融”为核心的中华文明体系；

第二批的书画承载着文人精神，笔墨间藏着悠长的岁月；

第三批的青铜器、陶瓷、玉器及壁画经卷等，则延续了信仰的脉搏，其文化共鸣沿着丝绸之路绵延不绝。

本书聚焦的195件禁止出国展览文物，是中华文明交响曲的定音鼓。它们拒绝远行的宿命，并非源于封闭，它们以最郑重的姿态向世界宣告：真正的文明对话，应当回归文物的原生地——到良渚触摸玉琮王的神权温度，去荆楚聆听编钟的礼乐回响，在法门寺地宫感悟唐代佛法的华光。当我们在湖南博物院的幽光中凝视仅重49克的素纱禅衣时，那穿越两千年的蚕丝似乎仍在呼吸；当铜奔马在甘肃省博物馆的展柜中腾空欲起，丝路的风沙声似乎依稀可闻。

守护这些文物，就是守护文明最本真的存在方式。它们沉默地立于博物馆中，却以震耳欲聋的声音宣告：**中国给予世界的答案，永远根植于这片土地的血脉深处。**

愿这本书成为一把钥匙，开启的是195扇文物之门，她不仅是对“何以中国”的追问，更是对“永恒中国”的见证——因为每一次对国宝的凝望，都是我们与文明初心的重逢。

文物沉默，但文明有声。

编者谨识

2025年6月

鸣谢

本书的编撰得到了全国六十余家文博机构的鼎力支持，在此谨致诚挚谢意。

书籍之美，内外兼修。感谢视觉中国及相关摄影师提供的专业摄影支持，感谢设计师宋涛为本书精心设计的封面，感谢呦鹿文化提供的专业、舒适的内文设计。

最后，衷心感谢为本书出版发行辛勤付出的同仁。

谨此，向所有为本书的策划、编撰与出版贡献力量的机构和个人，致以最崇高的敬意与最衷心的感谢。

编者团队

2025 年 6 月